সদর্থক চিন্তায় সাফল্য

অর্দ্ধেক শূন্য ভালো না অর্দ্ধেক পূর্ণ?

SUCCESS THROUGH POSITIVE THINKING

এস পি শর্মা

V&S PUBLISHERS

Published by:

V&S PUBLISHERS

F-2/16, Ansari road, Daryaganj, New Delhi-110002
☎ 23240026, 23240027 • Fax: 011-23240028
Email: info@vspublishers.com

Regional Office : Hyderabad
5-1-707/1, Brij Bhawan (Beside Central Bank of India Lane)
Bank Street, Koti, Hyderabad - 500 095
☎ 040-24737290
E-mail: vspublishershyd@gmail.com

Branch Office : Mumbai
Jaywant Industrial Estate, 2nd Floor–222, Tardeo Road
Opposite Sobo Central Mall, Mumbai – 400 034
☎ 022-23510736
E-mail: vspublishersmum@gmail.com

Follow us on:

All books available at www.vspublishers.com

ISBN 978-93-579400-7-8

Edition: 2015

Printed at: Param Offsetters, Okhla, New Delhi

পুস্তকের প্রকৃত উপযোগিতা পাঠকের চিত্তকে সমৃদ্ধ করে। যে পুস্তক পাঠককে ভাবায় না, তার চিত্তকে সমৃদ্ধ করে না, তা মূল্যহীন।

উইলিয়াম লিয়ন ফেল্পস্ :
(Autobiography with letters)

মৌমাছি যেমন ফুলে ফুলে মধু অন্বেষণ করে, তেমনি জ্ঞানি বহু গ্রন্থ থেকে তার সারাংশ এবং সুগন্ধ খুঁজে পায়। তিনিই জ্ঞানি যিনি সকল ধর্মের কেবল মাত্র সুন্দর দিকগুলি খুঁজে পান।

শ্রীমদ ভাগবতরম

বিজ্ঞানের প্রতিটি নতুন আবিষ্কার এই তত্ত্বকেই প্রকাশ করে, যে এই মহাবিশ্বের শ্রষ্ঠা ঈশ্বর।

ওয়ারেন উইয়েভার

সূচীপত্র

সূচনা

মনুষ্যত্ব এক এবং অভিন্ন। মানুষের সুখ, দুঃখ, আদর্শ এবং উচ্চাঙ্ক্ষা পৃথিবীর সর্বত্রই একরূপ, অভিন্ন এবং চিরকালীন। যদি একমাত্র ওয়াটারলুর যুদ্ধ-লড়াইয়ের ময়দানে, এটনের যুদ্ধ ক্ষেত্রে হয় করা হয়ে থাকে, তবে অসংখ্য বিপর্যয়কারী যুদ্ধের বীজ আমাদের মনের মধ্যে বপন করা আছে, যা অঙ্কুরিত হয়ে সমগ্র পৃথিবীতে বিষের মত ছড়িয়ে দিচ্ছে। এবং ধ্বংশের কারণরূপে প্রতিয়মান হচ্ছে প্রত্যক্ষ ও পরোক্ষ ভাবে। যদি আমাদের কাছে দৃশ্যমান নয় বা প্রকাশিতও নয়। যদি আও একশত বৎসর আগে আমার এবং বিজ্ঞান এবং প্রযুক্তিবিদ্যায় যথাযথ উন্নতি করতে পারতাম তবে আমাদের আদর্শগত ক্ষমতা আরও সুচিহ্নিত হত। বৈজ্ঞানিক আবিষ্কারকের ভয়ঙ্কর দিকগুলির প্রামাণ্য স্বরূপগুলির আমাদের ধ্বংশের সূচকরূপে প্রতিয়মান।

মানুষের মৌলিক আদর্শের দিকগুলির তার বিশাল কর্মক্ষেত্রের সবকিছুর সঙ্গেই সামঞ্জস্যপূর্ণ নয়। যদি মানুষকে তার অজ্ঞতার দোষ থেকে রক্ষা করা যায় তবেই রক্ষে। এখন সময় আত্ম বিশ্লেষণের। যদি আগামী প্রজন্মের জন্য এই পৃথিবীকে সুন্দর এবং সুরক্ষিত করতে চাই, তবে আমাদের আদর্শকে আরও উন্নত করতে হবে। নতুন প্রজন্মকে সাহায্য করতে হবে, উপদেশ দিতে হবে এবং সঠিক উন্নতির দিকদর্শী হতে হবে।

একাজে, স্বাভাবিকভাবেই কল্পনা করা যায় যে আমরা প্রতারিত হতে পারি যে অপ্রকৃত সভ্যতায় আদর্শগত উন্নতির বিষয়টি কেবলমাত্র

বিজ্ঞানে আমাদের জ্ঞান ধারণক্ষমতা নিয়ন্ত্রণকে অতিক্রম করেছে। বিজ্ঞানে আমাদের অনেক লোক ; ধর্মোপদেশে খুব কম। জ্ঞান, বিবেক ছাড়া পৃথিবী প্রভা অর্জন করেছে। আমাদের পৃথিবী পরমাণুর দৈত্য এবং নীতিজ্ঞানের শিশু, শান্তির চেয়ে যুদ্ধের বিষয় এবং বাঁচার চেয়ে মরার খবর বেশি জানি। স্বাতন্ত্র্য এবং উন্নতির এটি বিংশতিতম বর্ষয়

—জেনারেল ওমর ব্রাডলি

অপরের ক্ষেত্রেই প্রযোজ্য। আমাদের শিখতে হবে, কেমন করে আমরা আমাদের আদর্শ এবং মতের বিনিময় পরস্পরের মধ্যে করতে পারি। 'বিনিময়' শব্দটি অত্যন্ত অর্থবহ এবং প্রাসঙ্গিক। এ বিষয়ে ড. কেনেথ ওয়াকারের দৃষ্টিভঙ্গি স্মরণযোগ্য।

> ....ভারতের প্রাচীন সংস্কৃতির প্রতি আমার গভীর শ্রদ্ধা বোধ, এমন এক সুসংস্কৃতি, যা আমার ভাবনায় মানবতার সর্বোচ্চ শিখরে উন্নত হয়েছিল। তার প্রাচীন সংস্কৃতি এত উজ্জ্বল, তার দর্শন এবং ধর্মের সুগভীর পরিব্যাপ্তি এত মহান যে আমি মনে করি, আজকের আধুনিক পৃথিবীকে সে সুচিন্তিত আদর্শের পথ দেখাতে পারে। প্রাচ্য এবং পাশ্চাত্য সভ্যতার সংস্কৃতির বিনিময়ই কেবলমাত্র আমাদের জন্য এক সুন্দর পৃথিবী গড়ে তুলতে পারে।

—প্রাচ্য এবং পাশ্চাত্যের মহিয়সী নারীগণের পরিচিতি :

এটা বলা যেতেই পারে যে প্রযুক্তিগত এবং অর্থনৈতিক ক্ষমতাই সব নয়। পৃথিবীর সর্বত্রই মানুষ গতিময় জীবনকে অনুসরণ করতে গিয়ে মানসিক চাপের শিকার হচ্ছে। বিজ্ঞান, প্রযুক্তি, ব্যবসা এবং অর্থ তার চিন্তার জায়গা কেড়ে নিচ্ছে। আত্ম চিন্তার অবকাশ না থাকায় সে চাপ এবং মানসিক অবসাদের শিকার হচ্ছে। সাধারণ মানুষ আজ সময়ের দাস মাত্র। চারিদিকে তাকাবার আজ তার সময়ই নেই। এই পৃথিবীর বৈচিত্র সময়ের অভাবে মানুষকে আকর্ষিত করছে না। সময়ের অভাব এক চিন্তাশক্তির বিস্তার লাভ না করাতে মানুষ আজ এক ভয়ানক অবস্থার সম্মুখীন হচ্ছে, এবং জন্ম নিচ্ছে তার মধ্যে নীচতা, অহংকারবোধ এবং সর্বোপরি অসহিষ্ণুতা। এবং নিয়ে আসছে তার জীবনে, অসীম দুঃখ এবং কষ্ট। যদি আমরা জাতীয় বা আন্তর্জাতিক স্তরে বিবেচনা করি, তবে ব্যক্তিগতভাবে মানুষ তা থেকে দূরে থাকতেই চায় এবং আসলে তা সমগ্র মানবজাতির কাছে ধ্বংসাত্মক রূপেই বিবেচিত হচ্ছে।

যদি আমরা হিটলারের কথা ভাবি। তার ব্যক্তিগত অসহিষ্ণুতা, নীচতা যখন উর্বর জমি খুঁজে পেল, বিকশিত হল তখন তা রূপ নিল বর্বরতায়, সামরিক অস্ত্র বলীয়ান হিটলার সমস্ত মানবিক গুণগুলিকে ধ্বংস করল, পদদলিত করল। আমেরিকার ক্ষেত্রেও আমরা দেখতে পাই গত শতাব্দীতে জাতিবিদ্রোহ ঘটে তার মূলে ছিল জাতিবৈষম্য ফলে একই দেশের মানুষ হয়েও তারা ভাতৃহত্যায় নিজেদের নিরত করতে পারেনি। আমাদের মনে রাখা উচিত যে এটা কৃতদাসদের লড়াই ছিল না। দাসত্ব থেকে মুক্তির পথ খুঁজতে, যে সমস্ত জাতিগুলি বিকশিত হচ্ছে সেখানেও মানুষে মানুষে ভেদাভেদ পরিলক্ষিত হচ্ছে। কোনোভাবেই তা রোধ করা যাচ্ছে না। এক্ষেত্রে, জেমস রাসেল লোওয়েলের ভাষ্য ঃ

> মানুষ! এটা কার গর্ব যা তোমরা জনকের সাহস
> এবং স্বাধীনতা থেকে পাও। পৃথিবীতে বেচে থাকা
> ক্রীতদাস তোমরাও কি প্রকৃত মুক্ত এবং সাহসী? যদিও
> তোমার ভাইয়ের যন্ত্রণায় শৃঙ্খলতা অনুভব করো না।
> তুমি কি মুক্ত, অনুদার ক্রীতদাস নও।

যখন কায়েমি স্বার্থের ভাবনা বিকশিত হয় তখন আত্মত্যাগ নিস্ফল হয়ে জাতিদশা শুরু হয়ে যায়। কারণ লিঙ্কনের মত সাহসী, দূরদৃষ্টি সম্পন্ন মানবদরদী এবং সার্বজনীন নেতৃত্ব জয়ী হয়। জাতি দাঙ্গার ক্ষত এক সময় নিরাময় হয় এবং আস্তে আস্তে একটি দেশ গনতন্ত্রের দিকে এগিয়ে যায়।

হিটলার এবং লিঙ্কনের কথা বলা হয়েছে কারণ তা যথেষ্ট তাৎপর্যবাহী প্রত্যেকের ক্ষেত্রেই। কারণ জননেতাগণ কোন বিশেষ ঐতিহাসিক মুহূর্তে দেশ বা জাতীর প্রতীক হয়ে ওঠে। আবার একজন বিখ্যাত লেখকের মতে, আমায় কে কখন ও একক মানব শক্তিকেও উপেক্ষা করতে পারি না।

কোনো ব্যাক্তির জন্মের রহস্যজনক সংক্ষিপ্ত ইতিহাস

—আর. এইচ. স্টডার্ড— আব্রাহাম লিঙ্কন

এছাড়াও জাতীয় বা আন্তর্জাতিক ক্ষেত্রে সময়ের গুরুত্ব অপরিসীম। এটা ঘটনা যে ব্যক্তি কখন কখনও কোলাহল এবং বিশৃঙ্খলায় বিস্মৃত হয়, হারিয়ে যায় কিন্তু সত্যের প্রতি তাহার তীব্র আকাঙ্ক্ষা তাকে পৌঁছে দেয় আত্মিক এবং আদর্শের জায়গায়। মানুষ কেবলমাত্র খাদ্যে বাঁচে না। মানুষের অগ্রগতি যদিও ধীর কিন্তু তা নিশ্চিত। এস আমরা স্মরণ করি, মানুষের আরও গুরুত্বপূর্ণ যাত্রার কথা, এর ... যাত্রাপথে সমাজ কেমন করে তাকে সাহায্য করে, মাইল স্টোন বা অন্য ভাবে স্থান চিহ্নিত করে, যদি সে বিপথগামী হয় সে আবার নিজেকে ফিরিয়ে আনতে পারে সঠিক পথে। যদি সে উদ্বিগ্ন, ক্ষুব্ধ হয় তবে তাকে আশ্রয় নিতে দাও ধর্মীয়, আদর্শ বা আত্মিক পরিবেশে। তাকে উৎসাহিত কর জাগ্রত হতে, এগিয়ে যেতে সাহস যোগাও।

❑❑❑

১

এই আপাত বিরোধী সত্যের পৃথিবী

আমাদের পার্থিব জ্ঞান হল ঈশ্বর সম্বন্ধে ভ্রান্ত ধারণা :

আমাদের শাস্তি দিওনা কেবল মাত্র বাহ্যিক দৃষ্টির বশবর্তী হয়ে, আমার যারা প্রকৃত সত্য জানেনা তাদের কথায় এবং অবলোকন এবং অন্তর্দৃষ্টির মাধ্যমে তা হোক, যাতে তোমার সদিচ্ছা এবং আনন্দের।

মানুষের বিচার ও বিবেচনারও অনেক সময় ভুল হয় এবং বিশ্ব প্রেমিক ও তার

দৃষ্টিও ভাবনার দ্বারা প্রতারিত হন। 'মানুষ মানুষের দ্বারা প্রশংসিত কেমন করে আরও মহান হয়ে পড়েন'

THE IMITATION OF CHRIST
(Book III Chapter 50)

জীবন ধারার পরিবর্তন :

আমাদের মধ্যে অনেকেই জীবন ধারার পরিবর্তনের মধ্যে ভাল দিক খুঁজে পায় না। আমরা মনে করি পথই সঠিক এবং তাতেই আমার তৃপ্ত। আমরা ছুটে বেড়াই স্বাস্থ্য, সম্পদ, যৌনতা এবং ক্ষমতার দিকে। আমার উজ্জ্বল আবহাওয়ার পরিবেশে উচ্ছল এবং বিমর্ষ হয়ে পড়ি বৈপরিত্যে। আসলে আমরা পালবিহীন জাহাজের মত নিম্নগামী স্রোতে ভাসমান। আমরা জন্মকে এড়াতে পারিনি। আমরা জানিনা কেন আমরা জন্মালাম। এক্ষেত্রে আমাদের কোন পছন্দের অবকাশ নেই। তবু আমরা বাঁচি এবং পরিবেশের বশবর্তী হয়ে বেঁচে থাকি। যখন আমাদের মধ্যে মহান মানুষের আবির্ভাব ঘটে আমাদের মধ্যে তাদের কর্ম, আদর্শ, তাদের প্রভুত্ব করা ক্ষমতা আমাদের উদ্বেলিত করে, আপ্লুত করে, আমরা তাদের মহান্বিত করি। তাদের গান গাই, কারণ আমরা মনে করি, আমরা তাদের উচ্চতায় পৌঁছতে পারি না।

আমাদের জীবনের মহান শিক্ষক হল কৌতুহল বা জিজ্ঞাসা। আমাদের

সকল উন্নতি এবং সকল শিক্ষার মূলেই জানার ইচ্ছা বা জিজ্ঞাসা। যদি আমাদের জানার ইচ্ছা তীব্র হয় তাব অন্তর্দৃষ্টির উন্মোচন ঘটে, যখন কোন বিষয়ের প্রতি গভীরভাবে নিবিষ্ট হই তখন তা আমাদের চেতনায় প্রস্ফুটিত হয়। যদি নিউটনের মনে প্রশ্ন না জাগত, 'আপেল কেন মাটিতে পড়ে' তবে তা এই বিশ্বের কাছে করুণার বিষয় হতো। সন্দেহ নেই, যে অন্য কোন নিউটন হয়তো তা আবিষ্কার করত এবং তা হত কেবল মাত্র ঐ জিজ্ঞাসা বা জানার ইচ্ছার মধ্য দিয়েই।

এই জিজ্ঞাসা কেবলমাত্র বিজ্ঞানের মত বিষয়ের ক্ষেত্রেই প্রযোজ্য নয়। তা আমাদের প্রাত্যহিক জীবনের ক্ষেত্রেও প্রযোজ্য এবং সত্য। তা বিজ্ঞান এবং আমাদের জীবনের ক্ষেত্রে অন্তর্দৃষ্টির জন্ম দেয়।

আমাদের কী কখন ভয় হয় যে আমরা কেবলমাত্র পার্থিব বিষয়ের উপরই আমাদের মন, চেতনা এবং বুদ্ধিমত্তায় নিবিষ্ট? আমাদের চেতনা দৃষ্টি, স্পর্শ এবং গন্ধের মধ্যেই সীমাবদ্ধ। আমরা অপরের দ্বারা সংগৃহিত তথ্যে, অপরের জ্ঞানে সমৃদ্ধ হয়ে তৃপ্ত, কেন? যদিও আমরা জানি যে, আমাদের চেতনা বা ইন্দ্রিয় সকল যেমন দৃষ্টি, স্পর্শ এবং গন্ধের অনুভূতি আমাদের প্রতায়ীত করতে পারে, তথাপি আমরা যে কোন কাজে নিজেদের নিয়োগ করি তাদের নির্দেশিত পথেই। আসলে আমাদের প্রাপ্ত তথ্য বা জ্ঞান অন্যের কাছ থেকে পাওয়া যদিও আমাদের উচিত কর্তব্য মৌলিক জ্ঞান, বিচার এবং বিস্তার অতিকারী হয়ে জীবন নির্বাহ করা। কিন্তু আমাদের ব্যস্ত জীবনে তার সময় কোথায়?

পার্থিব বিষয় এবং মূল্য

আমরা আমাদের জীবনের প্রতি পদক্ষেপে কেবল প্রচলিত ধ্যান ধারণার বশবর্তী হয়ে যদি তোমার মনে হয় যে, 'প্রেম এক অতি সুন্দর অনন্য বস্তু, কারণ সময়ের অভিজ্ঞতায় তুমি তাই জেনছ, বুঝেছ। আমার বই, সিনেমা, গল্প বা অন্যের কাছ থেকে তার মহত্বের, সৌন্দর্যের বর্ণনা পেয়েছি। ফলে, আমাদের চিন্তা ও ঐ একই ধারায় বয়ে যায়। অর্থ বা সম্পদ আশীর্বাদ স্বরূপ এবং দারিদ্র এক অভিশাপ' অতএব তা দুরীকরণের প্রয়োজন, শিক্ষা আমাদের মনকে প্রভাবিত করে। রোগ জ্বালা আমাদের অস্বস্তি এবং দুর্ভোগ বৃদ্ধি করে, অতএব এর নিরাময় প্রয়োজন। বাস্তবিকই এসকল ধারণা সঠিক এতে কোন সন্দেহ নেই। কিন্তু কথা হয়ে থাকে যে প্রতিটি মুদ্রার দুটি দিক থাকে, তাই প্রতিটি ধারণাই আপেক্ষিকভাবে সত্য।

প্রকৃতপক্ষে, আমাদের এই পৃথিবী বৈপরীত্যে পূর্ণ। আমাদের জীবনের প্রতিটি পদক্ষেপ এই বৈপরীত্যের সম্মুখিন হয় পার্থিববস্তুর মূল্যায়নে।

বহু পূর্বে সেইন্ট ফ্রান্সিস বলেছিলেন, আমরা যা দান করছি তা আমরা পেয়েছিলাম। আমরা ক্ষমা করছি কারণ আমরা ক্ষমাপ্রাপ্ত হয়েছিলাম। আমাদের মৃত্যু হচ্ছে কারণ আমরা জন্মেছিলাম, তাই ধর্ম এবং ধার্মিক ব্যক্তিগণ যা বলেন, তা পৃথিবীর মানুষের কাছে অবাস্তব।

আমাদের সকলের কাছেই যৌবন বসন্তের মত, যৌবন প্রাপ্ত হওয়া মানে স্বর্গ সুখের অনুভূতি পাওয়ার এবং বার্ধক্য যেন এক অন্ধকারময় সন্ধ্যা এবং রাতের গভীর অন্ধকার যেন মৃত্যুর স্বরূপ। তখনি রবার্ট ব্রাউনিং লেখেন—

এস আমরা একসাথে আমার মত বৃদ্ধ হও,
তুমি এখনও সর্বোত্তম হয়ে ওঠনি,
জীবনের শেষের জন্যই
জীবনের সৃষ্টি।

হারভি এ্যালেন তার "Anthony Adverse" গ্রন্থে বলেন, যে সময়টুকু ঠিক বাঁচার মত বাঁচো তা ৩০ বৎসর থেকে ৬০ বৎসরের মধ্যে। এবং এসময়টুকু প্রকৃত যৌবন।

দুটি ধ্বংসাত্মক বিশ্ব যুদ্ধের পর যখন পৃথিবীর বুদ্ধিজীবিগণ যখন মস্তিষ্ক চালনা করছিলেন কেমন করে পৃথিবীতে শান্তির বাতাবরণ সৃষ্টি করা যায়। ভলতেয়ার তার গ্রন্থে লেখেন, যে সকল শহরগুলি যুদ্ধের উত্তাপ থেকে মুক্ত হয়ে শান্তির আশীর্বাদ লাভ করেছিল, যেখানে শিল্পের পূর্ণ বিকাশ ঘটেছিল, তারা বেশি দুর্ভোগের শিকার হয়েছিল, তার হিংসার বলি হয়েছিল, আর উদ্বেগ এবং অবহেলার শিকার হয়েছিল। আসলে গোপন শত্রুতা মানুষের দুর্ভোগের থেকেও বেশি কষ্টদায়ক এবং যন্ত্রণার। একটি জ্ঞানের একটি প্রাথমিক তত্বের যুদ্ধের সময় কোন জাতী বা দেশ তাদের পারস্পরিক ভেদাভেদ ভুলে যায়, অপরের জন্য আত্মত্যাগ করে, বীরত্বপূর্ণ কাজে ঝাঁপিয়ে পড়ে। আত্মকেন্দ্রিকতা নায়কচিত ভারের অবসান ঘটে। তাই উইনস্টন চার্চিল দ্বিতীয় বিশ্ব যুদ্ধে তাঁর ভূমিকার জন্য পৃথিবীর মহৎ মানুষদের মধ্যে তার স্থান করে নিতে পারেন?

যদি কবি বা ঔপন্যাসিকদের তোমার কাছে অন্য গ্রহের জীবরূপে প্রতীয়মান হয়, তবে চল দেখি, তখন পার্থীর বিখ্যাত মানুষ জান কেমন করে আমাদের জটিলতা থেকে মুক্ত করে।

আজকের সময় হচ্ছে, ক্যালরি, পরিমিত আহার এবং পুষ্টির পক্ষে। কিন্তু নেপোলিয়ানের ক্ষেত্রে ব্যাপারটি একজন ছোটো আকৃতির মানুষ খেতে পারে, সে প্রয়োজনের চেয়ে বেশি খেতে পারে। একজন মানুষ বেশি খেলে অসুস্থ হতে পারে, কিন্তু কম খেলে তার সুস্থ থাকার সম্ভাবনা বেশি। মহান বেন ফ্রাঙ্কলীন, যিনি দীর্ঘদিন জীবিত ছিলেন এবং অভাব ও দারিদ্রতা ছিল যার নিত্য সঙ্গী। তিনি তার আত্মজীবনীতে লেখেন, তার খাদ্যের তালিকায় থাকত একটি বিস্কুট অথবা এক চিলতে পাউরুটি অথবা ভাঙ্গা পেস্ট্রির গুঁড়ো এবং এক গ্লাস জল। আমি আমার অধ্যয়নে বেশি সময় এবং মনোযোগ দিতে পারতাম আবার আহার বাহুল্য বর্জিত ছিল বলে। বরং খাদ্য এবং পানীয়ের স্বল্পতা আমার মস্তিষ্ককে পরিষ্কার এবং সর্বদা কার্যক্ষম করে তুলেছিল।

আবার নেপোলিয়নের কথাই বলি, যিনি বহু যুদ্ধের বিজয়ীরূপে স্বীকৃত যিনি তরবারীকে পরম বস্তু ভেবেছিলেন এবং ঘটনাক্রমে তার দ্বারাই বিধ্বস্ত হয়েছিলেন। তিনি নির্বাসণ কালে বলেছিলেন, 'তোমরা কী জান? কোন্ জিনিস আমাকে সবচেয়ে অবাক করে? ক্ষমতার প্রয়োজনীয়তা যা কোন কিছু সংগঠিত করতে প্রয়োজন এবং পৃথিবীতে ক্ষমতার স্বরূপ দুটি একটি মানুষের ভেতরের আত্মশক্তি এবং অপরটি তরবারী এবং দীর্ঘ লড়াইয়ে তরবারী অবশ্যই আত্মশক্তির কাছে পরাজিত হবে।" তিনি এও বলেন, 'যুদ্ধ প্রকৃত পক্ষে নিরাপত্তার স্বরূপ। এমন একদিন আসবে যখন যুদ্ধে কামান বন্দুকের প্রয়োজন হবে না।"

নেপোলিয়ানের কথাবার্ত্তা অনেকটা অসুড়ের মতো শোনালেও ভারতবর্ষ তার স্বাধীনতা অর্জন করে, মহাত্মা গান্ধির নেতৃত্বে অহিংস পথেই। এটা অবশ্যই স্বরণ এবং চিত্তাকর্ষকও বটে যে গান্ধিজি স্বীকার করেন হেনরী ডেভিডের কাছে তার গৌণ প্রতিবাদের মতবাদের জন্য মানুষের আত্মা দ্বারা নিয়ন্ত্রিত।

কিন্তু বর্তমান যুগে যে ধনী হওয়াটাই জীবনের অন্যতম প্রধান লক্ষণ যা আমাদের সন্তানদের ওপর বর্ত্তাবেই, তাই প্রতিটি শিশুর প্রতি যত্নের মাত্রাও বেড়ে যাচ্ছে। ডাঃ জোসকিন বেকার বলেন, ধনীর সন্তানদের অতিরিক্ত সাবধানতায় রাখা, ভালো খাবার খাওয়ান এবং অন্যদের দৈহিক সংস্পর্শ এড়িয়ে চলার প্রবণতা তাদের মধ্যে রোগ জীবাণুর সহজ শিকারে পরিণত হয়। আবার, কেউ কী ভাবতে পারে যে ভগ্ন স্বাস্থ্য বা রোগ ও আঘাতের শারিরীকভাবে কিছু সুফলতা দিতে পারে?

কিন্তু ডাঃ মার্টিন গামপার্ট (M.D.) বিরুদ্ধ মত প্রকাশ করে বলেন যে রোগজীবাণু আমাদের শরীরের প্রতিরোধ শক্তি বৃদ্ধি করে এবং দৈহিক ক্ষমতা বৃদ্ধি করে।

চারিত্রিক লক্ষণ এবং শিক্ষা

কীভাবে উচ্চশিক্ষা আমাদের চারিত্রিক বৈশিষ্ট্যগুলিকে উন্নত করে? আমেরিকার বিখ্যাত মনোবিদ ডাঃ হেনরী, সি, লিঙ্ক দীর্ঘ গবেষণার পর তার চাঞ্চল্যকর তথ্য পরিবেশন করে বলেন, যে একজন অনিশ্চিত ব্যক্তির চারিত্রিক দৃঢ়তা কোন কলেজ পড়ুয়া ছাত্রের থেকে কম থাকে না, আবার যার শিক্ষা, পান্ডিত্য বা জ্ঞান উচ্চস্তরের তার সঙ্গে নির্বোধের তুলনাও চলে না। কিছু ক্ষেত্রে ছাত্রগণ তাদের স্কুল, বা কলেজ জীবনে তাদের ব্যক্তিত্বকে পরিমিলিত করতে পারলেও বেশির ভাগ ছাত্রছাত্রীগণ তা পারে না। ফলে, উচ্চশিক্ষা ব্যক্তিত্বের বিকাশ ঘটায় এধারণা একেবারেই ঠিক নয়।

তুমি কী কখনও দুঃখ প্রকাশ করেছ যে তুমি যথেষ্ট মেধাবী এবং বুদ্ধিমান নও? তাই ডাঃ লিঙ্কের আবিষ্কার বা সত্যের আলো থেকে বঞ্চিত হলেও তোমার তেমন ক্ষতির সম্ভাবনা নেই। তুমি যদি আরও অধিক জ্ঞানের অধিকারী হও, তোমার চিন্তার পরিধিও বাড়বে এবং প্রচলিত মূল্যবোধের পরিপন্থি হয়ে ঈশ্বর বিরোধী হয়ে উঠবে।

এই বিখ্যাত মনোবিদ মনে করেন বিজ্ঞান বা প্রযুক্তির অবদান মানব জীবনে যথার্থরূপে ফলপ্রসু নয়, কারণ তা কিছু শারিরীক পরিশ্রম লাঘব করে, কিন্তু আরাম দিলেও আমাদের মানষিক অস্থিরতা বাড়িয়ে তোলে। তাই বিজ্ঞানের আবিষ্কার আমাদের জীবনের গভীর সমস্যার সমাধান বা মানষিক আনন্দের সৃষ্টি করতে পারেনা। তাই অধিক বিজ্ঞান কেবলমাত্র অধিক বিভ্রান্তি। বিজ্ঞান আমাদের প্রাত্যহিক জীবনের ঘটনাগুলিকে অবদমিত করে, সঙ্কুচিত করে, বিজ্ঞান আমাদের মনকে স্বাধীন করে না। আমাদের জীবনে ঐক্যের বোধ আসে বিশ্বাস বোধ থেকে যা উৎসারিত হয় হৃদয়ের মর্মস্থল থেকে তা কখনই বিজ্ঞান নির্ভর নয়, নয় যুক্তি নির্ভরও।

তুমি কি এখন একটু কম বিশ্বাসী হয়ে পড়ছ না জাগতিক বিষয় সম্বন্ধে? এটাই প্রথম পদক্ষেপ স্বস্তিক মূল্যবোধের দিকের এগিয়ে যাওয়ার, অতি ধীর কিন্তু সচেতনভাবে ঈশ্বরের রাজ্যের দিকে এগিয়ে যাওয়ার।

২

আত্মআনন্দ তুষ্টির গোপন তত্ব

দর্শনের মূল কথাই হল, পার্থিব বস্তুর উপর নির্ভরতা কমাতে পারলে জীবনের প্রকৃত আনন্দলাভ করা যায়।

—এপিকটেটাস

একটি সুখী জীবন অবশ্যই শান্ত হবে। একমাত্র শান্তির বাতাবরণই প্রকৃত সুখ সৃষ্টি করতে পারে।

—বারট্রেনড্ রাসেল

সুখের অনুভব

'ওহ: দারুণ সুখী আমি?' মেরী বলে ওঠে। তার বন্ধু বলে, 'কেন, কী ঘটল তোমার জীবনে?" মেরী উত্তর দেয়, 'কাল রাতে জন এক অসম্ভব কাজ করেছে, সে তার দুহাতে আমায় তুলে, তাকে বিয়ে করতে বলে,"

মিঃ গৌরমেট বলেন, "আপনার আতিথ্য গ্রহণ করে আমি তৃপ্ত। দারুণ খাবার হয়েছে। বহু দিন পর আমি সুখাদ্য এবং পানীয়ের স্বাদ পেলাম।"

একজন মা বলেন, "ভগবানকে ধন্যবাদ, আমি সুখী কারণ চিন্তামুক্ত, আমার ছোট্ট টমের জীবন" জীবন এবং মৃত্যুর মাঝে দুলছিল। ডিপথেরিয়ার প্রকোপে আমি তো সব আশাই ছেড়ে দিয়েছিলাম। সে আজ সঙ্কট থেকে মুক্ত হয়ে ধীরে ধীরে তার স্বাভাবিক স্বাস্থ্য ফিরে পাচ্ছে।"

তুমি কি কোনো মিল খুঁজে পেলে এই তিনজন মানুষের তিনটি ভিন্ন পরিস্থিতির সুখের মধ্যে? 'সুখ' একটি বহু বিষয় সম্বলিত শব্দ। যা ভবিষ্যতের স্বাচ্ছন্দের সহায়ক। অপরদিকে একটি মানসিক তৃপ্তির পরিচায়ক। তৃতীয়ত স্বস্তি তখনই আসে যখন বিপদ কমে।

তাই সুখের প্রকৃত প্রকৃতি হচ্ছে যখন পার্থিব ঝামেলার অবস্থান এবং এটা বোঝার জন্য যথেষ্ট জ্ঞানের প্রয়োজন হয় না। শুধু সামান্য সময় দিয়ে বিষয়গুলিকে অনুধাবন করতে হয়।

মানুষকে তার কতগুলি প্রাকৃতিক বা শারীরিক চাহিদা মেটাতেই হয়। যেমন—ক্ষুধা, তৃষ্না, রক্ষা পেতে হয় কতগুলি প্রাকৃতিক শক্তি থেকে যেসব ঝড়বৃষ্টিই এবং তারজন্য তাকে শক্তির প্রয়োগ করতে হয় তথাপি তার আরও একটি চাহিদা থাকে—সুখ। যেমন মনোবিদ উইলিয়াম জেমস্ বলেছেন, "কেমন করে সুখ পেতে হয়, কেমন করে তা বজায় রাখতে হয়, কেমন করে সুখকে উদ্ধার করতে হয় সব যুগে বেশির ভাগ মানুষই তা গোপন রাখতে চান, দুর্ভাগ্যবশত, আমরা সুখকে লাভের মধ্যে গুলিয়ে ফেলি।

পরিপূর্ণ ইন্দ্রিয় তৃপ্তি

এখন, ইন্দ্রিয় তৃপ্তি কী? এটা মানুষের জৈবিক চাহিদার পুরণের জন্য প্রকৃতির কাছ থেকে পাওয়া উপহার স্বরূপ। এটা এমন কী জুয়াও হতে পারে। যখন তার ভেতর চাহিদার উদ্ভব ঘটে, তখন সে নিজেকে প্রয়োগ করে, তৃপ্ত হয় কতগুলি কার্যকারীতার মধ্য দিয়ে, তাই তৃপ্তি। তার ক্ষুধার উদ্রেক হলে, তাকে চাইতে হয়, অথবা খাদ্য প্রস্তুত করে নিতে হয়। তাই যখন সে খাদ্য গ্রহণ করে, তখন কেবলমাত্র ক্ষুধারই নিবৃত্তি হয় না, সে তৃপ্তি লাভ করে, আনন্দ পায়। তাই জৈবিক চাহিদা পুরণের মধ্য দিয়ে তৃপ্ত হওয়া যায়। মানুষের যৌন চাহিদা মেটানোর জন্য তাকে লোভ দেখাতে হয়, তাকে পিতৃত্ব মাতৃত্বের দায় নিতে হয় এবং তাকে ভবিষ্যত প্রজন্মের সুরক্ষার ব্যবস্থা করতে হয় তাই অনেক সময় প্রাকৃতিক চাহিদা বা প্রয়োজন এবং তৃপ্তিলাভের পথ দিশাহীন হতে পারে।

কেবলমাত্র মজা পাওয়ার জন্য মজা খুঁজতে গেলে তৃপ্তি এবং প্রয়োজনের মধ্যে বিরোধ আসে। উদাহরণস্বরূপ বলা যায়, খাদ্য গ্রহণের প্রকৃত উদ্দেশ্য কে না বুঝে কেবলমাত্র মজার জন্য খেলে, তার ঘোড়ার আগে গাড়ি জোড়ার সামিল হয়। তেমনভাবে প্রকৃতির উদ্দেশ্য কে পুরণ

না করে, আজকাল গর্ভনিরোধকের সাহায্যে যৌন সুখ উপভোগ করা অর্থ বংশধর নয় তৃপ্তি লাভই আসল একে পমাণিত করা।

মানুষ অভাবগ্রস্ত। নিরন্তর প্রচেষ্টাই মানুষকে অভাবমুক্ত রাখতে পারে। আদিম মানুষ তার রোজকার খাদ্য সংগ্রহের পরিমাণ বাড়াত। তার প্রাত্যহিক খাদ্যের চাহিদা মেটাতে তাকে রোজ শিকারে যেতে হত। পরবর্তীকালে তার প্রচেস্টা আগামী দিনের খাদ্য মজুত করতে শেখায়। তথাপি মানুষের অভাব বর্তমান কিন্তু আদিম যুবা এবং বর্তমানের মধ্যে যথেস্ট পার্থক্য রয়েছে।

শ্রমের বিভাজন, আঙ্গিক এবং শিল্পের অগ্রগতি, সাধারণ চাহিদার মূল্যায়ন প্রভৃতির মধ্য দিয়ে অগ্রগতি ঘটালেও প্রত্যেকের অর্থের প্রয়োজন রয়েছে। তাই আজ সকলে উৎপাদক নন কিন্তু সকলেই ক্রেতা, তাই শ্রম যেভাবেই দেওয়া হোক না কেন, তা কেবলমাত্র অর্থ উৎপাদনের জন্য। অর্থ উপার্জনের মধ্য দিয়ে রোজের চাহিদা মেটাতে পারাটাই তৃপ্তি, চাহিদা এবং তৃপ্তির বিরোধ হয় কেবলমাত্র মজালাভের মধ্য দিয়ে।

তৃপ্তি বা আনন্দ আসে ইন্দ্রিয় এবং বস্তুর প্রত্যক্ষ সংস্পর্শে, গন্ধ, স্বাদ, শ্রুতি, দৃষ্টি এবং স্পর্শ ততক্ষণ-ই আনন্দ দেয় যখন ইন্দ্রিয় সকল ঐচ্ছিক রূপে তাদের স্পর্শলাভ করে।

সুগন্ধ, সুখাদ্য, শ্রুতি মধুর সঙ্গীত, মনোরম দৃশ্য এবং আরও অনেক কিছু তাই ইন্দ্রিয়স্পর্শ থেকে বঞ্চিত হলে অশান্ত রহিত হয়।

এখানে, আমার সামান্য অপ্রাসঙ্গিক তত্ত্বের অবতারণা করি, এই সকল বস্তুর উপর মনের ক্রিয়ার কথা ভুললে হবে না। যখন সচেতনভাবে কোন বস্তু ইন্দ্রিয়ের সংস্পর্শে আসে তখনই তৃপ্তি আসে। এক্ষেত্রের মনের সম্মতি প্রয়োজন নতুবা তা বিপরীত প্রতিক্রিয়া সৃষ্টি করে।

এটা আমাদের জীবনে অস্বাভাবিক নয় যে আমরা অনেক সময় তাকিয়ে থাকি কিন্তু দেখিনা। খায় কিন্তু স্বাদ অনুভব করিনা। এটা ঘটে যখন মন বিক্ষিপ্ত থাকে। অথবা অন্য কিছু নিয়ে বেশি ভাবিত থাকে। এসমস্তই আমাদের মনের গতি প্রকৃতি বা চাহিদা শক্তির ক্ষেত্রে যথেস্ট গুরুত্বপূর্ণ।

এই ইন্দ্রিয় তৃপ্তির এক মজার প্রতিক্রিয়া আছে। এটা পছন্দ বা অপছন্দের সৃষ্টি করে। যেমন পছন্দের ঘটনা যেমন আমাদের তৃপ্ত করে তেমনভাবে অপছন্দের ঘটনা ঠিক বিপরীত প্রতিক্রিয়া সৃষ্টি করে বা সুখকর অনুভূতি সৃষ্টি করেনা, বা কম তৃপ্তি দেয়। অসুখকর অবস্থাকে আমরা সাধারণভাবে যন্ত্রণা বলে অভিহিত করে।

সুখের পেছনে ছোটা ও সুখের অনুভূতি সৃষ্টি করে। সুখের নাগাল পাবার আগ্রহ আমাদের অধৈর্য করে, লক্ষ্যে পৌঁছতে বাধা পেলে ক্রুদ্ধ করে, হতাশ করে। তাই সুখের আকাঙ্ক্ষা আমাদের চেতনাহীন করে, আমরা কোনো কিছুই সঠিকভাবে উপলব্ধি করতে পারিনা আসলে তীব্র আকাঙ্ক্ষা আমাদের প্রবঞ্চিত করে।

আবার যখন কোনো একটি বস্তুর একাধিক দাবিদার থাকে তখন সৃষ্টি হয় বিরোধের এবং বিভ্রান্তির। তাই কোন বস্তুর উপর অধিকারবোধ গর্বের বলে বিবেচিত। এটা পরিষ্কার যে সুখের অনুভূতিলাভের ইচ্ছা আসলে স্বার্থপরতারই নামান্তর।

সুখকর (ব্যবহার) আচরণ

আমরা ইন্দ্রিয় তৃপ্তির অনুভব করি সচেতনভাবে। অন্য এক ধরনের তৃপ্তির কথা আমরা জানি যা মানসিক তৃপ্তি বা আবেগ বলে পরিচিত। ভালোবাসা, রসিকতা যেমন সুখকর অনুভূতি সৃষ্টি করে, তেমন রাগ, ঘৃণা, লোভ-এর বিপরীত অনুভূতির সৃষ্টি করে।

মানসিক সুখ ইন্দ্রিয় তৃপ্তির সংক্ষেপরূপ বলে হলে তা মহত্বর বলে বিবেচিত হয়। আমরা তৃতীয় এক প্রকার তৃপ্তির কথা বলতে পারি, যা (প্রতিভার) জ্ঞানের তৃপ্তি, অর্থাৎ আবেগ থেকে সৃষ্ট উল্লাস। এর বিপরীত বোধ বোধের যন্ত্রণার স্বরূপ। বুদ্ধি সংক্রান্ত সুখানুভূতির উদাহরণ হতে পারে একজন মার্কসবাদীর কাছে মার্কসবাদ বা সমাজবাদের আলোচনার উপস্থাপনা করা।

এস, আমরা তৃতীয় পর্যায়ের সুখানুভূতির বৈশিষ্ট্যগুলি পর্যালোচনা করি :

১। সুখানুভূতির জন্য প্রত্যক্ষ স্পর্শের প্রয়োজন। অর্থাৎ ইহা বস্তু নির্ভর।

২। ভিন্ন ভিন্ন পরিবেশ সুখানুভূতির ক্ষেত্রে বিরূপ প্রতিক্রিয়া সৃষ্টি করে।

৩। কোনো বস্তুই সকল পরিবেশে সমান সুখানুভূতি সৃষ্টি করতে পারে না।

৪। আমোদ স্বার্থপরতার জন্ম দেয়, এবং তার পরম্পরা বজায় রাখে।

বর্তমানে আমরা আমোদ বা সুখানুভূতির শেষ, সম্ভবত সবচেয়ে গুরুত্বপূর্ণ ধর্মগুলি নিয়ে পর্যালোচনা করি। কখন সুখের অনুভূতি পাওয়া যায়। কেমন করেই প্রমোদ আকাঙ্ক্ষার মানষিক সুস্থিরতাকে বিঘ্ন করে। কেবলমাত্র সেটির প্রাপ্তি ঘটলেই তৃপ্তি লাভ হয়, তাই সেই বস্তুকে অধিগত করতে নিজেকে প্রয়োগ করে এবং পেলে তৃপ্ত হয়। একজন ধুমপায়ীর ভাবনায় ধোয়ার দৃশ্য ভেসে উঠলে কেবলমাত্র সিগারেট ক্রয়ের মধ্যেই তার তৃপ্তিলাভ ঘটে।

এই বিষয়টি আরও পরিষ্কার হয়ে ওঠে সক্রেটিস এবং গ্রিক পণ্ডিতের তর্কের বিষয়ের মধ্য দিয়ে। সক্রেটিস সুখানুভূতিকে চরম আনন্দের স্বরূপ মনে করেন তার্কিক মনে করেন কোন বস্তুকে পাবার আকাঙ্ক্ষা এবং প্রাপ্তিই আনন্দ লাভের উপায়।

তার্কিক বলেন যে সক্রেটিসের সুখের তত্ব কাঠের গুড়ির মত। অপরদিকে সক্রেটিস উত্তর দেন আর সুখের তত্ব অনেকটা খোসপাচড়াযুক্ত একটি মানুষের মত যে কেবল চুলকে জীবন অতিবাহিত করে।

তাই বলতে হয় অভাববোধ থেকে সৃষ্টি হয় সুখানুভূতির।

এডলারের কথায়, 'কোন সেবামূলক বা সেচ্ছা সেবার উৎস অভাববোধ এবং তার নিবারণ, পরিপূর্ণতা দানই সুখানুভূতি। অভাববোধ এবং তার অপসারণই সুখের জন্ম দেয়। তাই বলা যায় সুখানুভূতি উপকরণবিহীন নয়।

এস, আমরা সুখের চারিত্রিক বিশ্লেষণ করার চেষ্টা করি যা সত্যই কঠিন কাজ। আধ্যাত্মবাদী এবং দার্শনিকগণ হৃদয়ের গবেষণাভাবে পরীক্ষা করে তা নির্ণয়ের চেষ্টা করেন। তাদের গবেষণার নির্যাস সুখ আত্মারই প্রকৃতি। সুখানুভূতির প্রকৃত প্রতিশব্দ হতে পারে আনন্দ বা আশীর্বাদ। মানুষ ততদিন সুখী থাকতে পারে যতদিন না চাহিদা বা আকাঙ্ক্ষার দ্বারা উৎপন্ন ঝামেলার সম্মুখীন না হন। তাই আনন্দ লাভের জন্য উপকরণের প্রয়োজন নেই, দরকার মানষিক প্রফুল্লতা।

শেষের লাইনটি ব্যাখ্যা করে বলা যায় যে, আনন্দই আমাদের প্রকৃত স্বরূপ। কেমন করে? আমার ব্যাখ্যানুযায়ী, ধরুন এক সুন্দর সকালে, নরম পানীয়ে চুমুক দিতে দিতে আরাম কেদারায় বসে মনোরম সূর্যালোকে নিজেকে আরাম দিচ্ছেন। এটা আপনার একেবারে নিজস্ব পছন্দের বিষয় সুখ পাওয়ার বা না পাওয়ার ক্ষেত্রে একজন সাধারণ বা স্বাভাবিক মানুষ হিসেবে। এক্ষেত্রে আপনি তৃপ্তি বোধ উপেক্ষা করলেও সুখী না হওয়ার উপায় থাকতে পারে না। এক্ষেত্রে কী আপনার বোকামিরই প্রকাশ ঘটছে না আনন্দবোধকে উপেক্ষার মধ্য দিয়ে।

আনন্দ—এক অনির্বচনীয় শান্তি

সুখানুভূতির বৈপরীতে আনন্দ যে কোনো পার্থীব বিষয় বা মানসিক আবেগ থেকে মুক্ত। এটি মনের সাম্যবোধের বোধের পরিচায়ক। আনন্দ, প্রত্যাশা নির্ভরতা নয় কিন্তু মানুষকে অনাবিল শান্তি প্রদান করে যা মনের জীবনকে সমৃদ্ধ করে। যদি তুমি তার গোপন উৎস খুঁজে পাও তুমি পাবে পরমানন্দের অনুভূতি যা স্বাগত এবং চিরকালীন।

মানুষের আনন্দ উপলব্ধি এক বর্ণনাতীত শান্তিস্বরূপ—যে শান্তি বোধগম্য, যা দেহ, মন, চেতনা বা জ্ঞান নির্ভর নয়। যা তোমাকে কার্য্যের মধ্য দিয়ে লাভ করতে হয়না। তখন আত্মার স্বরূপ বিকশিত হয় অন্যরূপে যা দেহ, মন বা জ্ঞান থেকে অনেক উপরে বা ব্যাখাতিত।

সুখ বা আনন্দের সংজ্ঞা আজকের সাধারণ মানুষের ইঁদুর দৌড়ের জীবন দিয়ে নির্দেশ করা সম্ভব নয়। কারণ সুখানুভূতির মধ্যেই সুখ এবং

আনন্দেয় অস্তিত্ব আছে। তাই যলা যায় তৃপ্তি সুখের অংশ বিশেষ দ্রব্য। যখন আমরা সুখ অনুভব করি তখন আমবা প্রকৃত আন্দলোকের ছাঁয়া পাই মাত্র।

রাজা বা পৃথিবীর সৌন্দর্যকে নেতৃ.. করেন ঈশ্বরের সৃষ্টি এই মাটির পৃথিবী তার সবচেয়ে সুন্দর পেয়ালা থেকে সৌন্দর্য পান করেন প্রেমিকার ঠোঁট যা মাটির নয় তার মত উল্লাস চুম্বনে শোষণ করে কিন্তু ভাব তার পৃথিবীকে কলুষিত করেনা।

—জালাল-আল-দিন-রুমি

এ পৃথিবীর যা মিষ্ট, আনন্দদায়ক এবং গ্রহণযোগ্য বাতাসের নির্মলতায়, ধাতুর সৌন্দর্য্যে, আলোর আনন্দে, সলিতের সুরে, মনিরত্নের শোভায় এই পৃথিবী সৌন্দর্য্যে স্বর্গশোভায় আবৃত হয়, ইহা আনন্দের প্রকাশ এবং প্রকৃত স্বরূপ।

—উইলিয়াম ল্

প্রতি মুহূর্তে আমাদের উপর বর্ষিত হয় পরমানন্দের আশীর্বাদ যদিও আমরা মোহগ্রস্থ, বুঝতে পারিনা, তাই বিশ্বাসহীন চোর চুরি করার মধ্যে আনন্দ খুঁজে পায়, কিন্তু পরম দয়ালের আশীর্বাদ বর্ষিত হলে, সমস্ত ভুলভ্রান্তির অবসান ঘটে, তখন সমস্ত পার্থিব শর্ত ভুল বোঝাবুঝির অবসান ঘটে, কারণ তখন তিনি পরমানন্দের আস্বাদন করেন।

—স্বামী বিবেকানন্দ

আরেকটি উদ্ধৃতি, আধুনিক সমালোচক টমাস মার্টন এর মতানুসারে, আনন্দ ও প্রশান্তি মজা বা প্রমোদ থেকে একেবারেই ভিন্ন, স্বাধীন।

তুমি মজার বাকি অংশের জন্য অপেক্ষা করো না করো তুমি জন্মেই আনন্দ লাভের জন্য, যদি তুমি মজা এবং আনন্দের পার্থক্য করতে না পার, তবে তোমার জীবন শুরুই হয়নি।

ইতিমধ্যে ব্যাখ্যা করা হয়েছে, আমরা বেশির ভাগ মানুষই বুঝিনা প্রকৃত সুখ কী? প্রকৃত সুখ এবং প্রমোদ মজার মধ্যে স্পষ্ট বিভাজন,

বিভ্রান্তি আছে। মজার চরিত্র তার প্রকাশভঙ্গি প্রকৃত সুখ থেকে আলাদা কারণ তা চাহিদা নির্ভর নয়।

অনুশীলনের মধ্য দিয়ে চেতনার উদ্ভব ঘটলে চির আনন্দের সন্ধান লাভ হয়। ঘটনা হল ধর্মানুশীলন যোগানুশীলন, প্রার্থনার মধ্য দিয়ে আমরা পরমানন্দ লাভ করতে পারি। দেহ, মন, বুদ্ধির উপলব্ধির অতীত থেকে আকাঙ্ক্ষার পেছনে ছোটা থেকে বিরত থেকে তাদের প্রয়োগকে স্তিমিত রেখে যদি নিজেকে প্রস্তুত করা যায় তবে পাওয়া যায় আনন্দ-ঈশ্বরের আশীর্বাদ।

ধর্ম এবং দর্শনের বোধ থেকে যদি পার্থিব সব কিছুকে অস্বীকার করা যায় তবে সুখের বিভ্রান্ত থেকে মুক্ত হয়ে আনন্দ লাভ হয়।

মানবতার বিক্ষুব্ধবোধ ধর্মের সুগন্ধে সুভাষিত তার মানুষকে ক্ষণস্থায়ী সুখানুভূতি থেকে মুক্ত করে, তাকে তৃপ্ত করে, পরমানন্দের সন্ধান দিতে পারে। উপরের বর্ণনা সমূহকে প্রাচ্য দর্শনের সঠিক মতবাদরূপে নেওয়া যেতে পারে। এক্ষেত্রে ডঃ আর্ল. এল. ডগলাসের মন্তব্য তাৎপর্যপূর্ণ।

> আনন্দ ঈশ্বরের দান। বেশিরভাগ মানুষ আনন্দের সন্ধান পাননা। কারণ তারা কোথা তাকে পাওয়া যায় তাই জানেননা তারা ভাবে অর্থই আনন্দের উৎস। কিন্তু কেবলমাত্র অর্থ আনন্দলাভের উপায় নয়। কেউ কেউ ভাবেন আরামের মধ্যেই আনন্দ। কর্মহীন, অলসতা তাকে অস্থির করে তোলে, আনন্দ দেয়না। তাই তারা আকাঙ্ক্ষা করে সামাজিক প্রতিষ্ঠা, সম্মান, এবং প্রায়ই তারা চরিতার্থতার মধ্যে সুখ খুঁজে বেড়ায়।
>
> তাদের পথ ভুল, জিবিতাবস্থায় তারা আনন্দের সন্ধান পাননা। কারণ অন্য কোথায় নয়, পরমানন্দের উৎস মানব হৃদয়। তাই বাহ্যিক মতে নয়, হৃদয়স্থানে তার আস্থানা। এই পরমানন্দের স্বরূপ শান্তি, সম্পদ বা অধিকার বোধ নয়। আকাঙ্ক্ষায় নয়, প্রেম এবং ত্যাগের মধ্য দিয়ে তার প্রাপ্তি, হানাহানিতে নয়, আনন্দের সন্ধানে কাল বাহিত না করে, ভবোৎ সৃষ্টি কর্তার কাছে নিজেকে সমর্পিত করা, তবে নিজের মধ্যেই সত্যকার আনন্দের সন্ধান পাবে।

সব মিলে এই অধ্যায়ে আমরা একটি নিদর্শন স্থাপন করে বলতে পারলাম কেমন করে, জ্ঞানের প্রকৃত উপায় উপযোগিতা বাস্তব জীবনে প্রতিফলিত করা যায়। যখন চান, ঘটনা, আনন্দ বা কষ্ট কোন কিছুরই উদ্রেক করেনা তখন তৃপ্তিকে সন্তোষ পর্যায়ে নিয়ে, পর্যায়কে সর্বোচ্চস্তরে নিয়ে আনন্দে মগ্ন হওয়া যায়। সচেতনভাবে আনন্দকে উপলব্ধি করলে মনে এটাই আমাদের মনের 'স্বাভাবিক ভাব, বিমর্ষতা বা উপেক্ষা মনের স্বাভাবিকতাকে প্রকাশ করেনা। সুখের মধ্যেও (যা আমরা উপেক্ষা করতে পারিনা) যদি উৎফুল্ল থাকতে পারলে।

এস, আমরা নতুন শ্লোগান তুলি, "আমরা চিরদিন আনন্দে বিরাজ করি, অন্য কোন কারণে নয়, এটাই আমাদের চারিত্রিক বৈশিষ্ট্য পরমাত্মার দাবি, আনন্দ লাভ আমাদের জন্মগত অধিকার। দ্বিতীয়ত, এটা সর্বাপেক্ষা গুরুত্বপূর্ণ বিষয়রূপে বিবেচিত হওয়া উচিত। দিনের মধ্যে কম করে আধঘণ্টা সময় আমাদের নিজের জন্য রাখা উচিত। এসময় যোগ এবং প্রার্থনার মধ্য দিয়ে নিজেকে উপলব্ধি করতে পারলে, তুমি এমন কিছু খুঁজে পাবে যা তোমাকে বদলে দেবে।

❑❑❑

৩

কর্ম—উদ্ধার কর্তা—

"প্রতিটি কর্ম প্রথমে পুরস্কৃত করে নিজ হৃদয়কে, পরে পারিপার্শ্বিক বিষয়কে। মানুষ তাকেই বলে প্রতিদান" —এমারসন

আমার যা ক্ষতি তা কেবল আমারই কর্মফল; তাই আমার দুর্ভোগের কারণ আমিই তাই আমি দুর্ভেগের শিকার নই, কেবল নিজের কর্মদোষে দোষি।

—সেইন্ট বার্নাড

কর্মই জ্ঞানলাভের একমাত্র রাস্তা। —জি, বার্নাড, স.

তিনি আশীর্বাদ ধন্য যিনি কর্মে নিয়োজিত
তাই তার জন্য আশীর্বাদের প্রয়োজন নেই। —টমাস কার্লেইল

জীবনের সবচেয়ে বড়ো প্রাপ্তি, নিজের কর্মে আত্মহারা হওয়া
কর্মভয় জীবনের সবচেয়ে বড়ো অভিশাপ।

—হ্যারি এমারসন ফসডিক

কর্মের মধ্য দিয়ে, একক কর্মে নিজেকে ব্যস্ত রাখার মধ্যে নয় যুব সম্প্রদায় মানসিক এবং মানসিক অবসাদ, অলসতা থেকে দূরে রেখে তাকে একজন প্রকৃত সাবালক নাগরিক হিসাবে গড়ে তুলতে পারে।

—বিচারক উইলিয়াম, জি, লং

ঘোড়ার আগে গাড়ি যোজন

একটি শিশু অসুস্থ—ভীষণ অসুস্থ। শিশুর পিতামাতা তাকে নিকটবর্তী এক অপরিচিত ডাক্তারের কাছে নিয়ে যান। কারণ তাদের পারিবারিক চিকিৎসক ঐ সময়ে শহরের বাইরে ছিলেন। ডাক্তার তার জ্ঞান এবং অভিজ্ঞতার ভিত্তিতে শিশুটিকে বাঁচাবার যথাসাধ্য চেষ্টা করলেও

শিশুটি পরদিন সকালে মারা যায়। গভীর বেদনায় পিতামাতার মধ্যে অনেক প্রশ্নের উদয় হয় যে তারা কি ঠিক করেছেন, একজন অপরিচিত ডাক্তারের কাছে তাদের শিশুর চিকিৎসার ভার দিয়ে? তাদের শিশুকে ভুল চিকিৎসার শিকার হতে হল? জীবিত অবস্থায় শিশুটিকে হাসপাতালে নিয়ে গেলে কী ভাল হত? তার ভুল সিদ্ধান্তই কী তার শিশুর মৃত্যুর কারণ?

আমরা আরো একটি ঘটনার দিকে দৃষ্টিপাত করি। আমার এক বন্ধু শহরে কর্মরত। তার গ্রামে বাসকারী এক খুড়তুতো ভাই শহরে আসতে চাইছিল। আমার বন্ধু তাকে শহরে এনে এক কারখানায় কাজে লাগিয়ে দেন। এক সপ্তাহ পরে উপর থেকে লোহার এক ভারি কড়ি (জয়েন্ট) তার মাথার উপর পড়লে দুর্ঘটনায় তার মৃত্যু ঘটে। তুমি কী কল্পনা করতে পার আমার বন্ধুর বা তার বাবামায়ের মানসিক অবস্থা। মনে হয় না কী যদি সে শহরে না আসত তবে হয়ত সে গ্রামে শান্তিপূর্ণ ভাবে জীবন যাপন করতে পারত?

এই দুঃখজনক ঘটনার পরিপ্রেক্ষিতে আমার বিজ্ঞান বা প্রযুক্তির সম্বন্ধে কী ভাবতে পারি?

দুঃখ বা শোকের ঘটনা নির্ভর করে কে কীভাবে তা নিয়ে ভাবছে, তুমিও একমত হবে যে কোন ঘটনার বিশ্লেষণ সমগ্র ঘটনার সাপেক্ষে ভাবতে হবে এমন করে—"আমি আমার সাধ্যমত করেছি কিন্তু ফল আমার হাতে নেই।"

প্রকৃতপক্ষে আব্রাহাম লিঙ্কন যখন কাজের চাপে বিদগ্ধ হতেন তখন তিনি এমনটি করতেন। তিনি বলতেন যে তিনি তার সাধ্যমত করেছেন, বাকিটা ঈশ্বরের হাতে।

তিনি তার দেশকে রক্ষা করুন। তার করতেন কারণ তিনি ঐকান্তিকভাবেই তা চাইতেন। আমার কাঁধে যে দায়িত্বের বোঝা তা উপসম তিনি করতে পারেন। কারণ তিনিই সবচেয়ে বিস্বস্ত, তিনি-ই পরম শান্তির আধার।" এই ছিল তার মন্তব্য।

এমন বিচ্ছিন্ন ঘটনার পরিবর্ত্তে কেবল সংঘটিত ঘটনার বিষয়ে বিবেচনা

করে বলতে পারি কেবলমাত্র ফাঁকিবাজ বা বাস্তব অবস্থার বিপরীত থাকা মানুষেরাই এমন ভাবে।

আমি আমার সর্বোচ্চ ক্ষমতা প্রয়োগ করব আমার বিচার বোধ অনুযায়ী। কখনই ফাঁকি বাজির আশ্রয় নেবনা। কর্মফল আমার আশানুরূপ না হলেও অথবা সুখের স্বর্গে বিচরণ করবনা, আমি সফল হলেও।

দুর্ভাগ্যবশত, আমরা গাড়ির আগে ঘোড়া জুড়ে দিই, প্রথম থেকেই আমরা ফলাফল নিয়ে উদ্বিগ্ন আবেগ সর্বস্ব হয়ে পড়ি। আমরা আমাদের সব ক্ষমতাকে কেন্দ্রিভূত করি, আক্রমণের জন্য। আমার জীবন ভাবিত হই ফল নিয়ে। ফলের জন্য উদ্বিগ্ন হয়ে কাজ করি। এবং সাফল্যের ব্যাপারে নিশ্চিত হতে পারি না।

তাই যে কাজ আমাদের স্বাভাবিক আনন্দ দিতে পারত, যা শান্ত মনে করে, নিরুদ্বেগ ভাবে আনন্দে নিবন্ধ থাকতে পারতাম তা নষ্ট হয়ে যায়। শেষ পর্যন্ত আমরা ফলাফল নিয়ে চিন্তিত থাকি উদ্বিগ্ন হয়ে পড়ি। আর ফল যদি আশানুরূপ না হয়, তবে আবার ভেঙ্গে পড়ি এবং আমায় নিজেদের অভিশপ্ত মনে করি। আমাদের সকল উদ্বেগ এবং অসুবিধার অবসান ঘটে যদি আমরা সুচিন্তিত মনে বিচার করতে পারি। আমাদের ভাবনায় সফলতাই কাজের সঠিক মূল্যায়ন আমাদের প্রাত্যহিক জীবনে কাজ করতেই হয়। কিছু গুরুত্বপূর্ণ, কিছু সাধারণ বা তেমন গুরুত্বপূর্ণ নয়, কিছু কাজ অল্প সময়ের, কিছু কাজ দীর্ঘস্থায়ী হয়, তাই সকল কাজের ফলাফল সমান হয় না। সকল কাজের পদ্ধতি একই রকমের তাই আমাদের সকল কাজকেই একরকম ভেবে করার পদ্ধতি একই রকম হওয়া উচিত।

তার মানে এই নয় যে আমরা উদাসিন। আমাদের কেবলমাত্র চাপ এবন উদ্বিগ্ন মুক্ত হতে হবে তাই শুধুমাত্র পছন্দের কাজ করব অপছন্দের কাজকে উপেক্ষা করব তেমনটি হওয়া উচিত নয়। উদাসিন হওয়ার অর্থ এক কোণে লুকিয়ে থেকে চেতনা এবং স্বাভাবিকতা বাদ দিয়ে নিজেকে আড়াল করাই উদাসিনতা।

আমরা কেবলমাত্র কর্মফল ভোগ করব

আমরা শেষ এবং মধ্যবর্ত্তী অবস্থার সম্বন্ধে অনেক কিছু শুনি। অনেক সময় শেষাবস্থা মধ্যবর্ত্তী পর্যায়ের সঙ্গো সামঞ্জস্য বিধান করে। যদি আমরা

ফলের সঙ্গো আবেগ এবং ফল দ্বারা সম্পূর্ণরূপে একাত্ম হতে না পারি তবে মধ্যবর্ত্তী পর্যায়ে দ্বিধা দন্দ্বের অবসান থাকে না। এটাই কী সাধারণ বোধ নয়?

তুমি যেমন কাজ করবে তারই কর্মফল ভোগ করবে। এটা একেবারেই স্বতঃসিদ্ধ। তথাপি আমরা আমাদের জীবনে এমন অভিজ্ঞতা লাভ করি যাতে প্রত্যাশা মতো ফল লাভ করিনা। কারণ কর্ম এবং তার ফল সহজ সরল গণিতের অনুপাত নয়। সামান্য প্রচেষ্টা অনেক সময় বড় সাফল্য নিয়ে আসে। আবার কখনও কঠোর এবং আন্তরিক প্রচেষ্টাও ব্যর্থ হয়। কেন এমন হয়। তাই সাধারণভাবে বলা হয়, কার্য এবং তাঁর ফলাফল সর্বদা সমানুপাতিক নয়। প্রত্যক্ষ ফলাফলকে অনেক বাহ্যিক বল প্রভাবিত করে, তাই বলা যায়, প্রত্যেক কার্যের নির্দিষ্ট ফলাফল বর্ত্তমান।

উদাহরণ স্বরূপ বলা যায়—

বিল ক্লিন্টন তার প্রতি তার প্রতিপক্ষ জর্জবুশকে পরাজিত করে। আমেরিকার প্রেসিডেন্ট হলে। দেখা যাবে এখানে শৃঙ্খলাবদ্ধ এবং পারস্পরিক সম্পর্কযুক্ত অনেকগুলি কারণ বর্তমান।

এইসকল কারণগুলির কোন একটি বিল ক্লিন্টনকে হোয়াইট হাউসে নিয়ে যেতে পারে না এবং এটা অসম্ভব যে বলা বা নির্ণয় করা যে ঠিক কোন কথাটি তাকে হোয়াইট হাউসে আসীন করল।

এটা ইতিমধ্যে বলা হয়েছে যে কার্যানুসারে আমার ফললাভ করি সাধারণ তাই হয়। বাইবেলের মতানুসারে, মানুষ কী কাটা থেকে আলুর এবং কাটা লোপ থেকে ডুমুর সংগ্রহ করে? তাই ভাল গাছ ভাল ফল ভেবে এবং খারাপ গাছ অবশ্যই খারাপ ফল দেবে। তাই বলা যায় প্রতিটি কাজেরই কম-বেশি একই রকম ফল দেয়। এটা পরিষ্কার ভাল কাজের ফল ভাল এবং খারাপ কাজের ফল খারাপই হয়। কিন্তু বলতেই হয় ভাল এবং খারাপ শব্দ দুটির অর্থ আপেক্ষিক। তাই বলা যাবে না যে সমস্ত খারাপ ফলের পিছনেই কুকর্ম বা খারাপ উদ্দেশ্যযুক্ত।

ধরুন, আপনি কোন বন্ধুকে দশ ডলার ধার দিলেন এবং তিনি তা দিয়ে মাদক দ্রব্য কিনে নেশা করলেন তাহলে আপনার ভাল কাজ বা সাহায্য কী ফল দিল?

এই সকল অসুবিধার অন্য একটি দিক আছে। কার্যকরণ এবং ফলের মধ্যে একটি সম্পর্ক বিদ্যমান। প্রত্যেক কার্যের কারণ এবং ফলাফল বর্তমান।

একটি গাছের কারণ বীজে নিহিত, তেমন গাছের কারণে বীজ, কে প্রথম গাছ বা তার বীজ?

এটা কী সম্ভব যে ফলের ভাল বা খারাপ দিকের বিবেচনা করে, কেউ কাজ করে? একথা প্রত্যক্ষভাবে বলা যায়, তা কাজ থেকে মানুষকে বিরত করবে।

কাজ, অকাজের কাজ করতেই হবে। এটা অভিশাপও বটে। কাজ আমাদের করতেই হবে।

'ধম' এই শব্দটি বহু অর্থবিশিষ্ট, যার একটি কর্তব্য। কিন্তু ইংরেজী ভাষায় এর অর্থ আনন্দহীন কিছু শর্ত্ত পালন মাত্র। এর অর্থ আমাদের কাজ করতেই হবে মনের অনিচ্ছা সত্বেও। কিন্তু বৌদ্ধিক মতে কর্ম ইচ্ছা বা অনিচ্ছা অনুযায়ী নয়, তা অবশ্যই কর্তব্য।

—খ্রিস্টমাস হাম্ফ্রিজ

আমাদের উপর যে কর্তব্য ন্যস্ত হয়েছে তা করতে হবে। প্রয়োজন মেটাতে নিরবচ্ছিন্ন কর্ম আমাদের দাসে পরিণত করে, তাই কমসাধনে নিজেকে এমনভাবে প্রয়োগ করতে হবে যা আমাদের দাসে পরিণত করে না বরং উপভোগ্য হয়ে উঠবে। আমাকে কাজ করতে দাও, মাঠে অথবা বনে, সন্ধ্যায় বা প্রাতে ব্যস্ত বাজারে, অথবা প্রকাণ্ড নিজের ঘরে যেখানে হৃদয় কথা বলে, বলে যা পৃথিবীতে উজ্জীবিত হয়ে বেঁচে আছে আমি তাদেরই একজন।

আমার কাজ আমার কাছে আশীর্বাদ স্বরূপ তা বিষাদময় অন্ধকার নয় এবং তা আমি সর্বোত্তম পথে করতে চাই, একাজ মহান বা ছোট নয়, এ কাজ আমার হৃদয় অনুমোদন করে, আমার শক্তিকে প্রমান করে। তাই আমি পারি আনন্দ সহকারে আমার কর্মকে বরণ করে নিতে মহান দিনের আলো মরে আসে, আমি বরণ করতে পারি আবার খেলায়, প্রেমে এমন কী বিশ্রামেও, কারণ আমি মনে করি, আমার কর্মই শ্রেষ্ঠ।

—হেনরী ভ্যান ডাইক

"যখন বোকা লোক কিছু করে তখন সে লজ্জিত হয়,
সে সর্বদা বলে এটা তার কর্তব্য।"

—বার্নাড শ ইন 'সিজার অ্যান্ড ক্লেওপাট্রা

৪

কর্ম, উদ্ধারকর্তা -II

ফিরে পাবার প্রত্যাশা

এই গ্রন্থে আমার আধুনিক পৃথিবীর ধারণাকে, তার বাস্তবতা ছোঁয়ার চেষ্টা করেছি। আজকের পৃথিবীর সমস্ত অর্থনৈতিক কর্মই বিক্রয়যোগ্য বা বিপনন মাত্র।

অন্যভাবে বলতে গেলে আমরা প্রত্যেকেই ব্যবসায়ী, সমস্ত কিছুই বিক্রয় করি মুনাফার জন্য। মনে রাখতে হবে কোন ব্যবসায়ী তার পণ্য উৎপাদন মূল্যের বেশী দামে বিক্রয় না করলে, তার ব্যবসা টিকিয়ে রাখতে পারবেন না।

মনে কর, তুমি এক কয়লা খনির মালিক। খনি থেকে কয়লা তুলতে গেলে তোমাকে নির্দিষ্ট পরিমাণ অর্থ খরচ করতে হবে। তাই তুমি তোমার উৎপাদন মূল্যের কমে কয়লা বিক্রয় করতে পারবে না। কারণ তোমার কয়লা খনির ব্যবসা মুনাফা লাভের জন্যই করব, তা বলার অপেক্ষা রাখে না।

সচেতন বা অবচেতন ভাবে, অথবা অভ্যাসের দ্বারা পরিচালিত সমস্ত কার্যকলাপ অর্থনৈতিক কারণেই করা হয়।

তাই আমরা প্রতিটি কাজের পিছনে থাকে প্রত্যাশা। আমরা ভাল থাকলে তার প্রতিদানে ভালবাসা প্রত্যাশা করি। কারও উপকার করলে প্রত্যাশা করি উপকৃত হবার। নিদেনপক্ষে কৃতজ্ঞতা আশা করি।

আমরা সভ্য এবং সৌজন্যবোধসম্পন্ন তাই মনে করি অন্যরাও আমাদের সঙ্গে সৌজন্যতার সঙ্গে আচরণ করবে, এটাই কর্ম এবং প্রত্যাশার বৃত্ত যা চক্রাকারে আবর্তিত হয়। এই প্রত্যাশা মুক্ত হতে না পারলে আমরা কাজের দাসে পরিণত হব। তবে, এখন উপায় কী? কেমন করে এই ভ্রান্ত ধারণা থেকে মুক্ত হব?

প্রত্যেকেই প্রত্যাশী, তেমন কেমন করে আদান প্রদান হবে? এটাই সহজ পথ নয় প্রত্যাশার নিরসন? এটা তখন এক অভুক্ত অর্থনীতির আবির্ভাব হবে। একজন ব্যবসায়ী তার পণ্য বিনা লাভে করবে, এবং তখন তিনি আর ব্যবসায়ী থাকবেন না।

ধরুন আপনার বাগানে আপনার প্রয়োজন থেকে অনেক বেশি কমলা লেবুর ফলন হল। আপনি অতিরিক্ত কমলা লেবু মানুষের মধ্যে বিনামূল্যে বিলিয়ে দিলেন। তবে কী আপনি ক্ষতির সম্মুখিন হবেন? আপাতদৃষ্টিতে তা মনে হলেও আসলে আপনি লাভবান হলেন।

ধরুন, এই পৃথিবীর সকলে তার প্রয়োজনের অতিরিক্ত সামগ্রী বিলিয়ে দিলেন, তখন আপনি ভাববেন পৃথিবীতে শোরগোল পড়ে যাবে। কারণ পৃথিবীর সকলেই মানসিকভাবে ব্যবসায়ী, কেউই বিনামূল্যের বিতরক নন। এটা পৃথিবীর ... কারণ।

বেশ, এই পৃথিবীতে কিছু প্রচলিত প্রথা আছে। যদি তা আমরা না উপলব্ধি করি, তবে তা বোকামী এবং গোয়ার্তুমী হবে এবং আমাদের অনাহারে মৃত্যু হবে। তবে আমরা কী আমাদের এই ব্যবসায়ী মনোবৃত্তি কী ন্যূনতম করতে পারি না? তবে আপনার জিজ্ঞাসা হবে, কেমন করে? আমরা সকলেই সমবায় আন্দোলনের সঙ্গো পরিচিত। এমনি সমবায়ের নীতিতে চলা ব্যবসায়ীক প্রতিষ্ঠানকে বিক্রয় করেন, কে কেনেন, লাভ কে গ্রহণ করেন? লাভেরটা কোথা থেকে আসে? কোথায় তা যায়? আক্ষরিক অর্থে শেষে আমাদের কাছেই পৌছিয়ে আমরাই তা ভোগ করি।

পরিত্রাণের উপায় :

এভাবে বিবেচনা করি, যখন আপনি কাউকে ভালোবাসলেন, তার কাছ থেকে ভালবাসার প্রতিদান আশা করবেন না। (কিন্তু আপনার সৌন্দর্য্য যা অন্যকে আপনার প্রতি আকৃষ্ট করবে, আপনার প্রতি তার ভালবাসা আপনাকে উপেক্ষা করতে হবে)। অন্য কেউ আপনার ভালোবাসার প্রতিদান দিল কী না তা নিয়ে ভাববেন না। ধরুন, আপনি কোন কর্মে নিযুক্ত, ভাবুন মানুষের মঙ্গল সাধনের জন্য এক মহৎ কর্মে আপনি নিজেকে নিয়োগ

করেছেন। ভুলে যান বিনিময়ে আপনি পারিশমিক পাচ্ছেন। ভাবুন এই কাজে ঈশ্বর আপনাকে নিয়োগ করেছেন।

ভুলে যান আপনি কেবলমাত্র পারিশ্রমিকের জন্যই কাজে নিযুক্ত সমন্বয় সাধন করুন নিজের সঙ্গো কর্মদাতার, কাজের সময় অল্পতার আশ্রয় না দিয়ে কর্মে গুণগত মান যতক্ষণ না আপনাকে সন্তুস্ট করে, নিজেকে ব্যস্ত রাখুন। তবেই নিয়োগ কর্তা থেকে অনেক বেশি লাভ আপনার হবে কারণ ফাঁকি দিয়ে অর্থ উপার্জন পাপ।

কাজ আমাদের করতেই হবে, তা থেকে আমাদের মুক্তি নেই। কর্ম শব্দটি থেকে আমরা কখনই বিযুক্ত হতে পারি না। যদি আমরা মানুষের জন্য কিছু করি তা প্রকৃতপক্ষে আমার নিজের জন্যই করি। এখান থেকেই আসে কর্তব্যের ধারণা। যখন নিজের জন্য কিছু করি, ইচ্ছায় বা অনিচ্ছায় অথবা সাধারণভাবে।

তবে তা কেন আনন্দের সাথে সর্বোত্তম উপায়ে করব না?

আমাদের মনে রাখতে আমরা প্রত্যেকে এই জগতেরই অংশ। জগৎ আমার থেকে পৃথক নয় এবং আমি জগৎ বিচ্ছিন্ন নই। তাই অন্যের জন্য কিছু করার অর্থ নিজের জন্যই করা। তাই প্রত্যাশার উর্দ্ধে উঠে কাজ করাই সমীচিন, কারণ আমরা যা করি, তা আসলে নিজের জন্যই করা।

মন এবং দেহকে সুস্থ্য এবং সতেজ রাখার সর্বোত্তম উপায় কোন সৃষ্টিশীল কাজে নিজেকে ব্যবহৃত রাখা। কর্ম আমাদের দেহের এবং মনে ব্যায়ামের কাজ করে, নিজেকে ভুলে কাজের মধ্যে ডুবে থাকতে পারলে আর কর্মে বিনিময়ে কিছু ফিরে পাবার আশা হবে না এবং তখনই কাজের গুণগত মান উন্নততর হয়। আমাদের তৃপ্ত করে, আমাদের দক্ষতা বাড়ে। সমাজে তার কাজের কদর বাড়ে, সামাজিক মর্যাদা দেয়, তখন কর্ম হয় সেবা। এই জাদুতে কাজের বিনিময়ে কিছু পাবার উদ্দেশ্য আর থাকে না। মুহূর্তে এক শ্রম বিক্রেতা জগৎ সেবক হয়ে ওঠে। তখন কী তোমার মনে হবে তুমি কিছু হারালে বরং তুমি দৈহিক, মানসিক এবং বস্তুগত ভাবেও লাভবান হয়ে উঠলে।

❑❑❑

৫

পরিত্রাতারূপে—কর্ম III

বহু দূরের দৃশ্য আমার কাঙ্ক্ষিত নয়, ঘরের বাইরে একদম চলাই আমার পক্ষে যথেষ্ট। আমাকে স্থির থাকতে দাও।

—কার্ডিনাল নিউম্যান

ছান্দিক বল বা বলের দ্বৈত সত্তা :

আমরা ইতিমধ্যে দেখেছি কর্মের মধ্যেই তার ফল লীন থাকে। যেমন বীজের মধ্যে থাকে গাছের অস্তিত্ব। কার্য এবং তার ফল প্রকাশিত হয় বিভিন্ন পর্যায়ে কখনও অতি দ্রুত কখনও বা ধীরে, দেরিতে, জল কে বিশ্লিষ্ট করে সঙ্গে সঙ্গেই হাইড্রোজেন এবং অক্সিজেনে পরিবর্তিত হয়, পর্যাপ্ত খাদ্য গ্রহণে যেমন ক্ষুধার নিবৃত্তি ঘটে। কিন্তু যখন আমরা বীজ বপন করি একটি নির্দিষ্ট সময়ের পরেই বীজের সুপ্তাবস্থা ভেঙে অঙ্কুরিত হয়।

কিন্তু ফল কখনো বিকৃত বা অপ্রকাশিতও হতে পারে, কিন্তু এই ব্যতিক্রম কখনই এই তত্বকে অস্বীকার করে না যে কার্যেই ফল নিহীত থাকে। বীজ রোপন করা হলে অঙ্কুরিত নাও হতে পারে, কিন্তু তা প্রমাণ করে না যে, গাছের অস্তিত্বের মূলেই বীজ। কতগুলি কারণ বীজের অঙ্কুরীত না হওয়ার মূলে থাকতে পারে, যেমন, বীজটি সুপক্ক ফল থেকে সংগৃহীত নয়, ভূমির প্রকৃতি, আবহাওয়ার এবং অন্যান্য ভৌত অবস্থা অঙ্কুরোদ্গমের সহায়ক নয়। এমন অনেক কিছু। কিন্তু এগুলিও প্রমাণিত নয়। তাই আমরা বলতে পারি, সকল কর্ম ফলদায়ক নয়। যখন দুটি বিপরীত মুখী বল কোন বস্তুর উপর ক্রিয়া করে, তখন আমরা বলতে পারিনা কোন বলের প্রভাব বেশি এবং ফলাফলই বা কীরূপ হবে। এভাবেই আমরা ভ্রান্ত ধারণার শিকার হই।

এক প্রচলিত সংস্কৃত শ্লোক অনুসারে বলা যায়, ঈশ্বর ভাল কাজের জন্য আমাদের পুরষ্কৃত করনে এবং মন্দ কাজের জন্য শাস্তি দেন। তেমনটি নয়। কার্যের ফল তাতেই নিহীত তাই কর্মফলের জজন্য ঈশ্বরকে (ভাগীদার) দায়ী করা ঠিক নয়। বরং নির্দ্বিধায় বলা যায় যেমন কর্ম করবে ফল লাভ তেমনই ঘটবে।

কর্মফলকে আমরা প্রধানত এভাবে ভাগ করতে পারি।—(ক) ক্ষতিপূরক (খ) প্রতিদান (গ) পুরষ্কার এবং শাস্তি। প্রকৃতির নি.. আত্মত্যাগ অপরের ক্ষতিপূরণ করতে পারে, একজন অকৃতদার যেমন স্ত্রী পুত্রের স্নেহলাভ থেকে বঞ্চিত হন তেমনভাবে পরিবারের কর্তারূপে দায়িত্বভারও করতে হয় না।

অপরদিকে একজন বিবাহিত পুরুষ তার শ্রম এবং সম্পদের বিনিময়ে স্ত্রী, সন্তানের প্রতিপালন করতে হয়, ক্ষতিপূরণ প্রকৃতির ধর্ম।

ভাল বা মন্দ, সুখ দুঃখকালের নিয়মে সংঘটিত হয়, আমরা যা পছন্দ করিনা বা যা তৎক্ষণাৎ আমাদের স্বার্থপূরণ করেনা, তাকেই আমরা ভুল বলে মনে করি, আত্মস্বার্থ পুরণ করতে গিয়েই আমরা সুখ-দুঃখের ভাগীদার হই। আত্মস্বার্থ পুরণ করেত গিয়েই আমরা সুখ-দুঃখের ভাগীদার হই।

... প্রতিশোধ শব্দটিও ক্ষতিপুরণের সমার্থক যা কেবল কর্মের প্রতিদান স্বরূপ ক্ষতিপুরণ শব্দটি কর্মফলের সঙ্গো অঙ্গাঙ্গিভাবে জড়িত।

ফলের পরিমাণ :

কোন বিশেষ কাজের পুরষ্কার বা শাস্তি আমাদের অন্য একটি বিষয়ের সঙ্গো পরিচিত করায় যা পুরষ্কার বা শাস্তির বিধান দেন। তাকে আমরা বলতে পারি আইন বা বিচার ব্যবস্থা। প্রত্যেক যুগ, দেশ সমাজ বা সম্প্রদায়ের নিজস্ব আইন বা ধারা বর্তমান।

প্রাচীনকালে বিরুদ্ধ ধর্মাচারীদের পুড়িয়ে মারা হত। বর্ত্তমান কালের 'পথের আইন' শব্দটি বহু পুর্বে অশ্রুত ছিল। মুসলিম ধর্মে বহুবিবাহ স্বীকৃত কিন্তু বেশির ভাগ ধর্মই এক বিবাহের পক্ষে। ব্রিটিশদের কাছে আতঙ্ককারী বা দেশদ্রোহের সামিল ছিল এবং তা ভারতীয়দের কাছে বীরত্ব এবং

দেশপ্রেমের উদাহরণস্বরূপ। আসলে নিজ নিজ দৃষ্টিভঙ্গির মাধ্যমে এই ক্রিয়ার বিচার করা হয়।

এই সকল শক্তিসমূহ চারদিক দিয়ে আমাদের ঘিরে ধরে ভীতি প্রদর্শন করে, আমাদের অক্ষমতার দিকে অঙ্গুলি নির্দেশ করে। আমাদের বাধ্য করে আমাদের কর্মপদ্ধতি পরিবর্ত্তন করতে। এই সকল ঘটনা থেকে শিক্ষা নিয়ে বলতে পারি আমরা অর্থাৎ সাধারণ বোধবুদ্ধি সম্পন্ন মানুষ স্বস্তি পেতে পারি, আবার শান্তিপূর্ণ জীবন যাপন করতে পারি কেবলমাত্র এই সকল শক্তি বা আইনের বিরুদ্ধাচারণ না করে। যেমন একজন অপরাধি পুলিশকে ভয় পায় এবং একজন আইন মেনে চলা একজন সাধারণ নাগরিক পুলিশকে বন্ধু বলেই মনে করে। আমরা যখন অপরাধের সঙ্গে যুক্ত হই তখনই কেমলমাত্র খারাপ কিছু ভাবতে পারি।

যে কেউ অবাক হয়ে যাবে, শুধুমাত্র অপরাধের সনাক্ত করণের অভাবে আইনের এবং বিচার ব্যবস্থার ফাঁক থেকে রেহাই পেয়ে যায়। সাধারণ মানুষ কেবলমাত্র শাস্তির ভয়েই আইন ভাঙ্গেন না, তেমন কিন্তু নয়। এবং তার ভিতরের সাধারণ বোধ তাকে ভালমন্দের বিচার করতে শেখায়। একেই বলে চেতনা বা অন্তরাত্মার ডাক। এই বোধই ঈশ্বর। এক্ষেত্রে সাধারণ বা প্রচলিত মতের কিছু বিরোধী মত আছে।—যেমন শিক্ষা বা জীবনধারণের পদ্ধতি আমাদের চেতনাকে নিয়ন্ত্রিত করে।

এই বোধ নিয়ন্ত্রিত হয়, আমাদের চিন্তা, আদর্শবোধ, সামাজিক অবস্থান এবং মূল্যবোধের দ্বারা।

তাই এটি বিপজ্জনক প্রবণতা হবে কারোর চেতনার উপর আস্থারূপ বা কার বা চেতনার ব্যাখ্যাকার।

এখানে চেতনার বিষদ ব্যবহার প্রয়োজন। একটি উদাহরণ দেওয়া যাক। মহাত্মা গান্ধী (যাকে অমেরিকা প্রয়াত ক্রিষ্টিয়ান মন্ত্রী পৃথিবীর সর্বশ্রেষ্ঠ মানুষরূপে অভিহিত করেছেন) যিনি ১৯৪৮ সালে আততায়ীর হাতে নিহত হলে মনুষ্য জাতী আতঙ্কিত হয়ে পড়েছিল। তিনি নিহত হয়েছিলেন এক হিন্দু যুবকের গুলিতে, সে সচেতন ভাবে বিশ্বাস করত যে ঐ মানুষটিকে

যে তার ধর্মের ক্ষতি সাধন করছে। তার গভীর বিশ্বাস ছিল তার এই কর্ম তার দেশ এবং ধর্মকে রক্ষা করার জন্য। পৃথিবীর অন্য শ্রেষ্ঠ জ্ঞান এবং বৃদ্ধ সক্রেটিসকে যারা প্রাণদণ্ড দিয়েছিলেন তাদের দৃঢ় বিশ্বাস ছিল যে সক্রেটিস তার বিপজ্জনক মতবাদ দ্বারা যুব সমাজকে ধংসের দিকে ঠেলে দিচ্ছিলেন। এসকল উদাহরণের উদ্দেশ্য মানুষের ভ্রমাত্মক চেতনাকে নির্দেশ করার জন্য।

ফলাফল সর্বদা স্বনিয়ন্ত্রিত :

আমরা এমন মানুষের কথা অনেক শুনেছি, যিনি এ জীবনেই পূর্ণ, নিক্ষুত। এরকম মানুষের প্রধান হল কাজের গুণাগুণ বিচার না করে (সঠিকভাবে) নিপুণভাবে কাজ করেন মানুষের মঙ্গলের জন্য। আমাদের অবাক করেন একজন মানুষ সর্বদা কেমন করে নিক্ষুত থাকেন? আমাদের সাধারণত এসমস্ত ঘটনা মজার মনে হয়। চলুন আমার একটি প্রত্যক্ষ উদাহরণ দি। একজন গাড়ি চালক যাকে আমরা একজন সফল মোটর চালক বলতে পারি? যে চালক তার রোজকার ভ্রমণের শেষে কোনরূপ ট্রাফিক আইন না ভেঙ্গে নিজেকে গাড়ি সহ নিরাপদে গৃহে ফিরে অসতে পারেন। তিনিই সফল চালক, যিনি প্রয়োজন অনুসারে নিয়মিত গাড়ির রক্ষণাবেক্ষণ করেন। তিনি অকারণ দুর্ঘটনা বা ট্রাফিক আইন ভেঙ্গে চিন্তা করে উদ্বিগ্ন হন না। তিনি মুহূর্ত্ত নিরুদ্বেগ, উদ্দিপ্ত কিন্তু সহজভাবে গাড়িতে নিয়ন্ত্রণ করে ফলাফল স্বয়ংক্রিয়ভাবে ঘটে।

তেমনভাবে যদি আমরা প্রতি মুহূর্তে গভীর মনসংযোগের দ্বারা প্রতি

চেতনা, একটি ইলেকট্রনিক, কম্পিউটারের মতোই স্বয়ংক্রিয়, কম্পিউটার আমাদের যে উত্তর দেয়, তা বিশ্বাসযোগ্য কারণ পূর্বেই তা সঠিক সিদ্ধান্তে সমৃদ্ধ এবং পূর্ণ। তেমনিভাবে তোমার বিশ্বাসের ভিত্তি যদি দৃঢ় হয় তোমার চেতনা তখন মূল্যবান এবং কার্যকরী হয় যা তোমাকে ভাল-মন্দের পার্থক্য বুঝতে সাহায্য করে। দৃঢ় বিশ্বাসের অভাবে আমাদের চেতনা বা মননশীলতা ভুল পদক্ষেপ গ্রহণ করে।

Maxwell Malts, M.D
'Unlock your Real Personality'
in Reader's Digest.'

মুহূর্তে লক্ষ্য রাখি যে আ সঠিক পথে চলেছি তবে, প্রতিটি ঘণ্টা, দিন, বৎসর—সারাজীবন ধরে আমরা পদ রাখতে পারব। প্রতিটি মুহূর্ত মূল্যবান, পবিত্র, এটাই জীবনের দাসত্ব এবং অন্ধকার। যার কারণ হল তা গ্রহণ করার প্রয়োজন নেই কারণ এখানে জীবনের অগ্রবর্তী হওয়ার ধারণা অস্বীকার করা হয়েছে। অপর দিকে আমাদের সকল কার্যকলাপ পরিচালিত হয় আমাদের লক্ষ্যের দিকে, জীবনের উদ্দেশ্যের দিকে, তা সফল যদি যত্ন সহকারে, সঠিক সিদ্ধান্তে অগ্রসর হলে, মনকে সহজ এবং নিরুদ্বেগ রাখতে পারলে, এটাই স্বাধীন হওয়ার, মুক্তমনা হওয়ার গোপনতত্ত্ব। এভাবে প্রতিটি মুহূর্ত্তকে লক্ষ্য করার প্রয়াস এক সময় অভ্যাসে পরিণত হয়। জীবনের গভীর ভীতরূপে পর্যবসিত হয়। জীবনে বিপথগামীতা হওয়া দুর্ঘটনারই সামিল। একজন ভালো চালক জীবনে কমই দুর্ঘটনায় পড়েন। তার কাছে গাড়ি চালান কোনরূপ ঝামেলার পেশা নয়, জীবনে বলার মত পেশা। তেমনভাবে জীবনের লক্ষ্য স্থির থাকলে আমরাও জীবনে দুর্ঘটনা মুক্ত থাকতে পারি, যদি জীবনের গতি উদ্যমহীনতা বজায় রেখে গভীর মনসংযোগের মাধ্যমে প্রতিটি মুহূর্ত উপভোগ করতে পারি।

আমেরিকার মহান দার্শনিক উইলিয়াম জেমসের কথায়—

> শিক্ষা বা শিক্ষাগত যোগ্যতা নিয়ে উদ্বিগ্ন হওয়ার প্রয়োজন নেই। যদি কাজের প্রতি বিশ্বাস রাখতে পার, যদি দিনের প্রতিটি মুহূর্ত ব্যস্ত থাকতে পার তবে তুমি সকল হবেই দিনের শেষে তোমার প্রাপ্ত ফল তুমি পাবেই এবং এমারসন ঠিক এমন করেই বলেছেন। নিছক সন্দেহ এবং ভয়ে জীবন যে নষ্ট কোর না। জীবনের প্রতিটি মুহূর্ত যে ব্যস্ত বা কর্মের মধ্যে। তবে নিশ্চিতরূপে তা তোমার জীবন গড়ে তুলবে সফল করে।

সারাংশ :

পূর্ববর্ত্তী তিনটি অধ্যায়ে আমরা বিশদ রূপে যা আলোচনা করেছি তা মূল্যবান হয়ে উঠতে আমাদের স্থির লক্ষ্যে পৌঁছতে সাহায্য করবে।

১. আমরা আমাদের ক্ষমতা এবং সামর্থ অনুযায়ী কাজ করি। এক অদ্ভূদ পদ্ধতিতে আমাদের কাজ নির্দিষ্ট হয়, এবং আমাদের তা সমাধা করতে হয় (গভীরভাবে লক্ষ্য করলে মনে হয় আমাদের জন্য নির্দ্দিষ্ট কাজ অদ্ভুত বা অসঙ্গাত নয়)।

২. সাধ্যমত অর্থাৎ গভীর নিষ্ঠা এবং সর্বোত্তম উপরে তোমার উপর ন্যস্ত কর্ম সম্পাদন কর।

৩. আমাদের এ মনোভাব ত্যাগ করা উচিত যে আমি কাজের দ্বারা কারো উপকার করছি। এবং কাজের ভালমন্দের বাছ বিচার অবশ্যই আমাদের ত্যাগ করতে হবে।

৪. কর্মফলের অকারণ উদ্বেগ বা ভাবনাকে প্রশ্রয় দিতে নেই। তাকে উপেক্ষা করতে হবে।

৫. কাজের ধরন, পদ্ধতি বা ফল নিয়ে উদাসিন থেকো না কেবল উপেক্ষা করো সফলতার অশান্ত বা ব্যার্থতার বিমর্ষতাকে।

৬. সাফল্য বা ব্যার্থতার দায় নিজে নিওনা কারণ সাফল্য বা ব্যার্থতার সঙ্গো বহু বিষয় জড়িত।

৭. ক্রমাগত প্রয়োজনীয় এবং ফলদায়ক কর্মের সাথে মুক্ত হয়ে আমায় আলস্য দোষের অপকারীতা সম্পর্কে সচেতন হয়ে পড়ি। ফলে আমাদের কাজের ধারা অনেক উন্নত এবং ফলপ্রসু হয়ে ওঠে তা হয়ে ওঠে নিজের থেকেই।

৮. যদি আমরা সঠিকরূপে মানসিক এবং দৈহিক প্রয়োগ করতে পারি, তবে তা দীর্ঘস্থায়ী হয় যেমনভাবে আমাদের উপার্জিত অর্থের সঠিক এবং সুবিবেচিত ভাবে বিনিয়োগে দীর্ঘস্থায়ী সুফল এনে দেয়, শক্তি এবং অর্থ কেবল সঞ্চয় বা খরচের জন্য নয়, তা সঠিক সময়ে সঠিক পরিমাণে, সঠিক বস্তুর জন্যই ব্যয় করতে হয়।

৯. এভাবে আমরা আলো বা অন্ধকারের দিসারী হতে পারি। গ্রহণ যেখানে উজ্জ্বলতা এবং বর্জন অন্ধকারকে প্রকাশ করে।

১০. সংক্ষেপে এসকল বিষয়বস্তুই অধ্যায়গুলির স্বরূপ প্রকাশ করে।

(ক) কর্মদর্শন

(খ) কাজের নিয়ম কানুন এবং কর্মফল

(গ) কর্মের মধ্যতায় মুক্তির উপায় সন্ধান।

❑❑❑

৬

মনের নীচতা দূরিকরণের উপায়

আমাদের সবচেয়ে বড়ো দৈন্যতা আমরা পূর্ণ নয়। আমাদের খণ্ডিতাংশে বাস করি। সংকীর্ণ আমিত্ব সংকীর্ণ দমন এবং বস্তুই জগৎ সর্বস্বতাই আমাদের বড়ো নীচতা। নিজেকে সংশোধন করতে পূর্ণে আস্থা জ্ঞান এবং পূর্ণে বিশ্বাস স্থাপন দরকার। যার অর্থ সংকীর্ণ দৃষ্টি ভঙ্গির পরিবর্ত্তন। তাই এখন আমরা বুঝতে পারি কেন প্রাচীন ঋষিগণ জ্ঞানের অনুশীলনের কথা, জীবনের সমস্ত দিকে সৃষ্টিকারের কথা বলেছেন যা আমাদের পরমার্থিক জীবনের দিকে নিয়ে যায়। কিছু সময় এবং জীবনের পথ পুর্ণতার দিকে, স্বয়ংসম্সসম্পূর্ণতার দিকেই সূচীত করে।

—মাউরিস নিকাল

প্রকৃত আশীর্বাদ গোপনে আসে :

এক সন্ধ্যা। এক যুবতী পার্টিতে যাওয়ার সাজগোজ করছেন। সেখানে বহু মানুষের সঙ্গো তার সাক্ষাৎ হবে। সেখানে তার কিছু প্রিয় মানুষ উপস্থিত থাকবেন। তিনি সে শুভসন্ধ্যার সুখের কল্পনায় মগ্ন। যেখানে উষ্ণ পানীয়ের মাদকতা, শাড়ির মূর্ছনা, নাচের মঞ্চে তার আকাঙ্ক্ষিত হবু বরের উপস্থিতির ভাবনায় উদ্বেলিত। ঠিক পরে মুহূর্তে তিনি যন্ত্রণায় কাতর, হতাশায় হাত-পা ছুঁড়ছেন, ফুঁপিয়ে কাদছেন। কেন? কী এমন ঘটল? হঠাৎ আকাশ কালো মেঘে ঢেকে গিয়ে ঝিরঝিরে বৃষ্টি শুরু হয়েছে। বৃষ্টি আরও জোরে এল। তার সুন্দর পোশাক ভিজে যাওয়ার আশঙ্কা, বৃষ্টি পার্টির মজাই মাটি করে ভেবে এমন কী পার্টি বন্ধও হয়ে যেতে পারে। তিনি এই অনাকাঙ্ক্ষিত বৃঁষ্টিকে অভিসম্পাত দিতে থাকলেন।

এখন এই ভদ্রমহিলা বৃষ্টিকে গালি দিচ্ছেন, তার মার্টি এবং তার নিজের আনন্দ মাটি হওয়ার জন্য, আসলে স্বাভাবিক প্রাকৃতিক বিষয় এখানে অনাকাঙ্খিত বিষয়ে পর্যবসিত হয়েছে। কিন্তু তিনি যদি বুঝতে পারতেন বৃষ্টি একজন কৃষকের কাছে ভীষণ প্রয়োজন। বহুআকাঙ্ক্ষিত এবং এই ঋতুতে বৃষ্টি অস্বাভাবিকও নয়। তবে তিনি কাঁদছেন কেন?

অন্য একটি ঘটনার কথা ধরা যাক। অনেক খোঁজা খুঁজি এবং যথেষ্ট ভাবনা-চিন্তার পর আপনার জন্য এক দারুণ সুন্দর ঘড়ি কিনলে। আপনি সেটি হাতে পরে, বেশ গর্বভরে বেরিয়ে পড়লেন অন্যদের দেখাতে যে আপনি কেমন এক দারুণ ঘড়ির মালিক। তোমার সুন্দর সে ঘড়ি দেখে নিশ্চয় তার দাম জানতে চাইবেন। ঠিক সে মুহূর্তে কোন অপরিচিত ব্যক্তি আপনার কাছে সময় জানতে চাইলেন। আপনি মুহূর্তে আপনার ঘড়ি দেখে সময় বললেন, কিন্তু নাক কুঁচকে বললেন, “এটা কী ঘড়ি।” কারণ আপনার বলা সময় প্রকৃত সময়ের আশে-পাশে নেই। আপনার বরং ওটা জঞ্জালে ফেলে দেওয়া উচিত। আপনার কী মনে হয় ঐ ব্যক্তি আপনাকে অকারণ লজ্জিত করলেন, তিনি কেবলমাত্র ঘড়ির যান্ত্রিক ত্রুটির কথা বলেছেন, যদি একথা আপনার কানে আসত যখন এটা কোথাকার শো কেসে সাজানো ছিল আপনার কেনার মুহূর্তে, তবে তা নিতেন না।

আমি একবার ভীষণ অসুস্থ হয়ে পড়েছিলাম, আমার অবস্থা হয়েছিল এক কুড়ি বৎসরের এক হত দরিদ্র দুর্বল যুবকের মত। আমি এক বিখ্যাত ডাক্তারকে দেখালাম। তিনি আমাকে পরীক্ষা করলেন এবং যখন আমি তার মুখে সহানুভূতি হীন কথার অপেক্ষায় ছিলাম, তিনি হেসে বললেন যে আমার ঈশ্বরকে ধন্যবাদ দেওয়া উচিত আমার এই গভীর অসুখের জন্য। আমি ভীষণ অবাক হয়ে গেলাম। এটা ভাবা যায় যে আমার এই অসুখের জন্য ঈশ্বরকে ধন্যবাদ দেওয়া যায়? তিনি গভীর মনোযোগ এবং নিপুণভাবে চিকিৎসাকে করে আমায় সুস্থ করে তুললেন। ঐ অসুস্থতার পর আমি প্রায় ২০ বৎসর কোন রোগের প্রকোপে পড়িনি। আপনি নিশ্চয় অবাক হচ্ছেন যে ঐ সময় চিকিৎসক হাসতে হাসতে ঐ মন্তব্য কেন করেছিলেন। আমি তাকে কয়েক বৎসর পরে তাকে প্রশ্ন করেছিলেন কেন তিনি ঐরকম বলেছিলেন? তিনি সেই কথা তিনি তখনও ভুলে যাননি। তিনি উত্তরে বলেছিলেন, “আশীর্বাদ কখনও অজ্ঞাতে আসে, তুমি তোমার

শরীর কে অবজ্ঞা করেছিলেন বহু বছর ধরে, ফলে তোমাকে ঐ অবস্থায় পড়তে হয়েছিল। যখন তুমি আবার স্বাভাবিক অবস্থায় ফিরে এলে, বুঝতে পারলে শরীর স্বাস্থ্যের প্রতি নজর রাখা কতটা জরুরী এবং এটা সত্য।

এটা কী সত্য নয় যে আমরা আমাদের অহংকার এবং বাহ্যিক প্রয়োজনকে গুরুত্ব দিতে ঘিরে সত্যকে পরিবর্তিত করতে চেষ্টা করিনা?

কোন বিশেষ প্রয়োজনের উদ্দেশ্যে বৃষ্টির মত প্রয়োজনীয় বস্তুকে আকাঙ্খিত ভাবেছ। ঘড়ির সত্য সমালোচনা অথবা ডাক্তারের কথার ... বিরক্তিকর ভাবার একটাই কারণ, সত্য থেকে দুরে সরে থাকা তাকে অস্বীকার করা। সংকীর্ণ ভাবনা চিন্তাই আমাদের অপরাধ প্রবণ করে তোলে। সঠিক পথের সন্ধানে পাওয়া যেতে পারে, শুধুমাত্র ঘটনার বিশ্লেষণে এবং সদর্থক ভাবনার মধ্য দিয়ে। এসকল ভাবনা চিন্তাকে অন্য কিছুর সঙ্গে গুলিয়ে ফেললে চলবে না। শিশুর মত সহজ, সরল মনোভাবই সঠিক ফললাভের সহজ উপায়, প্রকৃত জ্ঞানি মানুষকেই আমার শিশু, পাগল বা মাতালের সঙ্গে তুলনা করি। দেখ বাইবেল কি বলে?

> শিশুর মত সরল হতে না পারলে, তুমি ঈশ্বরের রাজ্যে প্রবেশ করতে পারবে না। তাই শিশুর মত সহজ সরল হও। ঈশ্বরের রাজ্যে তুমি মহত্বর রূপে প্রতিপন্ন হবে। সাদরে তুমি সেখানে গৃহিত হবে।
>
> **–Matt. XVIII-3**

> যে ঈশ্বরের রাজত্বে শিশুর মত আচরণ করেন নি, তিনি জ্ঞানী নন।
>
> **–Luke. 18 : 17**

> এটাই সঠিক মত জ্ঞানীরাই শিশুর মত সহজ সরল চিন্তার অধিকারী বস্তুর প্রতি তাদের দৃষ্টি দ্বান্তিক নয়; এভাবে জ্ঞানীর সৃষ্টি, যারা ঈশ্বরের সত্তাকে তাদের কথা সরল, স্বচ্ছ, সত্যনিষ্ঠ বরং পাপশূন্য।
>
> **—St. Francis de-Sales.**

এক মাতাল গরুর গাড়ি থেকে পড়ে গেল, সে আঘাত পায় কিন্তু মারা যায় না। তার শরীর হাড় অন্যান্য মানুষের মতই সে দুর্ঘটনার শিকার হয় একটু অন্যভাবে সে যেন অন্যভাবে সুরক্ষিত, সে সচেতনভাবে গাড়িতে চড়েনি, তার ভাবনার পড়ে যাওয়ার ব্যাপার বা জীবন বা মৃত্যু কোনটাই ছিল না, ছিলনা ভয়। তাই বস্তুর আঘাতে ব্যাথা পাননা। ভেবে দেখ যদি মাতাল এমন সুরক্ষা দিতে পারে, তবে ঈশ্বর তোমাদের কতটা নিরাপত্তা দিতে পারে?

–**Chuang Tzu**

এটা ছোট শিশুর ক্ষেত্রেও কি সত্য নয়?

কোনো কিছুই মহত্ব লাভের জন্য মনের গতিকে নিয়ন্ত্রিত করতে পারে না যেমন পারে, সুনিয়ন্ত্রিত, চেতনা এবং প্রতিটি ঘটনার সুখানুসুখ বিশ্লেষণ। বস্তু বা মানুষের সম্পর্ক, মানুষের সঙ্গে তার সহজাত সম্পর্ক তাকে মহান শ্রেষ্ঠ নাগরিক রূপে চিহ্নিত করতে পারে, গড়ে ওঠে পরিবার।

তাই মারকাস অরেলিয়াস তার ডাইরিতে লিখেছেন, যোগ সম্বন্ধে তার মতামত এই পুস্তকে একটি অধ্যায়ে আলোচিত হয়, যিনি এসম্বন্ধে ইতি মধ্যে যথেষ্ট পড়াশোনা করেছেন। তিনি বুঝতে পেরেছেন আমাদের মনের সংকীর্ণতা আমরা কীভাবে দুরীভূত করতে পারি।

আমরা প্রায়শই সাধারণ মানুষের মনের সংকীর্ণতার কথা বলি। উচ্চশিক্ষিত এবং সংস্কৃতিবান মানুষও এই দোষ থেকে মুক্ত নয়, আমরা অনের সময় তুচ্ছ বিষয় যখন নিয়ে মাতামাতি করি, নিজেদের হাস্যাস্পদ করে তুলি।

যখন একজন যুবক কোন একটি মেয়ের প্রতি তার প্রেম বা ভালবাসা নিয়ে অযথা গোলমাল পাকায় তখন তা অন্য লোককে হাসির রসদ জোগায়। প্রকৃতপক্ষে এটা আমাদের বোকামীর পরিচয় যে আমরা বিপরীত লিঙ্গের ভালবাসাকে কটাক্ষ করে তৃপ্ত হই।

তাই সি. ই. এম জোড় পরিহাস করে বলেন ছুটন্ত বাস এবং কোন মেয়ের পেছনে ছুটতে যেওনা, হয়তো আরও পাঁচ মিনিট আগে তাদের পেছনে কেউ ছুটতে আরম্ভ করেছে।

আমরা ইতিমধ্যেই জোনথেসের মতের সপক্ষে দাঁড়িয়ে পড়েছি। আমরা অগয়ের মতামতে নির্ভলশীল হয়ে পড়েছি বিশেষত যেখানে ইন্দ্রিয় সুখের হাতছানি এবং প্রশ্রয় আছে। জাগতিক বাসনা বিশেষ করে ইন্দ্রিয় সুখের আনন্দ আছে। আমাদের লক্ষ্যই আরাম, সুবিধা এবং সুখোয়ন্নতা লাভ।

প্রতিকূলতাকে এড়িয়ে ধনী হওয়াই আমাদের একমাত্র লক্ষ্য। একে বলে সুখের সন্ধান। কিন্তু সাফল্য মানসিকতার পরিবর্ত্তন করে, বাইরের শক্তিকে অগ্রাহ্য করে, আমাদের মনের দৃঢ়তা এনে শারিরীকভাবে সক্ষম একজন মানুযে পরিণত হতে পারি যা আমাদের মনের সুস্থতা ভেবে।

সাম্যতাপূর্ণ দৃষ্টিভঙ্গি বজায় রাখা :

আমাদের মধ্যে কতজন সচেতনভাবে একটি সুষম দৃষ্টিভঙ্গি, মানষিক সমতা বজায় রাখার চেস্টা করার সংযম, মিতাচার শব্দগুলি আমাদের জীবনে অপরিচিত। আমরা কি খাদ্যাভ্যাস বা পানীয় গ্রহণের থেকে কম গুরুত্বপূর্ণ মনে করিনা মিতাচারকে কিন্তু ভেবে দেখবেন এটা অনেক দুরের বিষয়। আমরা সকলেই একটা আবশ্যক মনে করি না। কিন্তু এই মহাভবোৎ সুনিয়ন্ত্রিত, আমরা পেণ্ডুলামের গাণিতিক নিয়ন্ত্রণের পক্ষে। আমেরিকার মত উন্নত দেশ ও ‘কমিউনিজম’-এর মত শব্দে ভীত।

সেখানে সবকিছুর কেন্দ্রিয়করণের পাগলামিতে মত্ত, বিচ্ছিন্ন থেকে কী লাভ আমাদের? যখন তুমি নিজের সঙ্গো কথা বল, তখন তুমি সচেতনভাবে তাকে বুঝতে চেস্টা কর, দেখ, নিজ আত্মীয় হও।

নিরপেক্ষভাবে নিজের প্রতিটি কর্মকে বিশ্লেষণ কর, নিজেকে দেখ এমন দেখ যেমন করে অন্যকে লক্ষ্য কর।

—Strickland Gillian, নিজের প্রতি লক্ষ্য রাখ এবং এগিয়ে যাও। মার্কস অরেলিয়ান যেমন ভাবতেন, তুমিও তেমন করে ভাব। “ভেবে দেখ একমমে দুখী মানুযের বেঁচে থাকার জন্য কী কী প্রয়োজন। ঠিক ঈশ্বরের মত? কেউ বলছেন না যে আবশ্যক প্রয়োজন মিটিয়ো না, কখন সখন প্রাচুর্য্যকেও উপেক্ষা করেনা মন বা শরীরের চাহিদা মেটাতে।

অস্কার ওয়াইল্ডের বিখ্যাত উক্তি, “আমাকে প্রাচুর্য দাও, আমি প্রয়োজনীয় সামগ্রীকে উপেক্ষা করব।”

তোমার খাদ্য, পানীয় এবং পোশাকের দিকে নজর দাও

তাকে তোমার শরীরের পক্ষে সাজুজ্য বা বোঝা স্বরূপ

তোমার শক্তির প্রতিবন্ধক। WIS-IX.15 অনুমোদন কর যে, আমি মিতাচারী এবং সংযমী হব

যা প্রয়োজনীয় নয় তার প্রতি আকর্ষিত হব না।

যা দারুণ, যা দারুণ আনন্দদায়ক, তা অনৈতিক—

হলে, আত্মার শক্তিকে নষ্ট করে, তা বর্জন কর। GAL-V-17

সবশেষে, তোমার আশীর্বাদ বর্ষিত হোক আমার উপর, আমি যে পথ ভ্রষ্ট না হই।

–Imitation of Christ.

সবচেয়ে জরুরী চিন্তা ভাবনায় সংযমী হওয়া, কোন মানুষ বা বস্তু সম্বন্ধে মন্তব্য করা কমিয়ে আনতে হবে, এমন কী খারাপ বা অপ্রয়োজনীয় তার সম্বন্ধেও নয়। বিচার করা থেকে নিরত হও, যা বিচার্চ তার সম্বন্ধেও, মনের নীচতা আমাদের দৃশ্যমানতা নষ্ট করতে পারে, যেমন রাতের অন্ধকার শুধুমাত্র ভোরের আলো ঘোচাতে পারে।

❑❑❑

৭

চারিত্রিক সততা কি আধুনিক জগতে মূল্যহীন?

ঘটনা হল, আমাদের চিরন্তন লড়াই আত্ম সংযম এবং উচ্ছৃঙ্খলতার মধ্যে, যুগের পর যুগ ধরে লড়াই চলছে সুখী গৃহজীবন এবং উচ্ছৃঙ্খলতার মধ্যে। এর মধ্যে দিয়ে নিয়ন্ত্রিত হয় মানুষ কী মানুষ হবে অথবা পশুতে পরিণত হবে।

—হ্যারি এমারসন ফসডিক

দেহ—ঈশ্বরের মন্দির :

এটা অসঙ্গত মনে হতে পারে, এমন বিষয়কে এই বইয়ে আলোচনা করা, 'সাফল্য নির্ভর করে অদর্থক চিন্তায়'—কিন্তু এর প্রাসঙ্গিকতা সত্য রূপে বিবেচিত হয় যখন আমরা বুঝতে পারি যে আমাদের দেহ ঈশ্বরের মন্দির এবং তার প্রতি আমাদের শ্রদ্ধাশীল থাকা প্রয়োজন।

শিশু দেহকে পরমাত্মার মন্দির রূপে উল্লেখ করেছেন তিনি বলতে সহজ সরলভাবে কঠোর পরিশ্রমের মধ্য দিয়ে এদেহকে সুস্থ্য রাখা যায়। এর অর্থ তিনি মানবদেহকে কখনই উপেক্ষা করেন নি।

–Muriel Wrinch, Key to Living

এই মন্দিরের ভাবনা পরিবর্ত্তিত হয়ে দেহের অধিকারীর ভাবনা এসে যায়। তিনি স্বয়ং ঈশ্বর। তখন আমাদের দেহ যে তার সঠিক স্থান পাওয়া যায়। যেমন টমাস কেম্পিস বলেন,

'সব কিছুকেই দুরে সরিয়ে রাখা উচিত নয়, প্রকৃতিকে লালন করাই মানব ধর্ম।'

একজন সাধক পুরুষ জীবনের যে পর্যায়ে উন্নিত হন তাকে দৈহিক বিষয় নিয়ে উদ্বিগ্ন থাকতে হয় না। কিন্তু যে সকল সাধারণ মানুষ জীবনের উন্নতস্তরে উন্নিত হতে ইচ্ছা করেন তাদের বহু বাধা বিপত্তির সম্মুখিন হতে হয়। কেমলমাত্র যৌন চাহিদা বা জৈবিক দায় মেটানো নয়, নিজের ভিতরে পশু শক্তির বিরুদ্ধেও তাকে লড়তে হয়। যেমন—আকঙ্ক্ষা, লোভ এবং কামেদের ইত্যাদি।

এমনকী মহান আত্মার অধিকারী গান্ধিজিকে স্বীকার করতে হয়েছিল, যে তাকেও অন্তরের পাশবিক শক্তির বিরুদ্ধে সংগ্রাম করতে হয়েছিল।

কেবল অসুবিধার মোকাবিলা করতে হলে আমাদের প্রথম বুঝতে হবে আসলে কার বিরুদ্ধে আমাদের লড়াই। জ্ঞানই কেবলমাত্র আমাদের বিপথগামিতা বুখতে পারে। সংযমী জীবন-যাপন বা বিপরীতটা বেছে নেব, এবং প্রকৃতপক্ষে কোন পথ আমাদের পক্ষে শ্রেয়।

কে সন্ধান দিতে পারে পবিত্র রমনীর
তার মূল্য বৈদুর্য্য মণি অপেক্ষাও বেশি।

–Old Testament Proverbs XXX-10

আমার চারিত্রিক সততা আমার বহুত্বের রত্ন
আমার পূর্বপুরুষদের দান।

—Shakespeare, All's Well That Ends Well, IV, 2

পুরুষ এবং নারীজীবনের গুরুত্বপূর্ণ দিক :

মানুষের কামোত্তজনাকে অবগুণের সঙ্গো তুলনা করা হয়েছে। আবগুণ বিভিন্নভাবে আমাদের উপকার সাধন করে। আমাদের প্রাত্যহীকজীবনে তার সুনিয়ন্ত্রিত ব্যবহার অত্যন্ত উপযোগী এবং ফলপ্রদ। তথাপি আমরা প্রত্যহ অগ্নি সংযোগের সংবাদ পাই। যা মানুষের জীবন এবং সম্পদ ধ্বংস করে অপরিসীম দুঃখ কষ্ট বয়ে আনে। তেমনিভাবে কামোত্তজনাও মানুষের স্বাভাবিক প্রবৃত্তি যা মানুষের বংশধারাকে বজায় রাখে। তাই নারী পুরুষের জীবনের এ এক গুরুত্বপূর্ণ অংশ, কিন্তু নিয়ন্ত্রিণহীন লালসা,

কামেচ্ছা মানুষের জীবনে দুর্ভোগ নিয়ে আসে আগুনের বিধ্বংসী রূপ নিয়ে। কাম উত্তেজনা মূলত মানুষের মনের প্রবৃত্তি।

নারীর ক্ষেত্রে এটা তার নম্রতা, নমনীয়তা এবং আত্ম ত্যাগের মত যা তার ভেতর থেকে স্বতঃস্ফূর্তভাবে বিকশিত হয় এবং পুরুষে ক্ষেত্রে এটা যেন দুর্বল এবং অসহায়ের প্রতি এর আবেগের বহিঃস্ফুরণ।

আমরা জানি পরস্পরের আকর্ষণজনিত মিলন যা উভয়কে এক উচ্চ মানসিক আস্থানা প্রদান করে, তাই 'প্রেম'। এটাই মানুষের আদীম অভিযানের অগ্রসর হওয়ার শুরু। যা তাকে দেয় পরিবার। একটি বৃহৎ দেশকে সুশাষন দিতে গেলে তাকে, প্রদেশ, জেলা প্রভৃতি ক্ষুদ্র ক্ষুদ্র অংশে ভাগ করে নিলে যেমন অনেক সুবিধা হয়, তেমনি মানব সমাজে মানুষের মিলনের জন্য ছোট কিন্তু স্বশাষিত পরিবারের প্রয়োজন।

পুরুষ পরিবার গঠনের জন্য একজন নারীকে গ্রহণ করেন, তার এবং তার স্ত্রীর ইচ্ছায় পরিবারের সদস্য সংখ্যা বৃদ্ধি করে এবং তা যখন নির্দিষ্ট আকার পেয়ে পূর্ণতা লাভ করে তখন তার বিকেন্দ্রিয়ও করেন।

এই কাম-বাসনাই আদীম সভ্যতা থেকে পরিবারের ধারনাকে জন্ম দিয়েছে, তাকে লালিত করেছে, এটা একেবারে পরিষ্কার "মাতৃত্বের ধারনাই সভ্যতার মূল বা প্রাথমিক বৈশিষ্ট্য বাকী সবই গৌণ বা তার পরিপূরক মাত্র।"

এই বৈশিষ্ট্য সকল জীব গোষ্ঠীর মধ্যেই বর্ত্তমান।

সর্বশ্রেষ্ঠ বৃত্তি—পারস্পরিক সহমিলনের ইচ্ছা :

এটা প্রমাণিত যে সন্তান ধারণের মত সর্বোচ্চ কর্ম সম্পাদনের জন্য নারী নিজেকে গঠন করেছেন। সহ-মিলনের ইচ্ছা নারী-পুরুষকে একত্রিত করে বংশগতি বজায় রাখার জন্য। কিন্তু একথাকে অস্বীকার করা যাবে না যে সহ-মিলন কেবলমাত্র সন্তান লাভের জন্য ইচ্ছাই সর্বদা সংঘটিত হয়। বেশির ভাগ ক্ষেত্রের সন্তান যেন কামেচ্ছার উপজাত বস্তু।

এটা কিন্তু নতুন নয় বরং প্রকৃতির নিয়মে সিদ্ধ যে প্রত্যেক প্রচেষ্টা, আত্মত্যাগ যেমন ক্ষতির নিরাময় করে, আনন্দ প্রদান করে, তেমনি আকস্মিকভাবে সন্তানের জন্মও তাদের পিতৃত্বের দায় নিতে বাধ্য করে।

তথাপি এটা স্বীকার করতে হবে, নারীর সৌন্দর্য্য কবির কাব্য, শিল্পির ভাস্কর্যে, চিত্রে এবং সচেতন মানুষের মনে চিরবন্দিত, এবং স্বার্থকরূপে পরিস্ফূটিত হয়। প্রশ্নতিতভাবে প্রকৃতিই যেন নারীর সৌন্দর্য্য সৃষ্টির প্রেক্ষাপট, প্রকৃতি নিজের তাগিদে পুরুষের আনন্দ দানের যন্ত্র রূপে সচেতনভাবে নারীকে সৃষ্টি করেছেন। যদি পুরুষের কল্পনায়, সুস্থ সুন্দর যৌন মিলনের ইচ্ছা প্রকটিত হয়, বাস্তচিত হয় তবে সচেতন বা অবচেতনের স্বীকার এবং কবির মত নারীর সৌন্দর্যের প্রলাপকারী, সাহিত্যের মত রমন সংঘটনের দৃশ্যে সমগুণ, এবং শিল্পির মত নগ্নতাকে মহত্বদানের প্রচেষ্টায় মত্ত। যেমন একজন বিউটিসিয়ানের কাছে নারীর যৌন আবেদন বলতে বোঝায় তার লম্বা, চিকন চুলের গোছা, স্কুলে ছাত্রীর মত নিখুত শারীরিক গঠন ইত্যাদি। একজন পোশাক ডিজাইনারের কাছে তার গৌণ যৌন অঙ্গাগুলির স্বাভাবিক স্ফূরণ। আদীম সমাজে নারীর যৌন কার্যকলাপ তার একান্ত ব্যক্তিগত বিষয় ছিল। আর বর্তমান সমাজে তার ব্যক্তিত্ব গঠিত হয় তার দৈহিক গঠনে, একটি নির্দ্দিষ্ট ধরনে থাকে বর্ত্তমানে মহিমান্বিত করা হচ্ছে তথাকথিত যৌন আবেদনরূপে চিহ্নিত করে।

এটা পুরুষদের সুনিশ্চিত মতামত যে তাদের জানা উচিত যে আবিষ্কৃত সমস্ত কিছুই তাদের অনুসরণ করার প্রয়োজন নেই, প্রয়োজন যৌন আদর্শগুলিকে পালন করা। আজ পিতৃত্বের বিষয়টি গৌণ কেবলমাত্র সহবাসের আনন্দ লাভই প্রাথমিকতা পাচ্ছে তা কিন্তু কেবলমাত্র মনকে অবচেতন করে তুলছে।

আধুনিক গর্ভনিরোধক পদ্ধতির ব্যবহার অনেকটা যেন পারমাণবিক বিভাজনের মত। দুটি একাত্ম বস্তুকে বিভাজিত করে। যেন বিপরীত দিকে প্রেরণ করার মত। এই ঘটনার আমরা দুটি দিক দেখতে পাই এটি একদিকে গৌণ মূলক এবং লাভদায়ক এবং গঠনমূলক অপর দিকে এটি ক্ষতিকারক এবং ধ্বংসাত্মক।

আজকের বাধা বুঝি আনবিক শক্তি, শান্তির জন্য, হিরোসিমা এবং নাগাসাকীর ভয়াবহতা, আজও আমাদের মনের তরতাজা ক্ষত, ঘা শুকিয়ে যায়নি।

আজ একদিকে যেমন মায়ের শরীর স্বাস্থ্যের দিকে লক্ষ্য রাখা হচ্ছে, তেমনিভাবে বিবাহ বহির্ভূত যৌন সংসর্গের মাধ্যমে অবাঞ্ছিত গর্ভপাতও ঘটানো হচ্ছে।

আজকের জগতের আর একটি দুঃখজনক দিক নারীর অর্দ্ধনগ্নতা বা নগ্নতাকে শিল্পের একটি দিকরূপে প্রশংসিত করে, বানিজ্যিকভাবে তার এই তথাকথিত যৌন আবেদনকে পণ্য সামগ্রী করে তোলা হয়েছে। পণ্যদ্রব্যের ব্যবসায়িক প্রচারে চলচ্চিত্রে তার এই নগ্নতা শিল্পের নামে ব্যবহার করা হচ্ছে।

নারীও তার এই যৌন আবেদন বিভিন্ন উদ্দেশ্যে নিজ স্বার্থসিদ্ধি করতে ব্যবহার করছে, চাকুরী বা কাজের জন্য, মডেল বা ছায়াছবির নায়িকা হওয়ার জন্য, এমনকি স্বামী লোভের জন্য নারী তার যৌনতার প্রকাশ করেন।

পুরুষের দাবী তাদের দেওয়া অবাধ স্বাধীনতা দানই নারীর আজকের আত্মবিশ্বাস বা স্বেচ্ছাচরিতার মূলে। যা তাকে আজ বাণিজ্যিক বস্তুতে পরিণত করেছে। তাই আজকের শ্লোগান, 'যৌনতা বা যৌন আবেদন বিক্রয়সামগ্রী'। পুরুষ নারীকে মোহাচ্ছন্ন করে রেখে বোঝাতে সক্ষম হয়েছে যে তার যৌনতার অপব্যবহার তার মঙ্গলের জন্য। এক প্রজন্ম আগেও নারীদেহ সম্পূর্ণরূপে বস্ত্রাবৃত ছিল, তার স্বাধীনতা ছিল নিয়ন্ত্রিত। পরপুরুষের সামনে তার উপস্থিতি ছিল বেশ কম, সে তখন দাসীরূপে বিবেচিত হত। কিন্তু বাস্তবটা কী? নারীই কী তার মুক্তিদাতা? তখন তার স্বাধীনতা খর্ব করা হয়েছিল। কিন্তু তার অপব্যবহার হয়নি। এই খর্ব স্বাধীনতা নারী-পুরুষ উভয় পক্ষেই ভাল ছিল। সকল ধর্ম এবং নৈতিক শিক্ষার লক্ষ্য ছিল লোভের নিয়ন্ত্রণ এবং তা কমিয়ে আনা যদিও তা সর্বত্র সমানভাবে ঘটেনি, এটা সকল সত্য যেন প্রলোভন কমানো প্রয়োজন। আত্ম শক্তির বৃদ্ধির জন্য লোভের প্রয়োজনীয়তা নেই।

অলডাস হাক্সলির মতামত তুলে ধরা যেতে পারে, যে কোন রকম প্রলোভনের পুনরাবৃত ঘটে। সাধারণ মানুষ যার সন্তের মতো নির্মোহতা নেই তিনি এর শিকারে পরিণত হন। তাই যিশুখ্রিস্ট তার শিষ্যদের প্রার্থনা করতে বলতেন তারা যেন কোনরূপ প্রলোভনের বশবর্ত্তী না হয়ে পড়ে। এমনটা হয় অথবা হওয়া উচিত, এমন কোন আদর্শ যে সমাজ পরিবর্ত্তনের মধ্য দিয়ে সামাজিক, অর্থনৈতিক এবং রাজনৈতিক কার্যকলাপকে নিয়ন্ত্রিত করতে মানুষের পারস্পরিক সম্পর্ক স্থাপনের জন্য সামান্য প্রলোভন সংকীর্ণতা, অহংকার, নিষ্ঠুরতা এবং ক্ষমতা লাভের প্রবণতার জন্ম দেয়।

নারী পুরুষের প্রলোভনের হ্রাস ঘটানোর মধ্য দিয়ে শয়তানের হাত থেকে মুক্তি পেতে পারে। আমাদের পূর্বপুরুষ গণ তাদের প্রাচীন, জ্ঞানদিপ্ত পদ্ধতিতে, বিভিন্ন নিষেধাজ্ঞার মাধ্যমে মানুষের লোভকে প্রশমিত করার চেষ্টা করেছেন তার পরস্পরের কাছাকাছি আসাকে নিয়ন্ত্রিত করেছেন তাদের নিসঙ্গা করে।

চারিত্রিক সততার উন্নতি ঘটানো :

এবার, আমরা সরাসরি আমাদের বিষয়ে আসি, চারিত্রিক শূদ্ধতা।

নারী পুরুষ উভয়ের ক্ষেত্রেই চারিত্রিক উন্নতির প্রয়োজন রয়েছে। রুচিশীল এবং মার্জিত পুরুষ এমন কোন নারীকে বিবাহ করতে রাজি থাকেন না, যার চারিত্রিক সততা নেই। এমনকী একজন কবি যিনি নারীর যৌন আবেদনের অনুগ্রাহী তার কলমেও নারীর সতিত্ব প্রশংসিত হয়। কারণ নারীর কুমারিত্ব তার শুদ্ধতা, সরলতা, সৌন্দর্য্য এবং মহত্বের পরিচায়ক। কুমারীত্বকেই মহিমান্বিত করার মূল উদ্দেশ্য নিহিত আছে মাতা মেরীর হৃদয়ের পবিত্রতাকে নিষ্কলুষ করা।

চিকিৎসা বিজ্ঞানীগণও মনে করেন হৃদয়ের পবিত্রতা জীবনে অত্যন্ত গুরুত্বপূর্ণ। একজন মহিলার সন্তান ধারণের জন্যও পবিত্র হওয়ার প্রয়োজন আছে মনে করেন বিখ্যাত চিকিৎসক এবং বিজ্ঞানী Dr. Isabel Emslie Hutton, (M.D) কিন্তু বর্তমানে তার গুরুত্ব হারাচ্ছে। বেশির ভাগ মহিলাই বিবাহের পূর্বে কুমারীত্ব বজায় রাখেন আদর্শবোধ বা সুন্দর মানসিকতার জন্য, বা পারিবারিক চাপ অথবা সমাজের ভয়ে। প্রচলিত আদর্শকে লঙ্ঘন করলে আমাদের নিজেদের মনে হয় বা মানষিকভাবে বিপর্যস্ত করে তোলে।

তাই ফ্রেডরিক নেইজেস বলেন, 'সামাজিকভাবে স্বীকৃত নয় এমন কাজ কখনই আমাদের সুখী করেনা।'

চারিত্রিক শুদ্ধতা আমাদের আত্মবিশ্বাসী এবং নিয়মানুবর্ত্তী করে তোলে। অন্যান্য মহৎগুনের মত এটিও আমাদের আদরের শৃঙ্খলাকে প্রকাশ করে। ডঃ গ্ল্যানিস. এম কক্স এই ধারণাকে সংক্ষেপে বলেন সম্ভোগের সংযমই চারিত্রিক সততা। একদিন আমার কানে আসে একটি চৌদ্দ বছরের মেয়ে তার ... কে ভৎর্সনা করছিল তার লোভের জন্য..

---

* বিজ্ঞানী এই অংশে পবিত্রতা বলে তার অন্তরাত্মা থেকে কারু Cbasity শব্দটির ল্যাটিন ভাষার castes থেকে উদ্ভব যার অর্থ—পবিত্র।

"তুমি কখনও আত্ম নিয়ন্ত্রণ করতে শিখলে না।"। অন্য জনের উত্তর, 'তার প্রয়োজন নেই।' প্রথম জনের প্রতিক্রিয়া, 'তার প্রয়োজন নেই? সুন্দর।' পরবর্ত্তীকালে ঐ মেয়েটির চারিত্রিক শুদ্ধতার প্রয়োজনের কথা বুঝতে সুবিধা হবে না। গ্রীক দেশের তার্কিক পণ্ডিতদের মতে লোভই চরিত্র দূষণের মূলে।

হৃদয়ের পবিত্রতা সকল ধর্মেই প্রশংসীত, আজও সৎ মানুষের কাছে চারিত্রিক শুদ্ধতা মহৎগুণ রূপে সমাদৃত।

চারিত্রিক শুদ্ধতা তখনই গুণ বলে বিবেচিত হবে যদি তা স্বাভাবিক হয়, পুরুষের দ্বারা প্রভাবিত হয়ে নয়।

আবার হ্যাভলক এলিসের তথ্যানুযায়ী, যখন চারিত্রিক সততা আবশ্যিক গুণে পরিবর্ত্তিত হয় তখকন তা স্বাভাবিক অর্থাৎ গুণ বলে বিবেচিত হয় না। তা উপকারী বলে বিবেচিত হয় না, কারণ তার স্বাভাবিকতা নষ্ট হয়ে যায়।

ধর্ম বা সমাজ যখন চারিত্রিক সততার মত গুণ গুলিকে মানুষের উপর চাপিয়ে দেয় তখনই মানুষ অসংযমী হয়ে পড়ে। এই দোদুল্যমান অবস্থা গুণাবলীর ক্ষেত্রে দুর্ভাগ্যজনক রূপে বিবেচিত হয়, যে গুণগুলি আজও সমাদৃত। চারিত্রিক সততা মানুষের আত্মমর্যাদা বৃদ্ধি করে, এবং ভালবাসার ক্ষেত্রে এর ভুমিকা গুরুত্বপূর্ণ ভূমিকা গ্রহণ করে কারণ সেই প্রেমের ক্ষেত্রে আপনার হাতের স্পর্শ যোগ্যতার পরিচায়ক রূপে বিবেচিত হয়, যা আপনার জীবনকে সম্পূর্ণ সুন্দর করে।

ডঃ গ্ল্যাডিস. এম. কক্স-এর মতানুযায়ী, মনস্তাত্ত্বিক বিষয়ে আজকাল নিয়মানুবর্তীতাকে আর বিশেষ গুরুত্ব দেওয়া হয় না। আজকাল মনস্তত্বকে ভুল করে প্রতিস্থাপিত করা হচ্ছে। এমন কী অসসতাকে অনিচ্ছাকৃত আচরণরূপে ব্যাখ্যা করা হচ্ছে। আমরা শুনেছি, সহজাত প্রবৃত্তিকে অবদমন করা ক্ষতিকারক এমনকী যৌনক্ষমতাকে, আমরা দেখি এর প্রতিফল কী হয়। আমরা আমাদের প্রাত্যহিক জীবনের আবেগ-উচ্ছ্বাস যা অনেক সময় একে অপরের বিপরীত তা আমাদের কাছের মানুষের মধ্যে বিরোধ উপস্থিত হয়, সকলকে খুসী করা সম্ভব নয়, তথাপি আমরা সকলকেই তা করার চেষ্টা করব, তাই নিজেকেই স্থির করতে বিবাহ-পূর্ব যৌনতা উচিত কি অনুচিত। এই মতবিভেদের সমাধান হতে পারে শুধুমাত্র মানসিক সদিচ্ছার।

প্রচলিত প্রথা যে সামাজিক অনুশাসন আসে সদিচ্ছা এবং পূর্বপুরুষের অভিজ্ঞতা প্রসূত জ্ঞান থেকে যা তারা অর্জন করেছেন তাদের কৃত ভুলের মাশুল দিয়ে।

ডঃ গ্ল্যাডিস কক্স-এর মতানুযায়ী, নিজের জাত খোয়ান আত্ম-অমর্যাদার সামিল এবং কোন মেয়ের অনিচ্ছায় তার সাথে অনিয়মিত যৌন সংসর্গ সমর্থনযোগ্য নয়।

বিশ্বাস এবং অবিশ্বাস :

এটা অস্বীকার করা যায় না যে বিবাহ বিচ্ছেদের বিষয়টি চারিত্রিক সততা এবং একগামিতার সঙ্গে সুম্পর্কিত। যদি চারিত্রিক সততা একটি আবশ্যিক গুণ বলে বিবেচিত হয় তবে বিবাহ বিচ্ছেদের সংখ্যা অনেক কমে যাবে। কারণ একজন বিশ্বাসী এবং সৎ মহিলা বিবাহ বিচ্ছেদের বিষয়টিকে অনুমোদন করেন না এবং স্বামী ছাড়া অন্য পুরুষের সংসর্গ কামনা করেন না।

এটা একেবারে সরল সাধারণ জ্ঞানের বিষয়, এক মহিলা স্থির করলেন যে তিনি তার স্বামীর প্রতি বিশ্বাসী থাকবেন, তার সমস্ত মন প্রাণ এই মূল্যবোধের প্রতি অনুরক্ত থাকায় কিন্তু যে অবস্থায় স্বাভাবিক জীবনের ধারা বজায় রাখতে পারেন। এই ইচ্ছাশক্তির অভাবে, আমাদের স্ব-প্রণোদিত স্বাধীনতার জন্য আমরা ধীরে ধীরে স্বামির কাছে অবিশ্বাসীরূপে প্রতিপন্ন হয়ে পড়ি এবং তা বিচ্ছেদের কারণ হয়ে পড়ে। অপ্রয়োজনীয় অলিক সুখের কল্পনা নারীকে দ্বিধাগ্রস্থ এবং পরবর্ত্তী পর্যায়ে অবিশ্বাসী করে তোলে এবং তা পুরুষকে উৎসাহিত করে তার দোদুল্যমান অবস্থার সুযোগ নিতে।

যৌন স্বাধীনতা, কখনও যৌন স্বেচ্ছাচারে পর্যবসিত হয়, যা নারীকে যৌন আনন্দলাভের মন্ত্রে পরিণত করে মাত্র তার আত্ম মর্যদা বা মানবিক অবস্থানকে পদদলিত করে, বিবাহবহির্ভূত যৌন সম্পর্ক কখনই সম্মানজনকরূপে প্রতিপন্ন হয়না।

সাইমন ডি বিভেয়ার তার গ্রন্থে উল্লেখ করেন, যে পরকীয়া তার জয়ের লক্ষ্যে পৌছবার গর্বে গর্বিত করেন এবং নারী ভাবেন তার গ্রহণযোগ্যতা, আকর্ষনের ক্ষমতার প্রমাণ। কিন্তু এটা ভুললে চলবে না

যে, সমাজে তার স্থান সমাজে এবং গৃহে একজন সম্মানীত জননী, বোন বা যন্যারূপে। তার এই সামাজিক অবস্থান, পারস্পরিক সম্পর্ক তাকে সম্মানিত করে, তাই কোন দ্বিধা দ্বন্দ্ব না রেখে এই সম্মানবোধ, হৃদয়ের পবিত্রতা বজায় রাখা উচিত, কেবলমাত্র যৌনতার জন্য তার নষ্ট করার কোন অর্থই হয় না।

মনের পবিত্রতার সঙ্গো কী কাকতালিয়ভাবে প্রেমের আবেগ বা প্রেমজ বিবাহের সঙ্গো সম্পর্ক আছে, এটা ইতিমধ্যে বলা হয়েছে, এক নারীতে আসক্তি, যৌন আনন্দেরর পূর্ণতা দেয়, বিশেষত আমেরিকায় সঙ্গি নির্বাচনের প্রক্রিয়ায় শুরু হয় 'ডেটিং' এর মধ্য দিয়ে। যা একটি সহজ এবং নির্দোষ প্রক্রিয়া যার মধ্য দিয়ে একাধিক 'ডেটিং' প্রক্রিয়ায় চুড়ান্তরূপে সঙ্গি নির্বাচন করা হয়। এই পদ্ধতি অনুসরণ করে নারী পুরুষ একে অপরের মানসিকতা, পছন্দ-অপছন্দের বিষয়গুলি অনুধাবন করতে পারে, এবং তা তাদের মনে গভীর রেখাপাত করে, আবার বিবাহের ক্ষেত্রে সন্তান এবং তাদের নিরাপত্তার বিষয়টি সর্বাগ্রে।

Bertrand Russell তার 'বিবাহ এবং নৈতিক আদর্শ বইয়ে লেখেন বিবাহের ক্ষেত্রে রোমান্টিক প্রেম বিশৃঙ্খলারই নামান্তর। যেমন সেন্ট পল বলেন, বিপরীত দিক থেকে দেখলে আগত সন্তানই বিবাহের প্রধান বিষয় হওয়া উচিত। কিন্তু সন্তানের বিষয়ে কোন প্রতিষ্ঠানের প্রয়োজন নেই, যা যৌনতার জন্য। কিন্তু তাদের মধ্যে সন্তান এসে গেলে তারা যদি দায়িত্ববান এবং সন্তানের প্রতি স্নেহশীল হন তাদের যৌন সম্পর্কের গুরুত্ব সর্বাধিক অগ্রাধিকার প্রাপ্ত হয় না, এবং ভুললে চলবে না রাসেল তার বিবাহ-যৌনতা এবং হৃদয়ের প্রবক্তা হওয়ার জন্য দন্ডিত হন।

আত্ম-বিস্মরণের আদর্শ সভ্যতার মতোই প্রাচীনের কোনরূপ যৌনতাকে প্রশ্রয় দেওয়ার অর্থ কোন ধর্ম বা আদর্শবোধের ধারণাকে উপেক্ষা করা, তা স্বার্থপরতার নামান্তর, এবং তা আত্মত্যাগের মত মহান আদর্শকে উপেক্ষা করা।

তাই কেউ বলবেনা যে যৌন সংসর্গ একেবারেই অর্থহীন, বরং বিশ্বাস করার অনেক কারণ আছে যে বিবাহ পরবর্ত্তী যৌন সংসর্গ মনের সুস্থতা এব দেহের পক্ষে ভীষণ উপযোগী বা বিবাহ পূর্ববর্ত্তী যৌবন সংযোগের সঙ্গো সুনির্দিষ্ট পার্থক্য বজায় রাখে।

বিবাহ বহির্ভূত যৌনতা কখনই মন স্বাস্থ্যের পক্ষে মঙ্গালজনক নয়। বিবাহ বহির্ভূত সম্পর্ক উদ্বেগ, ভয়, অধৈর্য্য এবং সর্বপরি অসম্পূর্ণ মিলন এবং অনেক ক্ষতিকর অবস্থার সৃষ্টি করে। বিবাহ অনেকটা সুরক্ষিত দূর্গে থেকে মন এবং স্বাস্থ্যের সুরক্ষা কবচে বন্ধন করে মহান কাজে নিজেকে ব্যাপৃত করতে উৎসাহিত করে। তাই বিবাহের পবিত্রতা ধর্মীয় এবং আত্মিক বন্ধনের উপর নির্ভরশীল। বৈধ সন্তানের চাহিদাকে পূর্ণ করে, যা প্রতিটি নারীর পরম আকাঙ্ক্ষাকে পরিপূর্ণতা দান করে।

এটা কোন অদ্ভূত বা অঘটন নয় আত্মার শুদ্ধতাকে পবিত্র গুণ রূপে অভিহিত করা। ধর্ম কঠোর অনুশীলনের মধ্য দিয়ে মানুষের মননশীলতার উন্মেষ ঘটায়। অনেক ক্ষতিকারক প্রভাব এবং দৈহিক ক্ষুধার নিবৃতি ঘটায়, তাকে স্বার্থান্ধত্বকে মুক্তি দেয়। এই প্রতি পাদ্যের প্রথমে আসল বৈধতার কথা বলেছি কিন্তু কেমন করে তা অবৈধ কাজে জড়িয়ে পড়ে তা দেখেছি। বৈধতা এবং তার প্রয়োজনীয়তা নিয়ে আমরা অন্য অধ্যায়ে আলোচনা করব।

বিবাহ বন্ধনের অসংগতি :

এক বিবাহ ব্যবস্থায় বিবাহ-বিচ্ছেদের বিষয়টি হৃদয়ের শুদ্ধতার ধারণার পরিপন্থি কোন সঙ্গীর মৃত্যুর পর পুনর্বিবাহকে সাধারণ বিয়ের সঙ্গে তুলনা করা যেতে পারে। বৈবাহিক অঙ্গাতি অনেক পাপের জন্ম দেয়, বিবাহকে বন্ধুনরূপে বিবেচনা করা হয় তা থেকে অব্যাহতি পাওয়ার উপায়ও থাকা চাই, যে সমাজ ব্যবস্থায় বিবাহবিচ্ছেদ এবং পূর্ণ বিবাহের পথ সুগম সেখানে স্বামী-স্ত্রীর অসঙ্গত আচরণ দীর্ঘদিন সহ্য করতে হয় না, কিন্তু অটুট বিবাহ-বন্ধত্বের সুফল ভোগ করে দম্পতীর সন্তানগণ। বেশীর ভাগ ক্ষেত্রেই অসুখী দম্পতির হৃদয়ের পূর্ণ মিলন কখনই সম্ভব না, বিশেষত যেখানে পারস্পরিক বিরোধ বর্ত্তমান, তাদের ক্ষেত্রে বিবাহ-বিচ্ছেদ কোন সমীচিন নয়। বিবাহ-বিচ্ছিন্ন নারী-পুরুষ কখনও আবেগবশত কাছাকাছি এলেও তাদের পক্ষে তা মঙ্গালজনক হয় না। এটা একেবারেই ঘটে না, এমন নয়।

যৌন উত্তেজনা অনেক বিষয়কে বিশৃঙ্খল করে তোলে তার চাহিদার পরিপূর্ণতা না পেলে কিন্তু তাকে সমাজের সাধারণ স্থিতিশীল অবস্থায় সঙ্গে তুলনা করা যাবে না এবং এর পাঁচমিশালী উত্তর হবে না। এটা বিশ্বাসযোগ্য নয় যে প্রশ্রয়দান কামের আবেগকে দমন করে অর্থাৎ আকাঙ্খার নিবৃতি করে, বরং ... ছাড়া প্রশ্রয় তার দ্রুত বৃদ্ধি ঘটায়। শুধুমাত্র নারী-পুরুষের আত্ম সংযমই এই সকল ক্ষতিকারক প্রলভন থেকে তাদের রক্ষা করতে পারে। সংযমের প্রতিটি ধাপই ভবিষ্যতের আত্ম সংযমের পথকে উন্মুক্ত করে।

আত্মদমন কর আজ রাতেই
এবং তা সবকিছুকে সহজ এবং সরল করবে
পরের বাধাকে সহজ করে তুলবে।
ক্রমাগত অনুশীলন তোমাকে প্রকৃতির মত সহজ সরল করবে
শয়তানকে দমন কর তোমার অচ্যুদ ধৈর্য্য দিয়ে।

—হ্যামলেট

নারীর হৃদয়ের পবিত্রতাই পুরুষের কামাবেগ নিয়ন্ত্রণ করতে পারে। প্রত্যেক ধর্মই বয়ঃসন্ধির প্রতি কঠোর মনোভাব পোষণ করে। গুরুত্ব দেয়, তাদের মতানুযায়ী যৌন আবেগ সুন্দরভাবে ব্যবহার করতে পারলে তাদের মানষিক এবং দৈহিক শক্তির উন্মেষের সঙ্গো আধ্যাত্মিক উন্নতির সহায়ক হতে পারে এবং তার প্রয়োজনীয়তা আছে। এটা বুঝতে অসুবিধা হয় না যে এটার বিশেষ প্রয়োজন পুরুষের প্রতি লক্ষ্য রাখা কারণ যে নারীর মত প্রকৃতির দ্বারা সুরক্ষিত নয়। তার ভেতরের পাশবিকতা তার অপরিসীম দুঃখের কারণ তা নির্বাচন করতে পারে বোধ হয়। আত্ম সংযমের বুদ্ধিদীপ্ত ব্যবহার, ধর্ম এবং সমাজের স্নেহশীল অভিভাবকত্ব। কিন্তু নিষেধের অবিরাম রক্তচক্ষু তার সংযমের ক্ষতি করতে পারে। কেবলমাত্র তার স্বাভাবিক এবং বস্তুগত আবেগ, ভাললাগা সমাজ সহানুভূতির সঙ্গে বিবেচনা করলে অনেক বিপর্যয় রোধ করা যায়।

অধিকন্তু, এটা সাধারণ জ্ঞানের বিষয় কার্যহীনতা পুরুষের তার সুন্দর সচেতনতাকে নিঃস্প্রভ করে যা তাকে সমাজ এবং ধর্ম বিমুখ করে তোলে,

তা ধীর কিন্তু নিশ্চিতরূপে তাকে হীন-নীচ করে তোলে। ইতিহাস সাক্ষ্য দেয় অনৈতিকতাকে প্রশ্রয় দিতে গিয়ে বিশেষ করে অবাধ এবং অনৈতিক যৌনতাকে প্রশ্রয় দিতে গিয়ে অনেক সাম্রাজ্য, প্রাচীন সমাজ ধ্বংস হয়ে গেছে ধর্ম বা সমাজকে উপেক্ষা করার ফলে।

আমরা এই অধ্যায় শুরু করেছিলাম ডাঃ হ্যারী ইমারসন ফসডিকের উক্তি দিয়ে যদি তার উক্তি দিয়ে এই অধ্যায় শেষ করি তা হবে আরও ভালভাবে, আমাদের চির এবং শ্বাশত দুঃখ কষ্টের সমাধান আসতে পারে, —"যদি আমাদের সংযমী বিবেচনার মধ্য দিয়ে কর্ম-নির্বাহ করতে পারি, কিন্তু কেমন করে তা করতে হবে।"

❑❑❑

৮

'গুণ' এর অর্থ

যা মূল্যবান তা পাওয়ার জন্য তোমাকে মূল্য দিতে হবে;
তোমার পরিশ্রম, ধৈর্য্য, প্রেম এবং আত্মত্যাগই হবে
মূল্য। অর্থ বা প্রতিশ্রুতি নয়, প্রকৃত কর্মই হবে
তার আসল মূল্য।

—John Burroughs

প্রতিটি মহৎ কর্মই আশীর্বাদরূপে উপলব্ধ হয়।

—Congreve

মূল্য প্রদান :

জন এবং জেম্‌স দুই বন্ধু। উভয়ে আর্থিকভাবে সচ্ছল, উচ্চশিক্ষিত এবং সমাজে সু-প্রতিষ্ঠিত। জন অন্তর্মুখী, নিয়মানুবর্তী এবং বিশ্বাস করেন স্ব-নির্ভর হওয়াই জীবনের লক্ষ্য। প্রচলিত বিশ্বাসের অনুবর্ত্তী হয়ে তিনি ধার দেওয়া নেওয়ার বিরোধী ছিলেন। তিনি ছিলেন স্ব-নির্ভর এবং আত্মবিশ্বাসী। তাই জীবনযুদ্ধে তাকে প্রতিকূলতার সম্মুখীন হতে হয়নি। তাই জীবনকে তিনি সহজভাবে কিন্তু স্বচ্ছলতায় উপভোগ করেন। তিনি সমস্ত অনুশাযন মেনে চলতেন এবং নিয়মিত গির্জায় যেতেন।

জেম্‌স ছিল ঠিক উল্টো প্রকৃতির। তিনি সুখী, সৌভাগ্য সন্ধানী এবং জাকজমক পূর্ণ জীবন যাপনে অভ্যস্ত ছিলেন এবং সর্বদাই বহির্মুখী। তিনি কখনই নিয়ম মেনে চলতে অভ্যস্ত ছিলেন না। বন্ধু বান্ধবের প্রয়োজনে তিনি সর্বদা উদার এবং মুক্ত হস্ত ছিলেন। সৌজন্যতা বোধ তার আরও একটি বৈশিষ্ট্য। তার উপস্থিতি মাত্র আনন্দে মুখরিত হত। কখনও কখনও

তার রসিকতা গ্রাম্য পর্যায়ে পর্যবসিত হত যা তার রুচি সম্বন্ধেও প্রশ্ন তুলে দিত। জেম্‌স কখন-সখন বন্ধুদের সম্বন্ধে কটুক্তি করতে ছাড়ত না। জেম্‌স ধর্ম বিশ্বাসী ছিলেন না। এমন কী গীর্জায় যেতেন না এবং বাইবেল পড়তেন না।

এখন তুমি সহজেই অনুমান করতে পার, তাদের পরিচিত জনের নিকট তাদের অবস্থান কীরূপ। এমন কী তাদের স্ত্রী সন্তানদের তাদের সম্বন্ধে কী ধারণা পোষণ করেন। জোনস্ সকলের শ্রদ্ধার পাত্ররূপে বিবেচিত হতেন, জেম্‌স সকলের প্রিয় পাত্ররূপে বিবেচিত হত।

এরপর ওয়াল স্ট্রিট বিপর্যয় নেমে আসে, এবং বহু সৌভাগ্য সন্ধানীর মত জোনস এবং জেমসের ভাগ্যও বিপর্যস্ত হয়ে পড়ে। তাদের জীবনে খারাপ সময় এসে উপস্থিত হয় কিন্তু বন্ধুদের কাছ থেকে সাহায্যের হাত জেমসের প্রতি প্রসারিত হয়, সহানুভূতি বর্ষিত হয় তার দ্বারা উপকৃত মানুষের দ্বারা। তার প্রিয়জনেরা তাকে উপহারে ভরিয়ে দেন। তার কাছে সব কিছুই উপভোগ্য হয়ে ওঠে। তার কাছে এটা সামান্য উপশমের বিষয় ছিল না, তার ভাগ্য তাকে পূর্বের অবস্থা ফিরিয়ে নিয়ে আসে।

কিন্তু এই বিপর্যয় জোন্‌সকে বিদ্ধস্ত করে দেয় এবং তা থেকে তিনি বেরিয়ে আসতে ব্যর্থ হন। কিন্তু মানুষ তার প্রতি সহানুভূতি দেখালে কেউ সাহায্যের হাত বাড়িয়ে দেয়নি। তার স্বাস্থ্য ভেঙ্গে যায়। তিনি শয্যাশায়ী হয়ে পড়েন। অন্ধকারময় জীবনে তিনি সামান্য রূপালী রেখার আভাস পাননি, এক বৎসরের মধ্যে তিনি মারা যান। এবং তার অত্যন্ত নিকট জন ছাড়া তার মৃত্যুতে কেউ সহানুভূতি দেখাননি। তার মৃত্যুতে কেউ কাঁদেনি, কেউ সম্মান দেখাননি তার প্রতি। তিনি একেবারে উপেক্ষিত হন মানুষের দ্বারা।

জেমস নিজেকে হেরমি টেইলরের সঙ্গে তুলনা করে বলেন, টেইলর যখন তার সর্বস্ব খোয়ান এক বিপর্যয়ে, তার বাড়ী ভেঙ্গে পড়ে, তিনি গৃহহীন হয়ে পড়েন, তার সমস্ত জাগতীক সম্পদ ধ্বংস হয়ে যায়, "আমি মানুষের মধ্যে এসে পড়ি, তারা আমার সব কিছু নিয়ে নেয়, এখন কী হবে?" আমাকে দেখতে দাও নিজেকে, তারা আমাকে দেয় সূর্য, চাঁদকে, দেয় এক সুন্দর স্ত্রী, আমাকে সহানুভূতি জানানোর জন্য বহু বন্ধু, যাদের অনেকেই আমাকে স্বস্তি দেয়। উপশম করে আমার অস্বস্তিকর তারা আমার আনন্দকে কেড়ে নেয়নি, বরং আমার হৃদয়কে উদ্বেলিত করে, আমাকে ঈশ্বরের করুণা পেতে সাহায্য করে। তারা আমাকে ধর্মে বিশ্বাসী করে তোলে, তাদের প্রতি আমার বিশ্বাস জাগায় এবং তাদের প্রতি আমার দানের জন্য কৃতজ্ঞতা প্রকাশ করে।

এখন আমি নিশ্চিন্তে ঘুমাই। খাদ্য পরিপাক হত সহজেই, আমি পান ভোজন করি, পড়াশোনা করি এবং আমি নিয়মিত যোগ সাধনা করি এবং সব কিছুই আমার কাছে আনন্দের বিষয় হয়ে ওঠে। অর্থাৎ, সুখ, দুঃখ ভালবাসার মধ্যে আমাকে সুখের সন্ধান পেতে সাহায্য করে।

এখন, এই দুই বন্ধুর সঙ্কটময় অবস্থার তুলনা করে, তাদের ভিন্ন অভিজ্ঞতালাভের বিষয়টিকে ব্যাখ্যা করা যায়। এটা ঠিক যে তাদের প্রয়োজনের সময়ে তাদের সুসময়ে মানুষকে দেওয়া জিনিষ ফিরে পাবেন না। জেমস কল্পনাও করেন নি যে তার দুঃসময়ে তার পূর্বকৃত ভাল কাজের ফল তিনি ফেরত পাবেন। কিন্তু তার দ্বারা উপকৃত মানুষ তাকে অবজ্ঞা করতে পারেন নি, এবং তার উপকারের কথাও ভুলে যাননি। কিন্তু আত্মকেন্দ্রিক জোনস্ তার কৃতকর্মের ফল ভোগ করেন, এবং একেবারে একা হয়ে পড়েন, তাই নতুন করে শুরুর করার পক্ষে তার আর সময় ছিল না। তার মূল্যবোধ তাকে লাভের সন্ধান দিতে ব্যর্থ হয়।

এটা খুব আকর্ষনীয় হবে সেন্ট জর্জ গীর্জার গায়ে খোদিত লিপির উল্লেখ করা,—"আমার যা ছিল, সমস্ত ব্যয় করেছি, যা ছিল আমার তা সব বিলিয়ে দিয়েছি, যা অবশিষ্ট ছিল তা হারিয়ে গেছে।"

সলমনে প্রবাদে বলা হয়েয়ে, —"যা আমি দরিদ্র মানুষকে দিয়েছি, তা ঈশ্বরের কাছে জমা হয়েছে।"

আমার নিউটেস্টামেন্ট-এ লিখিত আছে, যিনি বস্ত্রহীনকে বস্ত্র দেন, ক্ষুধার্তকে অন্ন দেন, তিনি ঈশ্বরের সেবা করেছেন, এবং যথাসময়ে তিনি পুরস্কৃত হবেন। ... এমনকি অশিক্ষিত ও জ্ঞানের গুণ বা যোগ্যতার অর্থ কী? এটি ল্যাটিন শব্দ 'mereor' থেকে উৎপন্ন যার অর্থ 'শোধনকারী'।

যোগ্যতা অর্জিত হয় কেবলমাত্র কর্মের মধ্য দিয়ে এবং কর্মের মধ্য দিয়ে অর্জিত গুণই তার পুরস্কার। আমরা অন্য একটি অধ্যায়ে দেখলাম, যে কোন কাজকে পুরোপুরি ভাল বা মন্দ বলা যাবে না। সমস্ত কাজের মধ্যে কিছু খারাপ দিক আছে। যেমন আগুনের সাথে ধোয়া থাকে। কাজের ভিল মন্দ বিচার করা অবস্থা সাপেক্ষে তার ভালমন্দ ফলের উপায়। তাই দোষ বা গুণের সংজ্ঞা সর্বদা বিপরীত নয়। যেমন প্রতিটি ব্যাঙ্ক তার

প্রত্যেক খরিদ্দারের জমা টাকা তার খাতায় জমা করে, এবং টাকা তুলে নিলে তা খাতা থেকে বাদ দিয়ে দেয়। এবং জমা টাকার উপর সুদও দেয়। তাই যে কোন সময়ে তোমার খাতায় উল্লেখিত টাকা তোমার সঞ্চয়। যদি ব্যাঙ্ক তোমাকে 'ওভার ড্রাফ্‌টে'র সুযোগ দেয়, তবে তুমি ঋণগ্রস্ত হয়ে পড়েবে। ইসলাম ধর্ম..., প্রতিটি মানুষের পিছনে বা সম্মুখে দণ্ডায়মান থেকে ঈশ্বরের দুত তাদের প্রত্যেকের প্রতিটি পাপ-পুণ্যের বিবরণ লিখছেন। (কোরাণ : অধ্যায় VI, শ্লোক - 61, অধ্যায় XIII, শ্লোক - 12)

আমরা আমাদের জীবনে জ্ঞাত বা অজ্ঞাতসারে আমরা অনেক ভাল কাজ করি। এমন কী অন্যা কার্য বা পাপও করে থাকি। ইতিপূর্বে আমরা এমারসনের উক্তি তুলে ধরেছি। প্রতিটি কর্ম আমাদের হৃদয়কে পুরস্কৃত করে প্রথমে তারপর পরিবেশের উপর তার প্রভাব পড়ে, —"মানুষ তাই পরিবেশের অধীন"। আমরা ধরে নিতে পারি স্বয়ংক্রিয়ভাবে অনবরত আমাদের কাজকর্মের ধারা যা আমাদের পরিবেশকে প্রভাবিত করছে। তার ভালমন্দের প্রতিটি দিক, অদৃশ্য কোন হাত লিপিবদ্ধ করছে। শেষে অথবা কোন নির্দিষ্ট সময় ভালমন্দের তুলনাও হচ্ছে। একেই বলে বিচার, প্রতিটি কর্মই বলে আমার পরিমাপ হোক, আমার বিচার হোক। যাতে ঈশ্বর বুঝতে পারে আমার উদ্দেশ্য কি? বিশ্লেষিত হোক আমার কর্মের ধারা, গরীবের জন্য, একেবারে নীচে থাকা মানুষের জন্য, সর্বোপরী সর্বহারা মানুষের জন্য আমার সেবা। সাবলম্বী বলতে আমরা কেবল বুঝি না ভাল বা শুধই অর্থ। কিন্তু বুঝি ঈশ্বরের কাছে নিজের কার্যের বিবরণটুকু পৌঁছে দেওয়া।

সার্বিক গুণাবলির তুল্যমান বিচার :

পার্থিব জীবনে আমরা প্রত্যেকেই কঠিন পরিশ্রম করি মানসিকভাবে সুকৃতি অর্জনের জন্য। অতিরিক্ত আয়ের দারুণ খরচ মেটানোর জন্য, যে মানুষের সঞ্চয় আছে তিনিই ধনী।

একইভাবে প্রত্যেক ধর্মেরই মূলকথা মানুষ মানসিক বা আধ্যাত্মিকরূপে উন্নতি লাভ করে, শুধু দয়া প্রদর্শনই নয় নিজের প্রয়োজনটুকু মেটানোর মধ্য দিয়ে মানসিক স্থিরতা বা উন্নতিলাভ আসবে।

যদি প্রত্যেক পুরুষ, নারী এবং শিশুর মহৎ গুণের অনুশীলনের মধ্য দিয়ে তাদের গুণের সঞ্চয় বা প্রদর্শন করতে পারে, তবে প্রতিটি পরিবার, অঞ্চল, শহর এবং দেশ প্রভাবিত হয় এই মহৎ গুণের অনুশীলনের মধ্য দিয়ে। তাই বস্তুগত বা অর্থনৈতিক লাভই সঠিক লাভের পরিচায়ক নয়।

তাই আমাদের প্রত্যেকেরই প্রধান কাজ সদগুণাবলির অর্জন করা প্রয়োজন। নিজের জন্য, অপরের জন্য, আত্মীয় স্বজন, দেশবাসী, সর্বোপরি সমস্ত জীব জগতের জন্য। সমস্ত সৎকার্যই সঞ্চয় কিন্তু তা আত্মিক সঞ্চয়ের অনুরূপ নয়। তাই যিশু বলেন—গরিবের জন্য কিছু করলে তা ঈশ্বরের জন্যই করা হয়। গরিবের জন্য কেন? কারণ তার ফিরিয়ে দেবার সামর্থ নেই।

আমরা দেশের সকল মানুষের মোট সঞ্চয়ের কথা উল্লেখ করেছি। সকল ধর্মই মানুষের উন্নতি বা সমৃদ্ধশালী হওয়াকে, অর্থাৎ মানসিকভাবে সমৃদ্ধ হওয়াকেই সঞ্চয় বিপরীত পদ্ধতিকেই ধনীরূপে বর্ণনা করে। তোমার অভিধানে ভিজিটেশন বা তত্ত্বাবধান শব্দটির অর্থ দেখো।—শব্দটি—'সংযোগ রূপে উল্লিখিত যা প্রধানতঃ ঈশ্বরের কাছ থেকে প্রাপ্ত সাজারূপে উল্লেখ করা হয়েছে। কীসের সাজা? ভালো কাজের। কিন্তু এটা প্রমাণ সাপেক্ষ নয়। কিন্তু তত্ত্বটিকে উপেক্ষাও করা যায় না। যুদ্ধ কেন বহু দেশকে জড়িয়ে দেয়, যা সীমাহীন দুঃখ-কস্ট বয়ে আনে, সঙ্গো নিয়ে আসে বর্বরতা, নৃশংসতা, আকাশ থেকে বোমা নিক্ষেপ করে আমরা খাদ্য বা অন্যান্য প্রয়োজনীয় জিনিসের সরবরাহকে বন্ধ করে দেয়। যুদ্ধবন্দীদের প্রতি কেন নিষ্ঠুর আচরণ করা হয়। এমন যুদ্ধের মধ্যেও কেমন করে কিছু দেশ শান্তির আশীর্বাদকে উপভোগ করে। তারাই কেবল সরকারের কিছু নীতির উপর নির্ভর করে। সরকার বলতে আমরা কী বা কাকে বোঝাই? যিনি কতগুলি নীতি নির্ধারণ করেন? সরকার বলতে কী দেশের সাধারণ মানুষকে বোঝায় না? এমনকী যেখানে গণতন্ত্র নেই, সর্বোপরি যারা কেবলমাত্র শাসন করে তাদেরই বোঝায়? আমাদের মধ্যে যারা ইউরোপের মানবিক বোধের সঙ্গো পরিচিত নই বিশেষ করে ইউরোপের মরুদ্যান সুইজারল্যান্ড পরপর ২টি বিশ্বযুদ্ধে একেবারে নিরপেক্ষ থাকতে পারল। আমাদের কী ভালো হতনা যদি আমরা তেমন করে আমাদের জীবনে বা সরকারে সেই সুইস মডেল গ্রহণ করতে পারতাম। তোমাকে জানতে হবে যে এটা নিছক

দুর্ঘটনা নয়, যে সামান্য একটি ছোটো দেশ শান্তির বাতাবরণকে বজায় রাখল এবং সঙ্গে সঙ্গে সমৃদ্ধশালী হয়ে উঠল। একজন লেখক লিখেছেন, যে সুইজারল্যান্ড বহু মহান মানুষের জন্ম দিয়েছে অর্থাৎ তাদের দেশের ৪ লক্ষ নাগরিককেই। বিশেষ করে বলা যায়, যে তারা সমস্ত কাজেরই সর্বোত্তম প্রথায় সম্পন্ন করে, তাই দারিদ্রহীন বিশৃঙ্খলতাহীন এক সুস্থ্য সমাজ গড়ে তুলতে পেরেছে।

এখানে উল্লেখ করার প্রয়োজন আছে যে যুদ্ধের সময়ে কেমন করে নেতৃত্ব দেওয়া মহানায়কগণ কেমন করে সৎগুণ অর্জন করলেন এবং তা বজায় রাখলেন। উইনস্টন চার্চিলের কথাই ধরো যিনি নিজেকে কখনো ধার্মিক বা দার্শনিক রূপে ভাবেননি।—

সভ্যতাকে রক্ষার জন্য কী প্রয়োজন আমাদের স্যার উইনস্টন আমাদের বহু আগেই বলেছিলেন সত্য এটাই একমাত্র জিনিস যা সহজ সরল। যা লক্ষ্য মানুষকে অসৎ কাজ থেকে নিরত রেখে ভালো কাজে উৎসাহিত করে। যা প্রকৃতপক্ষে সকলের জীবনে অভিশাপ নয়, আশীর্বাদ নিয়ে আসে।

কাজের গ্রন্থে আশীর্বাদ বলতে বোঝানো হয়েছে গতিশীলতা।

আমি দেখেছি বস্ত্রের অভাবে মানুষের কষ্ট, অথবা নিরাবরণ দরিদ্রের করুণ ছবি, এগুলির কোনটিই আমাকে আনন্দিত করেনি। তাই বাইবেলের কথা স্মরণ করি।—

"মহৎ কর্ম আমাকে উদ্বেগ মুক্ত রাখে,
সময়ে ফসল বপন করলে আমাদের কষ্ট পতে হবে না।"

—7-9, St. Paul 6th Chapter,
Epistle to tsc Galatians

আগে ঘর পরে ত পর :

এটা সত্য, অনেক কিছুই ঘরে শুরু হওয়া যায়। যেমন—ভালবাসা, দয়া, দাক্ষিণ্য. সেবা। কার্যকরী সেবা।

পিতামাতার কাছে সর্বোচ্চ প্রাপ্তি তাদের সন্তানদের কাছ থেকে পাওয়া সেবা। যদি সন্তানগণ তাদের সেবা, যত্ন দিয়ে তাদের প্রতি সহানুভূতিশীল হয় বিশেষ করে তাদের অসুস্থতার সময়ে অথবা বৃদ্ধ বয়সে, তার থেকে বড় প্রাপ্তি আর হয় না।

যে দম্পতি পরস্পরের প্রতি সহানুভূতিশীল, দুঃখে কষ্টে একে অপরের সহমর্মি, যারা সুখ দুঃখ সমানভাবে ভাগ করে নেয় তাদের থেকে কে বেশি সুখী?

আমাদের সন্তানেরা আশা করে, যেন আমরা তাদের প্রতি যত্নশীল এবং মনোযোগী হই। সঠিকভাবে সন্তান লালন পালন সহ্য সেবা কর্ম। তাই যেখানে আমরা জীবনের বেশির ভাগ সময় কাটাই সেখানে আমাদের উপর বর্ষিত হোক ভালবাসা, অভিশাপ নয়। আসুন আমাদের সেবা দিয়ে আমরা এক সুন্দর উদাহরণ সৃষ্টি করি।

যদি তোমার সন্তানেরা দেবদূত না হয়, অথবা তারা দেবদূত পরিবৃত না হয়ে থাকে তবে তুমি তোমার স্নেহশীল কর্ম দিয়ে, ভালাবাসা দিয়ে তাদের অবাক করে দিতে পার।

আস্তে আস্তে তা ছড়িয়ে পড়তে পারে, পৌঁছে যেতে পারে দেশের মানুষের কাছে এবং পৃথিবীর সমস্ত মানুষের কাছে। যিনি সেবার প্রকৃত পক্ষে সেবা করতে চান তার প্রকৃতপক্ষে সেবা করার অনেক পথ আছে, সুযোগ আছে, যদি তুমি ভালবাসা দিয়ে মানুষের সেবার করো তবে তুমি তা ফেরত পাবে। যদি এখন না পাও তবে তুমি দেরিতে হলেও তা অবশ্যই ফেরত পাবে। সম পরিমান না হলেও ইহ জগতে বা ঈশ্বরের সান্নিধ্যে তোমার এই সেবার ফল অবশ্যই পাবে।

❑❑❑

আত্ম প্রেম তোমার মধ্যে সদগুণ জাগিয়ে তোলে,
যেমন একটি ছোট পাথরের টুকরো শান্ত হ্রদের জলে ঢেউ তোলে,
যখন কেন্দ্রে আলোড়ন তোলে, তখন বৃত্তাকার
পথে সাফল্যের তরঙ্গা তুলে বহুদুর পৌঁছে দেয়,
আত্ম প্রেম প্রথমে একত্রিত করে, বন্ধুবান্ধব, পিতামাতা এবং প্রতিবেশীকে
তারপর স্বদেশবাসী এবং পরবর্ত্তী পর্যায়ে সমগ্র মানবজাতীকে। সমগ্র জীব জগতকে
হাঁসি ছড়িয়ে পড়ে সর্বত্র, তা তাকে তৃপ্ত করে।
হৃদয়ে স্বর্গের অনুভুতি লাভ হয়।

—Alexander Pope 'ON VIRTUE'

৯

প্রথমে আত্ম অনুসন্ধান করো.....

এবং নিজে বল এখন এই দুঃখের সময়ে সুখের তুলনায় যেওনা চিন্তা কর কীভাবে এর উপসম হয়।

—Ror-VIII-18

যথার্থ চিন্তার শক্তি :

ডেল কার্নেগি এবং ডঃ নরম্যান ভিনসেন্ট পেল-এর সাহিত্যকর্ম সমসাময়িক লেখকদের মধ্যে সবচেয়ে জনপ্রিয়। তাদের লেখা বহু পাঠ্য এবং বহু সংস্করণে প্রকাশিত। ডেল কার্নেগির বই পৃথিবীর বহু দেশে বহু ভাষায় অনুদিত হয়েছে। তাদের উভয়ের সাহিত্যই সর্বোচ্চ পর্যায়ে সফল। কিন্তু উভয় লেখকের বিষয়ের মধ্যে দুই মেরুর স্পষ্ট পার্থক্য পরিলক্ষিত হয়। যেমন ধর্মনিরপেক্ষতা এবং ধর্মীয়।

কেমন করে তিনি লিখতেন, মানুষের পারস্পরিক সম্পর্কের বিষয় নিয়ে তখন লিখিত পুস্তকের সন্ধান তিনি পাননি। এ বিষয়ে তার লেখার পূর্বে, তাই তার কথা শোনাতেন আকর্ষনীয়—"এই বই লেখার পূর্বে আমি ডরোথি ডিক্সের বিবাহ-বিচ্ছেদ সম্পর্কীত তথ্য পাঠ করেছি। বিভিন্ন পত্র-পত্রিকায় প্রফেসর ওভারস্ট্রিট, আলফ্রেড এডলার, উইলিয়াম জেমস প্রভৃতি লেখকের বহু প্রবন্ধ পাঠ করেছি। এছাড়াও সুলিখিত গবেষকদের নিয়োগ করেছিলাম, বিভিন্ন গ্রন্থাকারের, বিভিন্ন বিষয় পাঠ করে, আমার প্রয়োজনীয় তথ্য যোগাতেন, যেমন দর্শন, মনস্তত্ব বিষয়ক প্রবন্ধের বিষয়বস্তু যা আমার অস্পষ্ট ছিল।"

আমি কল্পনা করতে পারি যে ডঃ পেল ডেল কার্নেগির এসমস্ত বিষয় পড়লে নিশ্চয় তার হাসি পেত। তিনি এক মুহূর্তও সময় নষ্ট না করে বলতেন, "ডেল কার্নেগি হাতে টর্চ নিয়ে সর্বদা আলোর সন্ধান করে যাচ্ছেন।" এক এবং একমাত্র গ্রন্থ যা হাজার বছর ধরে বর্ত্তমান, যা নারী, পুরুষ, শিশু, বিদ্বান, অশিক্ষিত মানুষ পাঠ করেছেন। অনুধাবন করেছেন, তাকে অনুকরণ করেছেন। সেই বাইবেল সম্বন্ধে তিনি নিশ্চয় অনবগত ছিলেন না।

"আমার মনে এমন চিন্তা এল কেন?"—তার নিজের গ্রন্থে তিনি লিখেছেন, সদর্থক চিন্তার শক্তি। তিনি বলেন, এই শক্তিশালী ধারণা বা মতবাদকে আবিষ্কার আমার উদ্দেশ্য নয়, বরং যে সমস্ত জ্ঞানি-গুণি শিক্ষকগণ যারা এ পৃথিবীতে এসেছেন বা আসবেন তারা কী বলেন এই পুস্তকের বিষয়ে। এই গ্রন্থ খ্রীষ্টিয় ত্বত্বের শিক্ষা দেয় যা সহজ, সরল কিন্তু বিজ্ঞানসম্মতভাবে বাস্তবের উপর ভিত্তি করে আদর্শ জীবন যাপনের পদ্ধতির নির্দেশ দেয় আমাদের কর্মপদ্ধতির।

অন্য এক জায়গায় ডাঃ পেল লেখেন, খ্রীষ্টিয় ত্বত্বের অনুশীলনের মধ্য দিয়ে তুমি এমন কিছু শিখবে যা তোমাকে মানুষের প্রিয় করে তুলবে। অপর দিকে বলা যায় কেমন করে বন্ধুদের হৃদয় জয় করা যায় এবং মানুষকে প্রভাবিত করা যায় সেই শিক্ষা পাওয়া তা অনুশীলনের মধ্য দিয়ে, তা হল একাগ্রতা, ন্যায়পরায়ণতা এবং মানুষের প্রতি প্রেম। যদি তুমি এই সকল গুণের অনুশীলন করো তবে তোমার অন্তরের অপরাপর গুণগুলির প্রকাশ ঘটবে। বাইবেলের উক্তি যদি তুমি ঈশ্বরের রাজ্য কামনা কর তা তোমার হৃদয়ে জাগ্রত হবে। ঈশ্বরের রাজ্যে কোথায় সেটি? বাইবেল এই প্রশ্নের উত্তরে বলে, ঈশ্বরের রাজত্ব তোমার অন্তরে, যদি তা আমাদের মধ্যেই থাকে তবে তা আমরা খুঁজব কেন? অজানা কাল থেকেই আমেরিকার অস্তিত্ব ছিল, কিন্তু কলম্বাস আবিষ্কার করার পরই আমরা তার অস্তিত্ব জানতে পারি, তেমনভাবে প্রথমেই আমাদের ঈশ্বরের রাজ্য খুঁজতে বলা হয়, এর পিছনে কারণ আছে, তা হল আমরা তা করছি না,

কারণ আমরা জানি ঈশ্বরের রাজ্য আমাদের হৃদয়ে অবস্থিত। কারণ আমরা কুপমণ্ডুক অবস্থায় সাজসজ্জা এবং আড়ম্বতায় মগ্ন হয়ে আছি। আধ্যাত্মিক জীবনকে উপেক্ষা করে নকল নিয়ে মেতে আছি, এবং এই পার্থিব জীবনের মোহান্ধতা আমাদের দুঃখেরই কারণ হয়, তা কীরূপ?

আমাদের প্রত্যেকের জীবনে উচ্চাকাঙ্ক্ষা আছে, তাই স্বাভাবিক। কিন্তু কোন পদ্ধতিতে আমরা আমাদের উচ্চাকাঙ্ক্ষা পূর্ণ করতে পারি? এটা অযৌক্তিক মনে হলেও সাফল্য পেতে গেলে কমপক্ষে প্রত্যক্ষ কিছু কার্যকরী ভূমিকা গ্রহণ করতেই হয়। এভাবে সাফল্য এলে তাকে আপনি অস্বীকার করতে পারেন না। কিন্তু সাফল্যলাভের এটাই সর্বোত্তম উপায় নয়, ব্যাখ্যা করা যাক।—

এক ব্যক্তি স্থূলতা অসুখে ভুগছিলেন, তিনি ডাক্তার দেখালেন। তাকে স্বল্পাহার, এবং কিছু ব্যায়াম করতে বললেন। অনেক পরীক্ষা-নিরিক্ষার পর তাকে কিছু নির্দ্দিষ্ট ঔষধও দিলেন। রোগী ফলও পেলেন। তার ওজন কমতে লাগল, তিনি তার স্বভাব বিরুদ্ধ কাজ যেমন ব্যায়াম করা, স্বাভাবিক খাদ্যাভ্যাস বর্জন করা, তার সমস্ত আনন্দ কেড়ে নিল। তার রোজকার সুখাদ্য এবং ভোজ থেকে বঞ্চিত হয়ে তিনি উদ্বিগ্ন হয়ে পড়লেন। তার শরীরও ক্রমশ নিস্তেজ হয়ে পড়তে থাকল। কারণ, তার আহার অনেক প্রয়োজনীয় শক্তি জোগাতে পারছিল না। তার মনও দোদুল্যমান হয়ে পড়ল, যে ওজন কমা তার কাছে সাফল্য না ক্ষতির বিষয় এই ভেবে। যখনই তিনি ওজন নিতেন নিজের ইচ্ছায় বা ডাক্তারের কথায়, তিনি ভয় পেতেন, যে এসবই হয়তো সাময়িক। তার ব্যায়াম করা, কম খাদ্য গ্রহণ এবং ওজন কমে যাওয়া একেবারেই আশ্চর্যজনক ঘটনা নয় এবং সহজেই অনুমান করা যায়, তার ভয়ের কারণ এটাই। ডাক্তার কথায় যা 'মৃত্যদণ্ড' তা তার মেদবহুল রোগীর কাছে আশাপ্রদ হয়ে ওঠে। তার ওজন হ্রাসের মধ্য দিয়ে।

আসুন আমরা এই কাল্পনিক রোগের গল্প ছেড়ে অন্য কথা বলি। একজন সুনাগরিক মেদবহুল হতে পারে, কিন্তু কিন্তু তিনি কখন ধর্মান্ধ হতে

পারেন না। একজন স্থানীয় মন্ত্রি তার সঙ্গে ভ্রাতৃত্বসুলভ আচরণ করেন, তার নিয়মিত গীর্জায় যাওয়া, উপবাস, করা মনকে পবিত্র করার জন্য নিয়মিত ঈশ্বরের উপাসনা করা তাকে শ্রদ্ধার পাত্ররূপে গণ্য করে। পুরোহিত তাকে পাহাড়ের উপর গীর্জায় গিয়ে নির্জনে উপাসনা এবং বাইবেল পাঠে উৎসাহিত করেন। গরিবের সেবায় তার সম্পদ দান করতে বলেন এবং ঈশ্বরের কাছে অপরের জন্য প্রার্থনা করতে বলেন।

ঐ ব্যক্তি এই নতুন পথ অবলম্বন করলেন। তিনি পাহাড়ে গিয়ে গীর্জায় উপাসনা, শুধুমাত্র ধর্ম নির্দেশিত পথে খাদ্য গ্রহণ তার দেহের ওজন কমিয়ে দেয়, কারণ এই সব করতে গিয়ে তার দৈহিক অবস্থা ভাবার তিনি সময় পাননি। ফলে তিনি যে কেবল স্বাভাবিক ওজনই ফিরে পলেন তা নয় পুরস্কার স্বরূপ পেলেন মনের তৃপ্তি এবং তার মানষিক ব্যক্তিত্বের পূর্ণ বিকাশ ঘটে।

তিনি, মানসিক এবং দৈহিকরূপে সুস্থ চিন্তাযুক্ত এক সদানন্দ ব্যক্তিত্বে নিজেকে গড়ে তুললেন এবং অনুভব করলেন ধর্মীয় বোধ এবং লাভ করলেন এক সুন্দর বিবেক।

দ্বিতীয় পথ :

কোন্ পথটি আপনার কাছে আকর্ষণীয়? দু-পথের ফললাভ একই প্রকার। একটি পথ প্রত্যক্ষ, কিন্তু দ্বিতীয় পথ অজানা এবং দীর্ঘস্থায়ী কিন্তু অধিক আনন্দদায়ক। মানুষের যে কোন কর্মেই এ সত্য বিশদভাবে বলতে গেলে কর্মফল সর্বদাই আপেক্ষিক। স্বাস্থ্য, সম্পদ, সুখ, শান্তি, প্রেম, ভালবাসা লাভের সর্বোত্তম উপায় তা কমানা না করা। বাইবেল বলে—ঈশ্বরের রাজত্ব কামনা কর তোমার মধ্যে, তাকে খুঁজে নাও তোমার মধ্যে তবে তুমি তা তোমার মধ্যে পাবে। জীবনে আনন্দ পেতে গেলে জীবনে সুগভীর আদর্শবোধের প্রয়োজন। তৎক্ষণাৎ লাভে ... তা কখনই এনে দিতে পারে না। ... মহাজ্ঞানী বার্নাড স, ডঃ হ্যারি এমারসন ফসডিক বলে, সুস্থ জীবনযাপনের অন্যতম উপায় নিঃস্বার্থপরতা এবং মানুষের

জন্য কাজ করা। আজকের মনোস্তত্ত্ববিদ্‌দের ধারনা স্বাভাবিক মানসিক সুস্থতা লাভের অন্যতম উপায় উন্নতির ভাবনায় অনুশীলন করা, যা আমাদের সত্যিকারের আনন্দ দেয়। নারী পুরুষের দৈনন্দিন কাজকর্মের উৎকর্ষতা তাকে মহান করে তোলে, যদি তার মধ্যে সত্যিকারের আদর্শবোধ কাজ করে, এইসব মানুষ মানুষের ইতিহাসকে উজ্জ্বল করে সাধারণ মানুষ, যারা কেবলমাত্র নিজের স্বার্থসিদ্ধির ভাবনায় ডুবে থাকে, তারাই আনন্দলাভ থেকে বঞ্চিত হয়, এমনকী তাদের মৃত্যুও নেমে আসে অতি দ্রুত।

উচ্চ আদর্শে উদ্বুদ্ধ সাধারণ মানুষ নামক, সাধু বা সন্ত হিসাবে (পরিবর্ত্তিত হয়) খ্যাতি লাভ করেন।

তাই নিঃস্বার্থ সেবা, প্রকৃত অর্থেই কিছু মহান কাজে নিজেকে ব্রতি করো, পুণ্যলাভ হবে, দক্ষ করে দেহকে সুস্থ রাখ, মানসিকভাবে সচেতন থাক। সবরকম অসৎ কাজ এবং চিন্তা থেকে নিজেকে দূরে রাখ, দেখ কী ঘটে।

তোমার মধ্যেই আছে ঈশ্বরের রাজ্য।

আমরা বাইবেলের অন্য একটি উক্তি লক্ষ্য করি,—"কী লাভ হবে যদি একজন মানুষের যদি সে নিজের আত্মাকে হারিয়ে পৃথিবীর সম্পদ লাভ করে।" (Monk-8 : 36) এই সমস্ত উক্তিগুলি অনেকটা শৃঙ্খলের মতো, তোমার মধ্যে ঈশ্বরের রাজ্যকে খুঁজে নাও, কারণ নিজের আত্মার বিসর্জনের মধ্য দিয়ে পৃথিবীর সমস্ত লাভও কোন প্রকৃত লাভ নয়। তোমার মধ্যে ঈশ্বরের রাজ্য এবং বহির্জগতের মধ্যে একটি বিস্তর এবং স্পষ্ট পার্থক্য আছে।

পূর্বের বক্তব্য অনুযায়ী, তার দৈহিক কার্যকলাপ এবং বহির্জগতের উপর তার প্রভাব তার ঈশ্বরের রাজত্ব লাভের অন্যতম উপায়। দেহধারী মানুষ খুব কম তার আত্মার অনুসন্ধান করে। এই পার্থিব দেহ, রক্ত মাংসের পাত্র মানুষের পরম প্রাপ্তি নয়। দেহের মধ্যে আত্মার অনুভূতিই মানুষের পরম প্রাপ্তি।

আবার, একটি উদাহরণ দিই,—'একটি ছেলে সাইকেল চালান শিখছিল। প্রথমে তার শিক্ষা ছিল নিয়ন্ত্রণ করা, দেহ এবং সাইকেলের নিয়ন্ত্রণই ছিল তার প্রথম লক্ষ্য। তার সমস্ত মনোযোগ ছিল তার দেহ এবং সাইকেলের উপর। তার ভয় ছিল যাতে সে পড়ে না যায়। অন্য গাড়ি না তার উপরে এসে পড়ে। অথবা সে নিজে না অন্যকে আঘাত করে বসে। অন্য কিছু বা এগিয়ে যাওয়ার ভাবনা তার মধ্যে কাজ করতে পারে না। কিন্তু একবার যদি সে তার দেহ এবং সাইকেলকে নিয়ন্ত্রিত করতে পারে, তবে সে রাস্তার সম্মুখে আসতে পারে, রাস্তায় চারপাশের দৃশ্য উপভোগ করতে পারে। সাইকেল চালাতে চালাতে গভীর চিন্তায় ডুবে থাকতে পারে, এমন কী গানও গাইতে পারে। কিন্তু কোন শিক্ষার্থী কী ভাবতে পারে পিছনের আসনে অন্য কোন ব্যক্তিকে বসিয়ে সাইকেল চালানোর কথা? এমন কী এটাও সম্ভব হয় যখন সে সাইকেল চালাতে শিখে যায়। তার শিক্ষানবীশ অবস্থায় সে নির্জন স্থানে শেখে, কিন্তু শেখার পর সে ব্যস্ততম রাস্তায় সাইকেল চালাতে ভয় পায়না।

তাই যখন তুমি আধ্যাত্মিক জীবনের অনুশীলন করছ, তুমি বস্তুজগতের উপর তোমার মনকে প্রতিষ্ঠা করতে পারবে। একসময় বস্তু জগত তোমার কাছে গুরুত্বহীন মনে হবে এবং এই মহা বিশ্বে তোমার প্রকৃত স্থান তুমি খুঁজে পাবে। শরীর নির্ভর জীবনে ভাল-মন্দ নির্ভর করে কোন বিষয় তার দেহকে কতটা আনন্দ দেয় তার উপর। কিন্তু আধ্যাত্মিক জীবনে জাগতিক সুখ বা দুঃখ কোনটাই স্পর্শ করেনা। কেবলমাত্র তার সবকিছুই মহাবিশ্বের প্রতিটি বস্তুর সঙ্গো প্রাসঙ্গিক।

আধ্যাত্মিক জীবনে উচ্চাকাঙ্ক্ষা :

আধ্যাত্মিক জীবনের প্রার্থনা, ধ্যান, যোগসাধনা, অন্তর্দৃষ্টির মাধ্যমে চরিত্র গঠন করা প্রথম ধাপ যার মধ্য দিয়ে গুণার্জন করাই জীবনের লক্ষ্য বা উদ্দেশ্য ঠিক করা। এটা এখানে উল্লেখ করা দরকার যে ভারতবর্ষের প্রাচীন সাহিত্য আত্মিক জীবন লাভ এই পথই নির্দেশ করেছে।

আটটি প্রধান আকাঙ্খা আত্মিক জীবন লাভের জন্য প্রয়োজন।—

(১) **শান্তি :** মনের ঐশ্বর্য লাভের প্রচেষ্টাই প্রধান লক্ষ্য, মনকে বহুমুখীতা থেকে সরিয়ে রেখে, পৃথিবীর বস্তু সমূহের আকর্ষণের সীমাবদ্ধতা উপলব্ধি করতে পারলে শান্তি পাওয়া যায়।

(২) **আত্মনিয়ন্ত্রণ :** মনকে নিয়ন্ত্রণ করে তার বহুমুখী ভাবনাকে নিয়ন্ত্রণ করা।

(৩) **সহিষ্ণুতা :** তৎক্ষণাৎ ফলের আশা ত্যাগ করে, পছন্দ-অপছন্দের বিষয় সম্বন্ধে নিরপেক্ষ থাকার চেষ্টা করতে হবে।

(৪) **অরুচি :** ইন্দ্রিয় সুখে অরুচি আনতে হবে।

(৫) **বিশ্বাস :** ধর্মগ্রন্থে গভীর আস্থা পোষণ করতে হবে।

(৬) **স্থৈর্য :** ঈশ্বরের প্রতি গভীর শ্রদ্ধা এবং বিশ্বাস রাখতে হবে।

(৭) **আকাঙ্ক্ষা :** ইন্দ্রিয় সুখের আকাঙ্খা থেকে মুক্ত হয়ে নিজের মধ্যে ঈশ্বরের রাজত্বের তত্বকে প্রতিষ্ঠিত করতে হবে। অন্যভাবে বললে লোভ এবং লালসা ত্যাগ করতে হবে।

(৮) **ভেদাভেদ :** আসল নকলে পার্থক্য বুঝতে হবে, নিরন্তর প্রচেষ্টায় জাগতিক এবং ঐশ্বরিক শক্তির প্রভেদ অনুধাবন করতে হবে।

এ সমস্ত ধারণা বা বিশ্বাস ফলপ্রসু না হলে অবাক হওয়ার নয়, কিন্তু সংক্ষেপে বলা যায় স্বার্থপরতা, কেবলমাত্র আত্ম-স্বার্থসিদ্ধির ভাবনা, স্বার্থপর উক্তি—আত্মহত্যার সামিল।

আমরা প্রায়শই ভগবত গুণ এবং শয়তানের দোষের কথা শুনি, শুনে থাকি। মহৎ বা পবিত্র গুণাবলি হৃদয়ের সঙ্গে এবং বদগুণ ইন্দ্রিয়ের সঙ্গে সম্পর্কীত।

এক ব্যক্তি যার কাছে সকল ভাল জিনিস ধরা দিতে চায়। কিন্তু তিনি তা প্রত্যাখ্যান করে এবং একজন যিনি ভালকে উপেক্ষা করনে এবং এমন উদাহরণ প্রাত্যহিক জীবনে অনেক লক্ষ্য করি। তাই আদর্শ এবং আধ্যাত্মিক জীবন-যাপন করতে পারলে, পার্থিব জীবনে তার সফলতা নিজে থেকেই ধরা দেবে, তাই সত্যের আলোকে আলোকিত মানুষ কখনও পার্থীব

বিষয় আশয়ের মূল্যায়নে ব্যস্ত থাকেন না। অপ্রত্যাশীতভাবে তা তার কাছে এলেও তিনি গ্রাহ্য করেন না। প্রশংসা বা নিন্দা কোনটাই তাকে স্পর্শ করেনা কারণ তিনি মনে করেন তিনি যন্ত্র মাত্র এবং ঈশ্বরের নিজে সেই তিনি সব কিছু করেন। তার ভুল কদাচিৎ হয়, কারণ তার উদ্দেশ্য পরিষ্কার এবং নিজের স্বার্থসিদ্ধির জন্য তিনি কোন কিছুই করেন না।

তাই প্লেটো তার 'Utopic' এবং 'Republic' গ্রন্থের জন্য সর্বশ্রেষ্ঠ দার্শনিক রূপে আখ্যায়িত হন। তিনি ছিলেন মহৎ আত্মার অধিকারী, স্থির মস্তিষ্ক এবং সারা মনের অধিকারী তিনি ছিলেন এক পূর্ণ মানুষ যার জীবনধারা প্রবাহিত হত পবিত্র ভিত্তি হতে। বিশ্বাস না করার কোন কারণ নেই যে, এটাই ঈশ্বরের প্রকৃত রূপ। প্রত্যেক যুগেই আবির্ভূত হন সাধু, সন্ত মহাপুরুষগণ। প্রত্যেক যুগেই বহু মানুষের আবির্ভাব ঘটে যদি পরিচিতি হন সমক্ষে আসেনা তাদের সহজ সরল জীবন ধারণের কারণে।

যদি আমাদের চিন্তা ভাবনা ইন্দ্রিয়সুখের উর্দ্ধে উঠতে না পারে, তার কারণ আমরা মহত্বর জীবনের আস্বাদন লাভে বঞ্চিত। একটি সংস্কৃত শ্লোক অনভিজ্ঞদের সম্পর্কে বলেন—

> একজন নববধু যিনি স্বামীগৃহের সুখ সম্বন্ধে অজ্ঞাত, স্বামীগৃহে যাবার পূর্বে তিনি কাঁদেন। কিন্তু স্বামী সঙ্গা লাভের পর পিতৃগৃহে ফিরে আসতে চাননা কারণ তিনি স্বামী সঙ্গোর সুখ অনুভব করেছেন।

এখানে পিতৃগৃহ সাধারণ জীবনের এবং স্বামি গৃহ ঈশ্বরের রাজত্বের সঙ্গো তুলনায়। 'My limitation of Christ' গ্রন্থে এমনভাবেই বলা হয়েছে।

> কিন্তু হায়! পাপের আনন্দ জাগতিক মনকে এমন প্রভাবিত করে যে, স্বর্গসুখের কল্পনাও করতে পারেনা। কারণ ঐশ্বরিক সুখের বা পরমাত্মার স্পর্শ থেকে সে বঞ্চিত।

–Book III Chapter-20

প্রকৃত আনন্দ :

আমরা সাফল্যের দিকে এগোতে পারি কেবলমাত্র আত্মত্যাগের মধ্য

দিয়ে। আমাদের শিশুসুলভ এবং বালকচিত মনোভাব ত্যাগ করতে হবে যৌবনে পদার্পনের মধ্য দিয়ে বৈবাহিক জীবনে সন্তানের সুখের জন্য ত্যাগ করতে হবে অর্জিত সম্পদ। দুঃখলাভের জন্যও সঞ্চয়ের প্রয়োজন।

যদি আমরা আরও মহৎ চিন্তা, ভাবনা এবং কর্মের আনন্দ লাভ করতে চাই তবে অমিতাচার বন্ধ করতে হবে। কারণ তা ক্ষণস্থায়ী এবং অনিত্য। তুমি একসঙ্গে দুজন প্রভুকে সন্তুস্ট করতে পারবে না। আহার পাবার সঙ্গে সঙ্গে তুমি তা খেতে পারনা।

> প্রকৃত আনন্দ তাই ঐ সাহসী মানুষগণ লাভ করতে পারেন
> যারা জাগতিক, তাৎকাল আনন্দকে উপেক্ষা করে ...
> আনন্দের জন্য অপেক্ষা করতে পারেন।

–Matt.6 6-19-21

❑❑❑

১০

ধ্যান এবং প্রার্থনা

ধ্যান আমাদের স্নেহ-ভালবাসাকে নিয়ন্ত্রিত করে, কর্মপদ্ধতিকে পরিচালনা করে। মার্জিত করে চরিত্র-স্বভাবের উগ্রতা হ্রাস করে জীবনকে নিয়ন্ত্রিত করে। অবশেষে জ্ঞানের উন্মেষ ঘটায় এবং আমাদের প্রকৃত মানুষরূপে গড়ে তোলে।

—Bernard of Clairvaux

জগতের প্রচলিত নিয়মকানুন অনুসরণ করে এ পৃথিবীতে বেঁচে থাকা সহজ। নির্জন স্থানে নিজের নিয়মে বেঁচে থাকা সহজ এবং সম্ভব। তিনিই মহামানব যিনি কোলাহলপূর্ণ স্থানেও নিজের নিয়ন্ত্রাধীন জীবনে সহজ এবং সুন্দর রূপে বাঁচতে পারেন।

—Emerson

আজ আমি অনুভব করতে পারি, হাস্য উচ্ছল, আনন্দময় পরিবেশ অপেক্ষা নির্জনতার শান্তি এবং আনন্দ অনেক বেশী উপভোগ্য।

—Emily Bronte

মহান প্রতিশ্রুতি :

অবশেষে আমরা বুঝতে পারি, ধর্ম বিজ্ঞান বা অসাম্প্রদায়িক বা ধর্মনিরপেক্ষতার পরিপন্থি নয়। ধর্মের অনেক বিষয়ই বিজ্ঞান নির্ভর। দিন দিন মানুষ বুঝতে পারছে, ধর্মই আমাদের ধর্ম নিরপেক্ষতার ধারনাকে মজবুত করে, সার্থকতা দেয়। আমাদের বহু বিষয় এমনকি আমাদের ব্যবসা বানিজ্যকেও সুন্দর রূপে পরিচালিত করতে পারে। অনেক ব্যবসায়িক বা

অর্থনৈতিক সমস্যাকে মিটিয়ে দিতে পারে। এই ধারনার প্রাথমিকতা অনেক সুন্দর প্রতিশ্রুতির জন্ম দেয়। আমরা কেউই পুরোপুরি নাস্তিক হতে পারি না। হওয়া সম্ভব নয়, এমনকি যারা ঈশ্বর বা ধ্যান বা প্রার্থনায় বিশ্বাসী নয়, তারাও যখন তাদের সামনে আসা বিপদ বা সমস্যার মোকাবিলা করতে অসমর্থ হন তখন অবচেতন ভাবে বিশ্বনিয়ন্ত্রতার কাছে আত্মসমর্পন করে, তাদের মুক্তির উপায় লাভে।

বহু সন্ত বা সাধু নাস্তিক রূপে জীবন শুরু করেন এবং বিশ্বাস করতেন একমাত্র অর্থ এবং ক্ষমতাই আনন্দের সকল উৎস। কিন্তু তাদের প্রত্যেকের জীবনেই পরিবর্ত্তন আসে অদ্ভূদ ঘটনার সংস্পর্শে আসার পর। তাদের চোখ খুলে যায়, শক্তিশালী কোন আঘাতে যা তাদের পূর্ববর্ত্তী ধারণাকে বদলাতে বাধ্য করে। জীবনে আসে গভীর পরিবর্ত্তন যা তাদের কল্পনাতিত ছিল।

ধ্যান এবং প্রার্থনার সর্বোচ্চস্তরে পৌঁছতে সম্ভব হলে তা মানুষকে বিশ্ব-নাগরিক হিসাবে তুলে ধরে। বিশ্বমানবতাবোধকে তুলে ধরে। তার সামান্য কিছু অনুসরণ করতে পারলেও আমাদের জীবনে তা আশীর্বাদরূপে প্রতিভাত হয়। আমরা ধ্যান এবং প্রার্থনার মধ্য দিয়ে আমাদের জ্ঞান চক্ষু উন্মেলিত করতে পারি, যা জগৎ এবং অস্তিত্ব সম্বন্ধে সম্যক ধারণা করতে পারি, যা আমাদের কর্মশক্তিতে জাগরিত এবং নিয়ন্ত্রিত করতে পারে। ডঃ নরম্যান তার বহু প্রচলিত গ্রন্থ, "The Power of Positive Thinking" গ্রন্থে সারলিন ব্যাখ্যা দেন, 'পবিত্রতা' আসে পূর্ণতা থেকে এবং ধ্যান শব্দটি যা মূলত ধর্মের সঙ্গে সম্পর্কীত হলে তার উদ্ভব মুক্তির আমাদের দেহ এবং মনকে পবিত্র করে। চলুন আমরা দেখি—

এটা একেবারে কঠিন সত্য, যে আমাদের জীবনের প্রতিটি বিষয় বা কাজ কর্ম পণ্যসামগ্রীতে পরিণত হয়েছে। এটা কেবলমাত্র যারা ব্যবসায়ের সঙ্গে জড়িত আছে তাদের ক্ষেত্রে নয়, সমানভাবে সকলের ক্ষেত্রে প্রযোজ্য। কয়েকজন বিখ্যাত আমেরিকান লেখক খোলাখুলি স্বীকার করেন যে, তাদের জীবনের প্রতিটি পদক্ষেপই বিক্রয়যোগ্য পণ্য। আর 'বিক্রয়' শব্দটি বেশ অর্থবহ। এবং এর মূল উদ্দেশ্য আর্থিক লাভ। আপনার প্রেম, বিবাহ, সামাজিক কাজ কর্ম এমনকী স্ত্রী বা সন্তানদের দেওয়ার উপহার সামগ্রীও বিক্রয় করা সামগ্রী মাত্র। যার মূল্য তার প্রকৃত বাজারদর অপেক্ষা অনেক

বেশি। ধরুন আপনি উপহার স্বরূপ স্ত্রীর জন্য মিষ্টি এবং ফুল নিয়ে এলেন, তা নিশ্চিতরূপে উপহার এবং তার প্রতি আপনার ভালবাসার প্রকাশ কিন্তু বিনিময়ে আপনারও কিছু প্রত্যাশা থাকে না? আপনি তাকে খুশি করতে চাইছেন তার কাছে অপ্রত্যাশিত ছিল। আসলে এই সুখ স্বার্থপরতার নামান্তর মাত্র। হয় আপনি আপনার সঙ্গীর একেঘেয়েমির দায়ী বা অন্য কিছু খারাপ জিনিসকে চাপা দিতে এটা করলেন অথবা তার সহমর্মিতা বা ভালাবাসা পাবার উদ্দেশ্যে এটা করলেন যা আপনাকে অবশ্যই আনন্দ দান করে, তৃপ্তি দেয়।

অন্তরের পবিত্র আশ্রয়স্থল :

অর্থনৈতিক বিষয় থেকে মুক্ত হবার প্রয়োজনীয়তাও আছে। আমাদের জীবনের প্রতিটি মুহূর্ত্ত সম্পূর্ণরূপে অর্থনৈতিক বিষয়ের সঙ্গো সম্পর্কীত রেখে আমরা তার আয়ুষ্কাল কমিয়ে দিতে পারিনা। তোমার বিশ্রাম এবং শান্তিরও প্রয়োজন আছে। শব্দ এবং গতি আধুনিক জেট সভ্যতার সবচেয়ে বড় অভিশাপ। তিক্ষ্ণ শব্দ আমাদের স্নায়ুর উপর ভয়ঙ্কর খারাপ প্রভাব সৃষ্টি করে। গতি গাড়ি চালকের রক্তের উচ্চ চার সৃষ্টি করে। জেটপ্লেনের যাত্রীগণ যাত্রার পরে অনেকক্ষণ ক্লান্তিকর এবং বিষাদগ্রস্ত অবস্থায় কাটাতে বাধ্য হয়। এটা আমাদের দৈনন্দিন অভিজ্ঞতা যে শব্দ আমাদের স্বাভাবিক চিন্তার করুর ক্ষমতাকে কমিয়ে দেয়। পড়ে দেখুন ক্রিস্টফার মোরলে মানসিক ক্ষমতার ক্ষয় সম্বন্ধে কী বলেছেন—

> প্রত্যেক মানুষের একটি সীমাবদ্ধ কিন্তু অত্যন্ত মূল্যবান চেতনার অধিকারী। আজ মানুষ এই প্রতিযোগিতার মূল্য জীবন যাপন করতে গিয়ে মানুষকে নিরন্তর লড়াই করতে হচ্ছে ফলে তার স্বাভাবিক চেতনা বা বুদ্ধির বিপাক ঘটছে। সংবাদপত্র, বৈদ্যুতিক আলো, টেলিফোন, রেডিও, উড়োজাহাজ, চলমান ছায়াছবি আমাদের মনকে প্রতিনিয়ত বিক্ষিপ্ত করছে, এই ক্ষমতার শোষণ করছে, আমরা প্রতিনিয়ত শুনতে পাই ভূমিক্ষয়ের দরুন চাষ সংক্রান্ত সমস্যার কথা, নদীর ক্ষয়কার্যের দরুন পাহাড়ে ধ্বস নামার ঘটনা এবং ফলস্বরূপ ফসল নষ্টের ঘটনার কথা। এসব

ঘটনা মনের উপর বিরূপ প্রতিক্রিয়া জন্মানোর পক্ষে যথেষ্ট। প্রত্যহিক উত্তেজনার ঝড় আমাদের মনের চেতনার স্খলন ঘটাতে যথেষ্ট।

তাই আমাদের নির্জনতা এবং শান্তির প্রয়োজন। যদি বাজার অপেক্ষা তোমার গৃহ তোমার কাছে সুরক্ষিত স্থান বলে মনে হয়, তবে বাজার ছাড়া অন্য সুরক্ষিত স্থানও তোমার আছে। কোথায় এবং কোনটি তোমার পক্ষে নিরাপদ স্থান—তোমার হৃদয়।

এই গতিহীন জগৎ থেকে বিচ্ছিন্ন হয়ে, যখন তার ক্ষতিকর ব্যবসা থেকে মুক্তি পেয়ে একাকী হতে পারি, তখন আসে আনন্দ এবং শান্তি।

—ওয়ার্ডস্‌ওয়ার্থ।

রোমান সম্রাট মার্কাস অরেলিয়াস তার ধ্যান গ্রন্থে নিজের সম্বন্ধে বলেছেন, তোমার নিজের প্রাসাদে বাস কর, যা পাহাড়ের চূড়ায় অবস্থিত। তোমার হৃদয়ে কোন কিছুকে অনুপ্রবেশ করতে দিওয়া না যা একটি সম্পূর্ণ দেশের সমতুল্য। এবং এমন শান্তির খোঁজ পাওয়া যায়, যা পাওয়া যায় নির্জন পর্বত চূড়ায় বা সমুদ্র-সৈকতে।

তোমার প্রথম পদক্ষেপ হবে পারিপার্শ্বিকতা থেকে নিজেকে মুক্ত করা। যেমন কচ্ছপ কোনরূপ প্রতিকূলতার সম্মুখীন হলে নিজের খোলের ভিতরে নিজেকে গুটিয়ে নেয়। তাই তোমাকে এমন এক নির্জন স্থান খুঁজে নিতে হবে সমস্তরকম বিরক্তিকর অবস্থা থেকে অব্যাহতি পেতে।

দ্বিতীয় পদক্ষেপ নিজের চেতনার বহুমুখিতা রোধ করা। তাকে নিয়ন্ত্রণে রাখা। তারপর আরাম এবং স্বস্তিদায়ক অবস্থার আসন গ্রহণ করা। সবচেয়ে ভাল হয় মাটির উপর আড়াআড়ী পা ভাঁজ করে আসন গ্রহণ করা। প্রথম দিকে তোমার অসুবিধা হলে, অভ্যাস দ্বারা তা সম্ভবপর হবে। তারপর দেহকে শিথিল কর সম্পূর্ণরূপে এবং মনে কর তোমার দেহকে ঝুলিয়ে রাখা হয়েছে যেমন করে কোট ঝুলিয়ে রাখা হয় হ্যাঙ্গারে। সমস্ত দেহ মনকে দুশ্চিন্তামুক্ত কর। আস্তে আস্তে চোখ বন্ধ কর, এবং নিজের নাসাগ্রের দিকে চোখকে নিবদ্ধ কর। প্রকৃত পরিবেশ সৃষ্টির মধ্য দিয়ে তুমি সফল হবে, তোমার আরাধ্যা দেবতার কল্পনার পূর্বে কোন সুন্দর প্রাকৃতিক দৃশ্যের

কল্পনা কর। হাল্কা আলোযুক্ত স্থান বা অন্ধকার স্থান তোমার পক্ষে ভাল হবে। যখন তুমি এরূপ পরিবেশে শান্তি খুঁজে পাবে। পরবর্ত্তী সময়ে এমন স্থান তোমাকে শান্তি এবং আনন্দ দেবে। তুমি কেবল আধ্যাত্মিক শ্লোক ভক্তিমূলক সঙ্গিত নিচু স্বরে বাজাতে পার।

শ্বাস-প্রশ্বাসের আদান-প্রাদন ছাড়া সমস্ত দৈহিক কাজকর্ম বন্ধ কর। কয়েকবার গভীরভাবে শ্বাস গ্রহণ কর। চিন্তা-ভাবনা থেকে বিরত হও। এটাই হবে আসল কাজ। মনকে সহজে নিয়ন্ত্রণ করা যায় না। মনে মনে কিছু শব্দ উচ্চারণ কর, যেমন—শান্ত হও, নিষ্ক্রিয় হও, যখন মনে আসবে 'ওম' শব্দ উচ্চারণ যা নিরাকার ঈশ্বরের প্রতীক। আবার ঐ শব্দ উচ্চারণ কর, মনকে নিরব কর, ঐ শব্দ বারংবার উচ্চারণে তুমি নিশ্চিত ফল পাবে।

চিন্তাশূন্য মন :

তাই মন যখন একেবারে চিন্তা শূন্য অবস্থায় আসে, তখন দেহের অনুভূতি ও শূন্যতা পায়। নিজেকে কায়াহীন বলে মনে হয়। তখন তুমি কেবলমাত্র চেতনার স্বরূপ, তাই গভীরভাবে আস্বাদন কর, এই শান্তি, প্রশান্তি, দেহহীন, মনহীন, এবং জ্ঞানহীন এক পবিত্র আত্মার অনুভূতি। তুমি অনুভব করবে মুক্তির স্বাদ সম্পূর্ণরূপে। প্রাত্যহিক অনুশীলনে তুমি এই অবস্থায় সর্বোচ্চ স্তরে পৌঁছে লাভ করবে আনন্দ, প্রকৃত পরমানন্দ, এই অবস্থা সৃষ্টির জন্য প্রয়োজন নীরবতা। যোগসাধনায় নিরবতার প্রয়োজন আবশ্যিক।

নীরবতা দেহ, মন এবং বোধকে সাম্যে নিয়ে আসে। টমাস কার্লাইল বলেছেন "নীরবতা মহান গুণের জন্ম দেয়।"

কেন একজন মানুষ তার দেহ এবং মনকে স্থির এবং শান্ত করবেন, এই তার উত্তর।

যদি তুমি প্রশান্তি পেতে চাও এবং যদি তার প্রকৃত পবিত্ররূপে ফিরে পেতে চাও, তবে তোমাকে এমন করতে হবে যেমন করে ঘোলা জলে পূর্ণ পাত্রের জলকে বিশুদ্ধ রূপে ফিরিয়ে দিচ্ছে।

প্রথম পাত্রটিকে খাড়া করে দাঁড় করাও যতক্ষণ না কালি থিতিয়ে নিচে জমা হয়। যখন উপরের জল পরিষ্কার হবে, তখন তোমার অবস্থাকে এর

সঙ্গো তুলনা করবে পূর্বের অস্থির অবস্থার সঙ্গো। তখন ছেঁকে নাও পরিষ্কার জল। যখন মনের প্রশান্তি আসার, তখন জগৎ পূর্ণরূপে বিকশিত হবে তোমার কাছে। তখন মনের মধ্যে অবাঞ্ছিত আবেগের অনুপ্রবেশ বন্ধ হবে। তুমি হবে নির্মল প্রশান্তির অধিকারী যা অলৌকিক, আকর্ষণীয়, চরম প্রশান্তি—নির্বাণ।

সুরঙ্গাম সূত্র

মৌনতা তিন প্রকারের। প্রথমটি শব্দের, দ্বিতীয় আকাঙ্খার এবং তৃতীয় চিন্তার। প্রথমটি দোষগুণ, দ্বিতীয়টি অধিকতর উপযোগী এবং তৃতীয়টি সর্বোত্তম। বাকহীন, আকাঙ্ক্ষাহীন এবং ভাবনাহীন অবস্থা মানুষকে অতীন্দ্রিয় জগতে পৌঁছে দেয়। যেখানে আত্মা ঈশ্বরের সঙ্গো বাক্যালাপে সমর্থ হয়। নিজের হৃদয়ের গভীরতম স্থানে পৌঁছে লাভ করে জ্ঞানের আলো 'বোধ'।

মাইকেল ডি মালিয়নস্ তার 'The Spiritual Guide' গ্রন্থে, যোগসাধনার পদ্ধতি সম্বন্ধে এখানে কোন বিপ্লবী পদ্ধতির কথা বলা হচ্ছে না। যদি তুমি অধ্যায়টি পড় "শান্ত মন শক্তি সৃষ্টি করে, ডাঃ পিলস্ তার গ্রন্থে গভীর খেদ, প্রকাশ করেন যে—আধুনিক প্রজন্মের আমেরিকা এমন কিছু হারিয়েছেন যা তাদের পূর্বপুরুষদের চরিত্র গঠনে সাহায্য করেছে।

আমরা ইতিমধ্যে উল্লেখ করেছি যোগসাধনার মধ্য দিয়ে আরোগ্যলাভের উপায়। ডঃ পিল বলেন, 'আমি জ্ঞানত এমন মানুষ দেখিনি যে জানে কেমন করে নিরবতার অভ্যাস করতে হয়।

নোবেল পুরষ্কারপ্রাপ্ত ডাঃ এ্যালেক্স কারেল বলেন, যারা মনের শান্তি খুঁজে পান, তারা ব্যস্ত শহরে বাস করে, স্নায়ুবিক রোগ থেকে মুক্ত থাকতে পারেন।

যখন এমন এক বিষয় নিয়ে আলোচনা করা হচ্ছে যা সঠিকভাবে বিশ্লেষণ করা যাচ্ছে না, বা তার সঠিক বর্ণনা দেওয়া যাচ্ছেনা তখন আমরা যে বিষয়ে জ্ঞানী মানুষের উক্তির অবতারণা করি। A এবং B পরিশিষ্ট আপনাদের আরও একটি অপেক্ষাকৃত ভাল ধারণা 'সমাধি' শব্দের সঙ্গো পরিচিত করাবে যা শ্রেষ্ঠতর চেতনার ধারণা ভেবে।

নিজের ভারসাম্য রক্ষায় তুমি কোন অবলম্বন গ্রহণ করতে পার। তুমি

সৃষ্টি করতে পার তোমার শান্তির নীড়। খুঁজে নিতে পার আনন্দ নিকেতন। তোমার আধ্যাত্মিক চেতনার বৃদ্ধির স্বার্থে।

"পবিত্র মনের নীরবতায় আমি স্বর্গ এবং ঈশ্বর খুঁজে পাই।" এখানে জোসেফ এজিসনের লেখা যা তিনি অষ্টাদশ শতকে লেখেন তা আরও প্রাসঙ্গিক হবে। এটা সত্য যে খুব অল্প লোকই জানেন কেমন করে আদর্শবাদী এবং নিষ্পাপ হওয়া যায়। কেমন করে নিষ্পাপ আনন্দকে উপভোগ করতে হয়। তাদের প্রতিটি পদক্ষেপ সদগুণের ছোঁয়ায় তারা কখনই আদর্শচ্যুত হন না এবং পাপে নিমগ্ন হন না। তাই প্রত্যেক মানুষের উচিৎ তার নিষ্পাপ আনন্দের পরিধি বৃদ্ধি করা। তারা নিরাপদে শেষ করেন সব কাজ এবং তাদের তৃপ্তি জ্ঞানি লোকের দ্বারা কখনই অস্বীকৃত হয়না। এশুধু কল্পনা করা যায়। কিন্তু আমাদের ব্যস্ত জীবনে তা সম্ভব করতে হলে আমাদের ধীর অভ্যাসে এগোতে হবে যা আমাদের অলসতা থেকে মুক্ত করবে। কোনরূপ শ্রম বা কষ্টকে মুখোমুখি হতে ভীত করবে না।

এডিসন আনন্দকে বহুরূপে কল্পনা করেছেন, আমি তোমাকে কিভাবে রোজ যোগ সাধনা করতে হয় বলব? অনুশীলনের জন্য কোন মূল্য দিতে হয় না বরং যা পাওয়া যায় তার মূল্য কোন মতেই কম নয়।

যেমন মাইকেল অ্যাঞ্জোলে বলেন,—অনেক ছোট ছোট বিষয় কাজ আমাদের পরিপূর্ণতা দেয় কিন্তু পরিপূর্ণতা তুচ্ছ বিষয় নয়। আসলে এই বিষয়ে নির্দ্দিষ্ট কোন উপায় বা পদ্ধতি নেই। কেবলমাত্র নিয়মিত যোগ সাধনার অনুশীলনেই পাওয়া যায় আনন্দ। নিয়মিত সম্ভব হলে দিনের একটি নির্দ্দিষ্ট সময়ে যোগাভ্যাস বাঞ্ছনীয়, বিশেষ করে খুব ভোরে। এসময় প্রকৃতি এবং পরিবেশ থাকে শান্ত, শীতল বাতাস এবং পূর্বদিকের উষার আলো এক চমৎকার মায়াবী পরিবেশ সৃষ্টি করে।

❑❑❑

১১

ধ্যান এবং প্রার্থনা-II

প্রার্থনার মধ্য দিয়ে লাভ করা যায় প্রকৃত জীবন, সত্য সুন্দর জীবনই প্রার্থনা।

—অ্যালেক্সিস ক্যারেল

প্রার্থনা—এক গভীর নিবেদন :

ধ্যানই প্রার্থনা। নিয়মিত প্রার্থনা স্বয়ংক্রিয়ভাবে মনকে সুস্থির করে। নিঃশ্বাস প্রক্রিয়ার স্বাভাবিকতা প্রদান করে, মনের গতিকে নিয়ন্ত্রিত করে। অবাঞ্ছিত ভাবনা বিষয় থেকে দূরে রাখে, তাই শেক্সপিয়ার লিখেছেন—

'আমার স্বর উচ্চগ্রামে পৌঁছায়, ভাবনা থাকে নিচে
ভাবনাহীন বাক্য তোমাকে স্বর্গের অনুভূতি দিতে পারে না।'

অন্য একজন কবি ও ঠিক এমনভাবে বলেন,

"প্রার্থনার সময় কখনও জয়ের ইচ্ছা আসেনা—
হৃদয়ও তা অনুমোদন করে না।"

— Herrick,The Heart

'ভাবনাহীন শব্দ' যা প্রার্থনার সময় উচ্চারিত হয়, তা কাজের নয়—কারণ তা শূন্য কার্যকারিতা হীন, সচেতনভাবে অর্থপূর্ণ শব্দ যার অর্থ এবং প্রার্থনার উদ্দেশ্যে সংপৃক্ত তাহাই কার্যকর, ফলপ্রসু। সচেতনভাবে, সম্যক অর্থ বুঝে প্রার্থনা করলে তবেই তা ফলপ্রসু হয়। প্রার্থনা শব্দটিকে তার বিষয়বস্তুকে বিভিন্ন লেখক, কবি, শিক্ষক, দার্শনিক এবং বিভিন্ন বৈজ্ঞানিকগণ বিভিন্নভাবে ব্যাখ্যা করেছেন। বিজ্ঞান এবং ধর্মকে তুলনা করে প্রার্থনা সম্বন্ধে বিখ্যাত বৈজ্ঞানিক এ্যালেক্স কারেন সুন্দরভাবে উপস্থাপিত করেছেন, তা পরিশিষ্ট 'D' তে পুনরায় উপস্থাপিত করা হয়েছে।

এডলস হাক্সলী তার বিখ্যাত 'The Perennial Philosophy' গ্রন্থে প্রার্থনাকে চারটি পর্যায়ে বিভক্ত করেছেন।

(a) নিবেদন।

(b) মধ্যবর্তী পর্যায়।

(c) আরাধনা।

(d) গভীর ধ্যান।

নিবেদন হতে পারে উচ্চ আকাঙ্ক্ষাযুক্ত এবং স্বার্থপরতাহীন অথবা শিশুসুলভ এবং কাঙালপনাযুক্ত। যদি তুমি ঈশ্বরের দর্শন এবং জ্ঞান কামনা কর তা হবে সহ্য আবেদন। এমিয়ির মহান সন্ত ফ্রান্সিস মহোত্তম উদাহরণ উপস্থাপিত করে।

> প্রভু, তোমার শান্তি স্থাপনের মন্ত্রে পালিত কর আমাকে। প্রভু আমাকে কেউ ঘৃণা করলেও তাকে যেন আমি ভালোবাসতে পারি। যেখানে সন্দেহ আছে, সেখানে আমি যেন বিশ্বাস স্থাপন করতে পারি। হতাশাকে আমি যে আমায় রূপান্তরিত করতে পারি, ঈশ্বর তুমি আমাকে শক্তি দাও অন্ধকারে আলো জ্বালানোর, দুঃখীকে যেন আমি সুখি করতে পারি।
>
> হে পবিত্র প্রভু, আমি যেন আকাঙ্ক্ষা না করি আত্মকেন্দ্রিক না হয়ে পড়ি। তোমার শক্তি দাও; আমি যেন সকলের প্রিয় হতে পারি। আমি যে ভালবাসা পাবো তা যেন ফিরিয়ে দিতে পারি। প্রভু তোমার ক্ষমার যোগ্য হতে পারি। মৃত্যুর পরও যেন আমি মানুষের মধ্যে বেঁচে থাকতে পারি।

অপরদিকে জাগতিক সম্পদ লাভের ইচ্ছা নিছক ভিক্ষার পর্যায়ে পড়ে, যেমন বার্নাড স্ বলেন সাধারণ মানুষ প্রার্থনা নয় ভিক্ষা করেন। যদিও কিছু মানুষ যারা পার্থিব বস্তু প্রার্থনা করেন, জাগতিক বস্তুর পূর্ণরূপে প্রাপ্তির জন্য। যদি তা পূর্ণ হয় তার পুরোটা মঙ্গলজনক নাও হতে পারে। অনেক সময় তা আশীর্বাদের পরিবর্তে অভিশাপ বয়ে আনে।

আমরা নিজেকে জানিনা, তাই প্রভুর কাছে
বিষ প্রার্থনা করি, মহাজ্ঞানী প্রভু আমাদের
প্রার্থনা মঞ্জুর করেন না, আমাদের মঙ্গালের জন্য।

—সেক্সপিয়র—এ্যান্টনি এবং ক্লিওপাট্রা।

মধ্যবর্তী পর্যায়ে নিবেদন অপরের মঙ্গালের জন্য। তাই এটি অবশ্যই নিজের জন্য আকাঙ্ক্ষা অপেক্ষা মহত্বর কার্য। এই পর্যায়ের প্রার্থনায় সহকর্মীর জন্য নিবেদন উদারতার পরিচয়। যদি তা প্রকৃত হয়, তবে তা অন্যদের মধ্যে প্রশান্তি এনে দেয় এবং এই পর্যায়ে আত্মত্যাগের মতো মহৎকার্য যুক্ত থাকে।

আরাধনা বর্ণিত হয়েছে, জ্ঞান, বোধ, ইচ্ছাশক্তি এবং কল্পনায় ঈশ্বরের প্রতি অনুরক্ত হয়ে কার্যসাধন। এখানে নিজের মধ্যে ঈশ্বরের উপস্থিতির মানবীকরণ করা। অন্য দুটি পর্যায় অপেক্ষা মহত্তর। ঈশ্বরের বিশালতা, তার গরিমা, মহা বিশ্বে তার নিয়ন্ত্রণ তার কথা ... এখানে প্রাধান্য পায়। প্রকাশ পায় তার সর্বশ্রেষ্ঠতা। আরাধনায় নিজের মন প্রাণ সমস্ত কিছুর অস্তিত্ব হারিয়ে ফেলি তার মধ্যে।

সর্বশ্রেষ্ঠ এবং সর্বোচ্চ প্রার্থনা ধ্যান, অ্যালডাস হাক্সলে ধ্যানকে এভাবে বর্ণনা করেছন এটি মনে একটি এমন অবচেতন অবস্থা যাতে ঈশ্বরের জন্য যা কিছু করতে প্রস্তুত।

আরাধনা এবং যোগ সাধনার মধ্যে তেমন কিছু ফারাক নেই। মিঃ চার্লস, আর, ফিল মোর তার লেখা 'Scientific Prayer' গ্রন্থে বলেছেন—

বিশুদ্ধ প্রার্থনা আরম্বরহীন, অর্থাৎ একজনের মন প্রাণ সম্পূর্ণরূপে ঈশ্বরের কাছে নিবেদিত হয় এই অবস্থায়। পবিত্র উদ্দেশ্যে সত্যকে লালন করে নিরবে ঈশ্বরে মগ্ন হওয়াই ধ্যান, যা তাকে ঈশ্বরের বাণী লাভ করায়।

প্রকৃত পক্ষে প্রার্থনার বিভিন্ন পদ্ধতি, যথা আরাধনা, যোগ এবং নিবেদনের মধ্যে নির্দিষ্ট সীমা রেখা স্থাপন করা বেশ কষ্টকর।

যখন আত্ম-সচেতন একবারে শূন্যে নামিয়ে আনতে পারলে মানব হৃদয় পবিত্র হয়, তার এই গভীর ঈশ্বর প্রেম তাকে শক্তি দেয়, তখন তার

এই অবস্থা যে পথেই আখ্যায়িত করা হোক না কেন, তাতে কিছু যায় আসে না।

আসল প্রার্থনার সুবাস :

যিনি একবার আসল প্রার্থনার মূল্যবান সুবাস লাভ করেছেন, তিনি তার প্রতি গভীরভাবে আশক্ত হয়ে পড়েন। তাই প্রাচীন ঋষিগণ বলতেন, ঈশ্বরের নাম তার অপেক্ষাও বেশি মহত্বর। ঈশ্বর কী দুটি ভিন্ন আধারে থাকতে পারনে? তাই ঈশ্বরের নাম নেওয়ার অর্থই ঈশ্বর ভাবনা।

প্রথমে ছিল শব্দ, শব্দ পরিণত
হল ঈশ্বরে, ঈশ্বরই হল তার নামের মূর্ত্ত রূপ

—সন্তজনের ভাষ্য থেকে।

এখানে সহজ এবং সুন্দর রূপে প্রতিষ্ঠিত করা হয় আমাদের জীবনে প্রার্থনার প্রভাব।

প্রার্থনা করতে ভয় পেওনা, ওটাই সঠিক রাস্তা,
প্রার্থনা করো, যদি না পার, আশা নিয়ে আবার প্রার্থনা করো।
যদি আশা ক্ষীণ হয়, যদি সময় সাপেক্ষ হয়,
অন্ধকারে প্রার্থনা করো, মানুষের অগোচরে কর,
তখন সমস্ত যুদ্ধ গোলমাল বন্ধ হয়ে ধরিত্র নিজেই শান্ত হবে,
পৃথিবীর মঙ্গালের জন্য প্রার্থনা।
সময়ে আশীর্বাদ রূপে বর্ষিত হবে।
যা মঙ্গালজনক তা চিন্তা করো, তা স্বর্গের ভাবনার সমতুল্য।
যা চাওনা দেখতে, তা প্রার্থনা করো না।
সঠিক এবং নিখুঁত হতে চেষ্টা করো, পার্থিব বস্তু অবশ্যই
প্রতিবন্দক হবে, যা প্রার্থনা করতে ভয় পাও।
ঈশ্বরের কাছে প্রার্থনা করো, তিনি তা দূর করবেন।

—Hartley Coleridge

১২

প্রাচীন চিরন্তন দর্শনের উপর আলোচনা

আমি তোমায় সমস্ত যন্ত্রণা থেকে মুক্তি দেব
উপভোগ করাব আনন্দ এবং দেব বিশ্রাম।
তোমার কাছে উন্মুক্ত করব জ্ঞানের জগৎ আনন্দের
জগৎ, যা তোমার হৃদয়কে প্রশস্ত করবে, আমার
কাজে তোমারে ব্রতি করব।

—PS. C XVIII. 32

নাস্তিকতাই অন্ধত্ব :

পৃথিবীতে ধর্মর বহুরূপে বিরাজ করে। তারা আবার বিভিন্ন ধারায় বিভক্ত এবং তাদের দৃষ্টিতত্ব, ধর্মতত্ব এবং দর্শন বিভিন্ন। এত বিভিন্নতা সত্বেও তাদের মধ্যে তারা অভিন্ন এবং এক তারা প্রাথমিকভাবে এক এবং অভিন্ন এটাই আদি দর্শন। এটাকে এলডাস হাঙ্গালে একে বলে সর্ব্বোচ্চ সাধারণ বিষয়। ঈশ্বর বিশ্বাস-ই সবধর্মের মূল তত্ব। নাস্তিকতা এই সব ধর্মের কাছে অজ্ঞাত নয়। বিজ্ঞান যা প্রমানে বিশ্বাস করে, এই বহুধর্মমতের সঙ্গেই সহমত পোষণ করেনা, কিন্তু নাস্তিকতা একেবারেই অন্ধ বিরোধিতা মাত্র যা আমাদের কোন তত্বে পৌঁছে দেয়না। ডঃ হেনরি সি লিঙ্ক বলেন, নাস্তিকতা জ্ঞানের অহংকারের রোগ বিশেষ অপ্রামাণ্য বিষয়ের উপর বিশ্বাস রাখা বিশ্বাসহীনতার চেয়ে ভালো।

একটি বিখ্যাত গল্প আছে, একজন পন্ডিত অধ্যাপক দর্শনের সম্মুখে অভিযোজন সম্বন্ধে বক্তৃতা দিয়ে বললেন সৃষ্টির প্রথমে এই পৃথিবীতে জল ছাড়া কিছুই ছিল না। সর্বত্রই জল আর জল। তিনি বক্তৃতা আরও এগিয়ে নিয়ে যাওয়ার পূর্বে একজন অভব্য শ্রোতা বলে উঠলেন, 'মহাশয়, এই জল এল কোথা থেকে', সমবেত দর্শক হাসিতে ফেটে পড়লেন।

বক্তৃতায় রস ভঙ্গ হল এবং একসময় আর এগোল না। গল্পের সারমর্ম সুস্পষ্ট হল।

আমরা সকলেই রোমার সম্রাট মার্কস অরেলিসের কথা জানি। তিনি ছিলেন জেনো প্রবর্তিত 'স্কুল অব ফিলোসফি' ত্বত্বের অনুগামী, যা স্টোরেক ইজম নামক খ্যাত। যা ধর্মমত বলে বিবেচিত হত না। কিন্তু তারা সুখ দুঃখে অবিচল থাকতে শিখতেন, তারা ঈশ্বর ত্বত্বে অবিশ্বাসী ছিলেন। কিন্তু ইতিহাস বলে তিনি খ্রিষ্টিয় ধর্মমতে গভীরভাবে অনুরক্ত ছিলেন। তার 'Meditations' গ্রন্থটি আমাদের জীবনে প্রভাব বিস্তার করে। আমাদের অস্থায়ী বিষয়, ধর্ম এবং আধ্যাত্মিকতার উপর ভীষণভাবে প্রভাব বিস্তার করে কেমন করে তা বিস্তারিতভাবে ব্যাখ্যা করেছেন।

এটা সত্য তিনি কোন ধর্মত্বত্বের সৃষ্টি করেন নি কেবলমাত্র তার সময়ের ধর্মবিশ্বাসের বহু ত্রুটি সত্বেও, এ এক গোপন রহস্য কেমন করে তার গ্রন্থ প্রায় ২০০০ বৎসর ধরে সমান জনপ্রিয়, আলোচিত এবং প্রাসঙ্গিক। এক প্রকাশক বলেছেন আপনি মোহিত হয়ে যাবেন, আপনার সমকালেও 'রাজদার্শনি'এর যোগের বিশ্লেষণ দেখে। এটা উল্লেখযোগ্য যে বিভিন্ন ধর্মের মধ্যে এত বিভেদ ভাব থাকা সত্বেও তাদের বিশ্বাস, তত্ত্ব, আদর্শবোধ এবং মধ্যে অদ্ভুত মিল খুঁজে পাওয়া যায়। আবার বিশেষ করে আমরা আমাদের ধর্মমতের বিষয়গুলি সহজে বুঝতে পারলেও অন্য ধর্মের ধর্মপুরুষের কথা বুঝতে বিশেষ কষ্ট হয়। উদাহরণ স্বরূপ একজন উদারমনস্ক খ্রিষ্টধর্মাবলম্বী খ্রিষ্টীয় সৃষ্টিত্বত্ব সম্বন্ধে কোন প্রশ্ন তোলে না এমন কী যিশুর কাছে সমস্ত নিবেদনের বিষয়কেও।

হিন্দুত্বের মনোগ্রাহী ভাবনা :

প্লেটোর 'Republic' এ তার কল্পনার দার্শনিক রাজার সমতুল্য রাজর্ষীর উদাহরণ আমরা প্রাচীন ভারতীয় ইতিহাসে দেখতে পাই। ভারতবর্ষে বহু সম্রাট মহান দার্শনিক রূপে খ্যাত ছিলেন। তাই ভারতীয় বলে অরেলিয়ের রাজর্ষির মধ্যে কোন নতুনত্ব দেখতে পান না। ভারতীয় রাজর্ষীদের মধ্যে জনক এবং অশোক উল্লেখযোগ্য।

অরেলিয়ের তত্ব অনেকটাই ভারতীয় দর্শনের মতো যেখানে তিনি

অখণ্ড ব্রহ্মাণ্ডের কল্পনা করেছেন যা ক্রমে বিভিন্ন সত্তায় বিভক্ত হয়ে বিভিন্ন গুণের আকারে পরিণত হয়েছে। ব্রহ্মাণ্ডে একক পরমাত্মারই অস্তিত্ব বর্তমান এবং তা প্রকৃতি এবং প্রতিটি জীবের অন্তরে প্রতিষ্ঠিত, এক আত্মাই বহুধা বিভক্ত হয়ে সর্বত্র বিরাজমান।

ভগবৎ গীতা বলে, কেবলমাত্র কর্মেই তোমার অধিকার, ফল প্রত্যাশা কোরো না, যোগ-সাধনায় অনুরূপভাবে ব্যক্ত হয়, কাজের চিন্তা করো ওটাই যথেষ্ট লাভ, সৌভাগ্য বসৎ ভবিষ্যতের ভাবনায় আরও অনেক অনেক মানুষ ধর্মের বিভেদ ভুলে এই তত্বে সহমত পোষণ করছেন।

খ্রিস্টান ধর্মের একটি পত্রিকা 'New' and 'Unity' পড়ে আমি একসঙ্গা আনন্দিত এবং অবাক হয়েছি যা মূল ভাবনা 'হিন্দু ধর্মে'র মূল তত্বের সঙ্গে মন ভাবনায় ভাবিত যেমনভাবে তা বলে, যোগ সাধনায় মূল আধার প্রাচীন দর্শনের পরীক্ষা এবং দর্শনের ত্বত্বে আধায়িত, আমরা দেখি রোমান সম্রাট জীবনকে কিভাবে উপলব্ধি করেছেন, কোন ধারনার বশবর্ত্তী হয়ে তিনি আসাম্প্রদায়িকতার মধ্যে ব্যর্থতার খোঁজ পেয়েছেন, তার মতে আদর্শ জীবনই বা কীরূপ। কোন পথেই বা আমরা আমাদের লক্ষ্যে পৌঁছতে পারি।

আমরা জানি, পরমাণু থেকে তারা বা সূর্য প্রত্যেকের অস্তিত্ব এবং গরিমা আছে এবং এই সকল মিলিত হয়ে গড়ে তুলেছে জগৎ।

আমি এবং আমার এই বিচ্ছিন্নতাবোধই পৃথিবীতে সকল বিরোধের মূল এবং, সাধনায় স্তরে এই অহমিকাবোধ সকল মানুষের মধ্যেই বর্ত্তমান। উচ্চতর লক্ষ্যে পৌঁছতে হলে মানুষকে এই অহমিকা বোধ ত্যাগ করতে হবে। স্বার্থপরতা আমাদের ক্ষমতাকে খর্ব করে, অপর মানুষ থেকে বিচ্ছিন্ন করে, এবং সকল বিরোধের মূল এই স্বার্থপরতা।

সঠিক দর্শন, ভাবনার মাধ্যমে যদি আমরা একক আমি এবং মহাবিশ্বের প্রতিটি জীবের সঙ্গে সংযোগ স্থাপনের চেষ্টা করি, ঈশ্বর নির্দেশিত কর্মে নিজেকে নিযুক্ত করতে পারি, তবে এই পৃথিবীই স্বর্গে পরিণত হবে।

বিস্ময়কর হলেও সত্য যে আমাদের দেহ আমাদের উচ্চতর জগতে পৌঁছানোর মূল বাধা, সব অহংকারের আধার মানুষ কোন দেহের কথা

ভাবে, ভুলে যায় আত্মার অস্তিত্ব, এই বিভ্রান্তি আমাদের দৈহিক চাহিদার সৃষ্টি করে, তাকে আকর্ষিত করে পৃথিবীর সমস্ত কিছুর প্রতি। আমরা দেহকে সজ্জিত করি পোশাকে, অলংকারে, লালন করি প্রশ্রয়ে এবং দৈহিক আঘাত বা ক্ষত আমাদের কষ্ট দেয়। মানুষ মৃত্যুকে ভয় পায় এবং
দৈহিক আঘাত বা ক্ষত আমাদের কষ্ট দেয়। মানুষ মৃত্যুকে ভয় পায় এবং
সমস্ত জ্বালা যন্ত্রণা থেকে নিস্তার দিতে চায়, কেবলমাত্র আনন্দ এবং ভোগের অধিকার দাবী করে। ফলে তার দুঃখ কষ্ট বা আনন্দ তার একার।

হিন্দু শাস্ত্র একেই সংসাররূপে আখ্যায়িত করেছে এবং তার অনুগত নয়।

দ্বিতীয়ত অহংবোধ থেকে সৃষ্টি হয় আরেক বিভ্রান্তির, মানুষ সুখ চায় এবং আনন্দের সঙ্গে তার বিভেদ করতে পারেন যা বিভ্রান্তি জনক। আমরা পূর্ববর্তী অধ্যায়ের আলোচনা করেছি সে নিজের মত করে আনন্দ খোঁজে, তার প্রয়োজনে। এমন বস্তু প্রত্যাশা করে যা তাকে খুশি করে, তার চেতনা আরো চাই আরো চাই করে তাকে, তাকে চাহিদার দাস করে তোলে, সে নিজেই আকাঙ্খার অপূর্ণ চাহিদার শিকার হয়ে পড়ে। তার মধ্যে জন্ম নেয় স্বার্থপরতা লোভ, হিংসা, ভয় এবং ক্রোধের জন্ম নেয়।

আরেলিস বিভিন্নভাবে এই বিভ্রান্তের সমালোচনা করেছেন, তাকে আঘাত করেছেন, বাহ্যিক আধার দেহকে তিনি কখনই মানুষ বলে বিবেচিত করেন নি, তিনি মানব দেহকে রক্তমাংসের এবং নোংরা আধাররূপে কল্পনা করে, তাকে আত্মার খাঁচারূপে অভিহিত করেন, এই দেহের চরম পরিণতি মৃত্যু, যা তার অহংকার সমাপ্তি ঘটায়।

আনন্দের ভ্রমাত্মক ধারণা :

এরপর তিনি আনন্দের ভ্রান্ত ধারণার কথা বলেন। এটি এরূপ চলমান চেতনা যা বস্তুর স্বরূপ বুঝতে দেয়না। চাহিদার নিবৃতি ঘটায় না, মজার মধ্যে আনন্দ খুঁজে নেওয়ার অর্থ হল বাহ্যিক বিষয়ের উপর দৃষ্টিপাত, এবং যার উপর আমাদের নিয়ন্ত্রণ নেই, ঠিক যেমনটি আমাদের দেহের উপর আমার নিয়ন্ত্রণ নেই যা আমাদের শান্তিকে বিঘ্নিত করে, তাই মজার বিষয়টি যেমন ভালো নয় এমনকী প্রয়োজনীয়ও নয়।

এরপর তিনি সুখের প্রকৃতি বিচার করেন, এটি আমাদের বেঁচে থাকার উদ্দেশ্য এবং সমস্ত বিষয়কে মহত্বর করে তোলে, পার্থক্য অনুধাবন করতে শেখায় যেসব দুঃখ-সুখ, তাপ এবং শীতলতা।

আকাঙ্ক্ষা বা সুখের চাহিদা পরিবার, বা সম্পর্কিত মানুষের সঙ্গে যুক্ত নয়, তৎক্ষণাৎ আনন্দলাভ কেবল আত্মনির্ভর।

আমাদের সকলের চরিত্রের মধ্যেই দুধরনের গুণ বর্ত্তমান, প্রথমে আমরা অজ্ঞতা এবং স্বার্থপরতার দ্বারা পরিচালিত হই, এবং পরে জ্ঞান এবং নিঃস্বার্থ মনোভাবের পরিচয় দিই। আমাদের প্রথম গুণটিকে লালন করা এবং গুরুত্ব দেওয়া বন্ধ করে দ্বিতীয়টিকে গ্রহণ করা উচিত। 'গর্ত নিজের জন্য খনন করে না' অনেক ভালো কার পরে আছে, যদি ঠিক-ঠাক রূপে সমাধা করতে পারে, তা তোমার পক্ষে মঙ্গলজনক হবে। প্রকৃতিতে তোমার অবস্থান এবং প্রকৃতির সঙ্গে তোমার সম্পর্ক অনুভব কর, ভাব তুমি চিরকাল তারই অংশ, এই জগৎও একটি জীবন, একক বস্তু এবং একক আত্মার অধিকারী। দেখ সকল বস্তু এবং সকল কর্ম একটি মাত্র উদ্দেশ্যে এক মহৎ কর্ম যজ্ঞের অংশ, সমস্তই এক এবং অভিন্ন।

এই মন যা আমাদের মিত্র, শত্রুও বটে, সে সব সয় আমাদের ছলনায় ভুলিয়ে রাখে। তোমার অন্তরের বন্ধুকে আকাঙ্ক্ষা করো, জাগাও, শত্রুকে বিতাড়িত করো, তাকে জীবন সঙ্গী করো, তোমার চিন্তা এবং আকাঙ্ক্ষাকে নিয়ন্ত্রণে রাখ। আকাঙ্ক্ষা মনকে কঠিন করে তোলে। সমস্ত বহির্মুখী চিন্তা ত্যাগ করো, ভাবনাকে সহজ সরল পথে চালিত করো। শান্তির খোঁজ পাবে। চিন্তা ঈশ্বরমুখি রাখ যিনি সকল সুন্দর, মহান এবং সদ্‌গুনের আধার।

পরে, অহংকার মুক্ত হয়ে মানুষের সেবায় নিযুক্ত হও। মানুষ কেবল কাজের জন্য, লাভ-লোকসানের আশা কোরো না। জীবনের উদ্দেশ্যকে অনুধাবন করো, পার্থিব বস্তুর আকাঙ্ক্ষা ত্যাগ করো। পবিত্র হও, কর্মে প্রবৃত্ত হও। কথা এবং কাজের মধ্যে ভারসাম্য রাখতে চেষ্টা করো। সমস্ত রকম বিরক্তিকর, অস্বস্তিকর অবস্থা থেকে মুক্তি পাবে। জ্ঞানের আলোকে আলোকিত হয়ে কেবলমাত্র পুঁথিগত বিদ্যার অধিকারী হয়ে নয়, সত্যকে নির্ভর করে, মানুষ সর্বশক্তিমান ঈশ্বরের সঙ্গে নিজের সম্পর্ক স্থাপন

করতে পারে, আয়না যেমন সকল কিছুকে প্রতিফলিত করে, তেমন করে সকল অপবিত্রতা থেকে মুক্ত হলে, সর্বশক্তিমানের শক্তিতে আধারিত হওয়া যায়। এই অবস্থায় সকল বিভ্রান্তি দুর হয় মানুষ তখন মুক্ত, স্বাধীন।

এই সময় সর্বোচ্চ অবস্থান কে ভয় নয়। প্রয়োজন গভীর মনসংযোগ এবং ঈশ্বর নির্ভরতা। তোমার কাজ যতই ছোট হোক তৃপ্ত হয়, মার্কস অরেলিস বলেন, কোন কাজই ছোট নয়। তার কার্যকারিতাও ছোটো নয়।

আধ্যাত্মিক জীবন সম্বন্ধে অন্য একটি লেখায় পাওয়া যায়, এটিই সর্বোত্তম যোগ সাধনা, আদি দর্শন অনুযায়ী যে কোন অবস্থায় মানুষকে মহত্তর এবং খাঁটি করে তোলে।

দ্রষ্টব্য :

এই চেনা অরেলিস এবং যোগ সাধনা লেখককে স্বর্ণ পদক এনে দেয়। দুজন বিশ্ববিদ্যালয়ে বিখ্যাত অধ্যাপক এই বিষয়ে বিচার করেন।

❑❑❑

১৩

কেমন করে নিজের পরিবেশের নিয়ন্ত্রক হওয়া যায়

আধুনিক মনোবিজ্ঞান বা বিজ্ঞান প্রমাণ করে না.
আত্মত্যাগ এবং নিয়মানুবর্ত্তিতাই এনে দেয়
আত্মোপলব্ধি এবং প্রকৃত সুখ।

—**ডঃ হেনরী. সি. লিংক.**

অবতার এবং সন্তুদের শিক্ষা :

ধর্মপুস্তক, ধর্মীয় এবং আধ্যাত্মিক সাহিত্য আমাদের শিক্ষা দেয়, পরিচালনা করে, এছাড়াও সত্যে পথে আমাদের সঠিক দিশা দেয়, সন্দেহ দুর করে আত্মশক্তিকে জাগ্রত করে, আমাদের প্রকৃত স্বরূপকে চেনায়। মেষ শাবকদের সঙ্গো সিংহশাবক নিজেকে মেষ শাবক রূপে ভাবে। ঘাস খেয়ে জীবন অতিবাহিত করে, এবং মেষের মতই অন্য হিংস্র মাংশাসী পশু দেখতে ভয় পায়। একদিন এক সিংহ ভেড়ার পালকে আক্রমণ করলে দেখতে পায় যে সিংহশাবকটিও মেষ শাবকদের সঙ্গো ম্যা ম্যা চিৎকার করে ভয়ে পালাচ্ছে। সিংহ সেই সিংহশাবককে বলে, ‘তুমি খাস খাও, মেষের মত ডাক এবং ভয় পেয়ে পালাচ্ছ, তুমি সিংহকুলের কলঙ্ক। এস, আমার মত ডাক, গর্জন করো, এই মাংস টুকরোটি খাও। কিন্তু সিংহ শাবক তা কথা বিশ্বাস করল না এবং অসহায়ভাবে মেষের মত চিৎকার করতে লাগল। তখন সিংহ তাকে জোর করে কাছের জলাশয়ে নিয়ে গিয়ে তার প্রতিচ্ছবি নদীর জলে দেখিয়ে বলল তুমি মেষ নও, তুমি সিংহ। এঘটনায় সিংহ শাবক অবাক হয়ে গেল এবং ধীরে ধীরে তার প্রকৃত স্বভাব ফিরে পেল। সিংহের মত আচরণ করতে শুরু করল।

পুত্র, তোমার লক্ষ্য স্থির করো, যাতে

তোমার প্রতিটি কর্ম মুক্ত মনে সমাধা করতে পার।

কর্মকে তোমার নিয়ন্ত্রণে রাখ

তুমি কর্মের দাস হয়ে পড় না।

প্রতিটি কর্মকে নিয়ন্ত্রণ করো।

দাস বা ক্রিতদাসে পরিণত হয়ে পড় না।

কেমন করে স্বাধীনভাবে তুমি কর্মের নিয়ন্ত্রতা হতে পার, এখানে আছে উত্তর।—

পুত্র, আত্মচিন্তা ত্যাগ করতে না পারলে তুমি মুক্তি পাবে না।

Matth—XVA. 24

আত্মসর্বস্ব মানুষ আকাঙ্ক্ষা এবং দায়িত্বের বন্ধনে শৃঙ্খলীবন্ধ। তারা কেবল নিজের স্বার্থ চিন্তা এবং সুখে মগ্ন তারা যিশুর কথা ভাবে না। কিন্তু সবসময় তাদের ইচ্ছা বা চেষ্টা ফলপ্রসু হয় না।

যে পাপ চিন্তা মানুষকে স্বার্থপর করে তোলে, তার দূর করতে হবে। স্বার্থপরতা থেকে মুক্ত হতে হবে, এই মন্দ শক্তিকে পরাজিত করতে পারলে অসীম শান্তি এবং প্রশান্তি লাভ করবে।

এমন কিছু মানুষ আছেন, যারা নিজেদের নিখুঁত ভাবে গড়ে তুলতে চান এবং তারা লক্ষ্য স্থির রেখে, কেবল মাত্র নিজের মধ্যে স্থির থাকেন এবং অশুভ শক্তিকে কখনই তাদের উপর প্রাধান্য বিস্তার করতে দেন না।

এই ছোট্ট কিন্তু আদর্শ বাক্য অনুসরণ করো। 'সবকিছু ত্যাগ করো, সব পাবে। আকাঙ্ক্ষা:ে ত্যাগ করো, বিশ্রাম লাভ করো।"

যদি তুমি নিজেকে জয় করতে পার, তবে সব কিছু তোমার কাছে সহজ রূপে প্রতিপন্ন হবে, কেমন করে নিজেকে জয় করা যায়, কেমন করে সব কিছু ত্যাগ করতে হয়, কেমন করে নিজেকে অস্বীকার করা যায়, আত্মভোলা হওয়া যায়?

যিনি জ্ঞানী, যে আত্মার নির্দেশিত পথ অনুসরণ করেন, তিনি এসব

পরিবর্ত্তনের উর্দ্ধে উঠতে পারেন। যে নিজের ভাবনার উর্দ্ধে উঠতে পারেন, পারিপার্শ্বিক ঘটনা থেকে বিচ্ছিন্ন রাখতে পারেন, শেষে তিনিই লক্ষ্যে পৌঁছতে পারেন, তার সমস্ত ইচ্ছা পূর্ণ হয়।

> যিনি কর্মে অবিচল থেকে, যিনি পারিপার্শ্বিকতার প্রভাব মুক্ত হয়ে বিভিন্ন কর্মে লিপ্ত হয়েও আমার প্রতি গভীর মনোযোগী হন তিনি জয়ি হন।

Matth—VI. 22

দৃষ্টি কতটা পবিত্র হলে এই বিভেদরূপ ঝড়ের মোকাবিলা করা যায়?

তাই দৃষ্টিকে পবিত্র করতে হবে, যাতে তা সর্বদা একমুখী এবং আত্মার প্রতি নিবদ্ধ থাকে। এই বিভিন্নতা থেকে তাদের মুক্ত করতে হবে।

আসল কথা, নিজেকে ভুলতে না পারলে, মুক্তি পাবে না।

যদি পার, তবেই নিজেকে জয় করতে পারবে।

তিনিই জ্ঞানী, যিনি আত্মার নির্দেশিত পথে চলেন

সমস্ত পরিবর্ত্তনকে উপেক্ষা করে।

যিনি তার দৃষ্টি আমাতে নিবদ্ধ এবং

মন প্রাণ সর্বদা আমাতে সমর্পণ করেন।

যারা সম্পূর্ণরূপে ঈশ্বরের কাছে নিজেকে সমর্পণ করেন, আত্ম স্বার্থ সম্পূর্ণরূপে ত্যাগ করতে পারেন, তখনই কেবলমাত্র তুমি তোমার নিয়ন্ত্রক হয়ে উঠতে পার। পারিপার্শ্বিক সমস্ত কিছুর উপর তোমার প্রভুত্ব বজায় রাখতে পার।

এক বিখ্যাত সংস্কৃত শ্লোক থেকে পাই—

সম্পদ, সন্তান-সন্ততি অথবা অন্য কিছু দিয়ে নয়

কেবলমাত্র আত্মত্যাগের মধ্য দিয়ে তুমি অমর হয়ে থাকতে পার।

অপর একজন কবি বলেন—

উপভোগে আছে, অসুখের ভয়। সামাজিক উচ্চাসনের ভয়, পতিত

হবার। ধন-সম্পদ নিয়ে আসে রাজভয়। সম্মানে আছে অসম্মানের ভয়। ক্ষমতায় আছে শত্রুভয়। সৌন্দর্যে আছে বার্ধক্যের ভীতি। স্বধর্মে অন্য ধর্মের ভীতি। পুণ্যে আথে পদস্খলনের ভীতি। দেহে আছে মৃত্যুভীতি। কেবলমাত্র স্বার্থ-ত্যাগেই আছে ভয়হীনতা, মুক্তির আনন্দ। সেই চারণ কবি বলেন—

আমাদের আনন্দের উপকরণ একে একে আমাদের ছেড়ে চলে যাবে। এখনি বা পরে, আমরা কোন মতেই চিরদিন তাদের ধরে রাখতে পারিনা। তাদের চলে যাওয়া কোন নতুন বিষয় নয় কারণ আমাদের তা দ্যাগ করতেই হবে। যদি আঁকড়ে ধরে রাখতে চাই স্নেহবশত তা দুঃখেরই কারণ হয়, কিন্তু যদি নিজের ইচ্ছায় সর্বস্ব ত্যাগ করতে পারি, তবেই ঈশ্বরের আশীর্বাদ লাভ করা যায়। পাওয়া যায় সবকিছু।

সাম্প্রতিক অতিতের পৃথিবীর অন্যতম শ্রেষ্ঠ মানুষ মহাত্মা গান্ধি যিনি মানুষের উপর পূর্ণ নিয়ন্ত্রণ স্থাপন করে, ভারতীয় উপমহাদেশে এক নতুন সাম্রাজ্য স্থাপন করেন এক মাত্র অস্ত্র প্রয়োগ করে, একত্রীকরণ এবং সম্পূর্ণ আত্মত্যাগ, এমন একজন মানুষের পক্ষেই তা করা সম্ভব যিনি ঈশ্বরের উপর সম্পূর্ণরূপে আস্থাশীল, যার সমস্ত মানসিক ইচ্ছা আমার দ্বারা পরিচালিত যার দৃষ্টি আমাতে নিবদ্ধ।

নিজের ইচ্ছায় তিনি দরিদ্রতম মানুষে পরিণত হয়েছিলেন। যখন গান্ধিজি মারা যান তখন লুইস ফিসার লিখলেন, মানবতা দরিদ্র হয়ে গেল কারণ এক গরিব মানুষের মৃত্যু হল তুমি অবশ্যই পড়ে থাকবে, এই অসাধারণ মানুষের চলমান আত্মকথা, যা অত্যন্ত যত্ন সহকারে এবং এই মহামানবের চরিত্রটিকে উপলব্ধি করে, লুই ফিসারের মত বিখ্যাত আমেরিকান লেখক লেখেন। (Gandhi the Man and his Mission). Dr. হল হেইনসের 'My Gandhi' এবং ভিনসেন্টসয়ানের Lead kindly light; এই গান্ধীজীর প্রতি তাদের গভীর শ্রদ্ধা, মহান আত্মার জীবন, তার কর্ম এবং মহত্বে গভীর বিশ্লেষণ। অনুধাবনের মধ্য দিয়ে অন্য ধর্মে বিশ্বাসী। বিদেশী মানুষদের গভীর শ্রদ্ধার প্রতিফলন, আমি একধাপ এগিয়ে বলতে

চাই গান্ধীজিকে তার স্বদেশবাসী অপেক্ষা বিদেশের মানুষ সম্যকরূপে বুঝতে এবং চিনতে পেরেছিলেন।

মহাত্মা গান্ধির অসাধারণ জীবনকে একটিমাত্র শব্দে ব্যাখ্যা করা যায় 'ত্যাগ'

* এ্যাটেনরোপের ছবি 'গান্ধি'র অসামান্য সাফল্য কেবল নটি মাত্র অস্কার হয়ে সীমাবদ্ধ নয়। তার সাফল্য সারা পৃথিবীর মানুষের কাছে পৌঁছে যায় তার গভীর আত্মত্যাগের নিবেদন।

❑❑❑

১৪

ঈশ্বরের নিবাস (গৃহ)

"তুমি জাননা, তুমি ঈশ্বরের মন্দির।

পরমাত্মারূপি ঈশ্বর তোমাতেই অধিষ্ঠান করেন।"

I Cor. 3 : 16

ধর্মীয় সাহিত্যের মধ্যে মিল :

পৃথিবীর বিভিন্ন দেশে এবং বিভিন্ন ভাষার লিখিত ধর্মীয় রচনায় গভীর সমদর্শিতা এবং মিল দেখা যায়।

টমাস কেম্পিন তার 'Imitation of Christ' গ্রন্থে লেখেন, যিশু তোমার কাছে আসবেন, তোমার মধ্যে তার বাসস্থান খুঁজতে, যদি তুমি প্রস্তুত করতে পার তোমাকে তার আদর্শ বাসযোগ্য রূপে।

হিন্দু ধর্মের মহাকাব্য রামায়ণের এক প্রচলিত অধ্যায়ে যেখানে ঈশ্বরের অবতার শ্রী রামচন্দ্র মহাকাব্যের শ্রেষ্ঠা মহর্ষি বাল্মিকীর সঙ্গে আলাপচারিতায় কিছুটা স্মরণ করি, রামচন্দ্র বনবাসে এসে মহর্ষির সঙ্গে সাক্ষাৎ করে, তারজন্য একটি সুন্দর বাসস্থান নির্বাচন করে দিতে বলেন। মহর্ষি তার প্রশ্নের উত্তর সরাসরি দেননি তিন প্রভুকে তার বাসস্থান সম্বন্ধে রহস্য করে বলেন—

এখানে রামায়ণের শ্লোকের আসল অর্থ লিপিবন্ধ করা হল—

যাহারা শান্ত, সাম্যদর্শী

যাহারা কোন জীবকে ঘৃণা করেন না, এবং তোমাতে সমর্পিত

তাহাদের সুন্দর বাসস্থান।

যারা ভালো মন্দ বিচার না করে
সর্বদা তোমাকে স্মরণ করেন
তাদের হৃদয় তোমার এবং সীতার
আদর্শ বাসস্থান।

যাহারা সর্বদা তোমার পবিত্র নাম জপেন
যাহারা তোমার কাছে সম্পূর্ণ রূপে নিজেকে সমর্পণ করেন
যাদের স্বার্থবোধ বা আকাঙ্ক্ষা নেই
তাদের হৃদয় তোমার সুন্দর বাসস্থান।

যাহারা অহমিকাহীন পছন্দ অপছন্দের উর্দ্ধে
যাহাদের দৃষ্টি, যাহারা পৃথিবীর মত শীতল
এবং স্বর্ণের দ্যুতির মত উজ্জ্বল
তাদের হৃদয় তোমার স্বর্গের বাসস্থান তুল্য।

যাদের মন এবং জ্ঞান তোমাতে নিবেদিত
যাহারা সর্বদা তৃপ্ত এবং কর্মফল তোমাকে
সমর্পণ করেন, তাহাদের হৃদয়ই
পবিত্র বাসস্থান।

যে সকল মহাত্ম পাপকার্যে লিপ্ত হয়না—
যাহারা পুণ্য কর্মের ফলে প্রত্যয়ী নয়
যারা প্রকৃতির সকল বস্তুর সঙ্গো একাত্ম হতে পারেন
যাহারা সর্বদা তোমার স্মরণ করেন
তাদের হৃদয় পবিত্র বাসস্থান।

জন্ম, বুদ্ধি, ক্ষয় এবং মৃত্যু দেহের স্বাভাবিক ধর্ম কিন্তু আত্মার নয়
যারা এই বোধে বিশ্বাসী, ক্ষুধা, তৃষ্ণা, আনন্দ বা যন্ত্রণা
কেবল দৈহিক সম্পর্কের, এবং যারা পার্থিব সকল কিছু থেকেই
মুক্ত, তাদের হৃদয়ই হতে পারে, তোমার পক্ষে পবিত্র বাসস্থান।

যিনি সর্বত্র তোমাকে দেখেন, সর্বত্র সদা
তোমার প্রকৃতি, অনুধাবন করেন, একমুহূর্তও
তোমা বিনা অন্য চিন্তায় মগ্ন থাকেন না
পদ্মস্বরূপ তাদের হৃদয়ে তোমার বধুর সঙ্গ
যাপনের শ্রেষ্ঠতম স্থান।
যারা সর্বদা তোমার চরণে আশ্রয়লাভে উন্মুখ
যারা সর্বদা তোমার নাম জপ করেন, তোমার
পবিত্র নামে যারা পাপ স্খালন করেন
তুমি সীতাকে নিয়ে সেখানে বাস করতে পার।
এভাবে মহর্ষী তার বাসযোগ্য স্থানের উল্লেখ করেন।
হে রাম, কেমন করে আমি তোমার পবিত্র,... তোমার
বিশালত্ব ব্যাখ্যা করি, যার-দ্বারা আমি পেতে পারি ঋষিত্ব।

উল্লেখ্য : বাল্মিকী যিনি প্রথম জীবনে দস্যু ছিলেন, যিনি পবিত্র রাম নামে নিজেকে মহর্ষিরূপে প্রতিষ্ঠিত করেন। তার পরিবর্ত্তনের কাহিনী পরবর্ত্তী অধ্যায়ে আলোচিত হবে।

❑❑❑

১৫

কেমন করে অকারণ সমালোচনা এবং কুৎসার মুখোমুখি হতে হয়

"যখন আমাকে কেউ আঘাত করে, আমি চেষ্টা করি
আমার হৃদয়কে অনেক উপরে তুলে ধরতে।
যা তাকে স্পর্শ করতে পারে না।"

–Descartes

'আমি এবং 'আমার'—এই বোধ আমাদের কাছে অসুস্থতার নামান্তর মাত্র :

আমাদের মধ্যে যারা সর্বোত্তম তারাও পার্থিব বিষয় থেকে নিজেদের দুরে সরিয়ে রাখতে পারি না। আমাদের আন্তরিক প্রচেষ্টা সত্বেও, আমাদের চারপাশের মানুষ আমাদের নিজের পথে চলতে বাধা দেয়। তুমি তাদের স্বার্থ হানী না ঘটালেও তাই আমাদের চার পাশের মানুষের সঙ্গো আমাদের মানিয়ে চলতেই হয়। অন্যভাবে বলতে গেলে এই পৃথিবীতে বাস করতে গেলে, এছাড়া তোমার অন্য কোনো পথ নেই।

এমন কী সর্বোচ্চ জ্ঞানের অধিকারী মানুষ যিনি মহান এবং সুচিন্তক তিনি এই সকল পার্থিব সমস্যা থেকে মুক্ত নন, তাকেও অকারণ সমালোচনা এবং কুৎসার মুখোমুখি হতে হয়।

এটা একেবারে সত্য, যে মানব চরিত্রের এক অন্যতম বৈশিষ্ট্য সে অপরের ক্ষুত খুঁজে বেড়ায়। তাদের যন্ত্রণার কারণ ঘটায়, এবং অপরের সাফল্যে ঈর্ষান্বিত। তাই আমাদের সান্ত্বনা পেতে হবে এই ভেবে যে

আমরা কেহই এই পরনিন্দা পরচর্চা থেকে রেহাই পাই না যতই আমরা নিষ্পাপ বা শক্তিমান হই না কেন।

তাই সেক্সপিয়ার বলেন—

'তুমি বরফের মত বিশুদ্ধ, তুষারের মত নিখাত হলেও মিথ্যা অপবাদ থেকে রেহাই পাবেনা।

Hamlet III, 1.

কোন ব্যক্তি, কোন চারিত্রিক মহাত্ম্য ও নিন্দা বা কুৎসাকে এড়াতে পারে না। নিষ্পাপ মনও আঘাতপ্রাপ্ত হয়।

রাজা যতই ক্ষমতাবান হন না কেন, তিনি কি পারেনা সমালোচনা থেকে রেহাই পেতে?

Measure for Measure, Act III. Scene. II.

"জনরব হল বাঁশী",

তাঁকে বাতাস দেয় সন্দেহ, ইর্ষা এবং আন্দাজ।"

Harry IV, Scene. II.

যার কিনার তরবারি অপেক্ষা ধারালো

যার জিহ্বা নীল নদের তীরের কীট পতঙ্গ অপেক্ষা বিষাক্ত,

যার নিশ্বাস ঝড়ের থেকে তিব্রতর এবং বিশ্বাস হীনতা আচ্ছন্ন,

পৃথিবীতে আগত রাজা, রানী, প্রজা, চাকর প্রতিপালক

তাদের মধ্যে কুৎসারূপ বিষাক্ত শাপ প্রবেশ করে অজান্তে।

–Cymbeline, III-4

এটা কি রহস্যময় নয় যে আমাদের মধ্যে বেশিরভাগ মানুষই কখনও কখনও দোষীরূপে চিহ্নিত হওয়া উচিত নয়। অতিতের কুৎসাকে প্রশ্রয় দেওয়ার জন্য, অথবা সবসময় সচেতনভাবে সেক্সপিয়ার অপেক্ষা কে এটা তুলে ধরতে পারে।

যে আমার টাকার থলি চুরি করল, সে চুরি করল আবর্জনা

কেউ যদি আমার সুনাম চুর করে, তবে লাভবান হয়না—

–Otbello

যখন আমরা আড়ম্বরহীন সৎকর্ম বা ধর্মীয় ক্রিয়া কলাপের কথাগুলি, লোভ বা আকাঙ্ক্ষা ত্যাগ করে সুনাম অর্জন বা সহযোগী মানুষের বা বন্ধুবান্ধবের প্রশংসা লাভ করা বেশ কঠিন কাজ, বিশেষ করে যা তোমার প্রতি সদয় নয়। কিন্তু এগুলি ভালোকাজ করার পক্ষে সদর্থক পদক্ষেপ, ভালো কাজের মূল, সকলেই মনে করেন দান করা, চাঁদা দেওয়া অথবা সামাজিক কাজে অংশ নেওয়ার মধ্যে দিয়ে আমরা সুনাম অর্জন করতে পারি। জনপ্রিয়তা অর্জনের কোন সীমা পরিসীমা থাকে না এবং এ জন্য এমন অনেক সংঘ যারা তাদের অর্থদাতা পৃষ্ঠাপোষকদের কাছে ঋনি থাকেন। কিন্তু এমন কিছু মানুষ আছে, যারা মনে করে না মহৎ উদ্দেশ্যে ভাল কাজ বিনয়, নিয়মানুবর্তি এবং আত্মসংযমের প্রয়োজন, তারা অস্তিত্ব ত্যাগ করতে পারে না। এটা আমাদের অনেকেরই রোগ বিশেষ। তাইতো ধর্মগুরু বাত আড়ম্বরহীনতাকে এত গুরুত্ব দেন।

তবে কেন আমি কেন জনপ্রিয় হতে চাইব যেখানে আমাকে সমালোচনার মুখোমুখি হতে হবে। আসলে এদুটি পরস্পর সম্পর্কযুক্ত, কোন ভাল কাজে উৎসাহ বা যুদ্ধ করে কিন্তু এইরূপ কাজ যদি সঠিক নিয়ম না মেনে করে হয়, তবে আমাদের ভুগতে হয় বেং তা ভস্মে পরিণত হয়।

আমরা প্রায়শঃ সকলেই এই ভুলটি করি, যেমন সমালোচকদের শান্ত করার বা তুষ্ট করার চেষ্টা করি, কখনও বা ঘুষ দেবার চেষ্টা করি। আসলে আমরা আমাদের সমালোচকদেরই পুরস্কৃত করছি, যদি আমরা কিন্তু আমরা সাফল্যও দৃষ্টি দিয়ে দেখি। এ ধারণায় পৌঁছানো যায় যে তোমার কাজ তাকে খুশি করেনি, তাকে আমরা ঘুস দিতে চাওয়ায় অর্থ আমরা তার অন্য আবদারের শিকারে পরিণত হয়েছি।

তাই আমাদের উচিত অকারণ সমালোচনা বা চাটুকারিতা দুর্যোগের উপেক্ষা করা, কারণ দুটোই আমাদের ধ্বংসের কারণ। তাই অভিজ্ঞ ব্যক্তি বলেন, অনুমোদন বা সমর্থনকে সাদরে গ্রহণ কর এবং প্রশংসাকে মূল্য দাও। তাই গ্রহিতার কাছ থেকে তোমার চাহিদা অথবা প্রশংসা পেতে স্বার্থহীন হও, এটাই অভিজ্ঞ জ্ঞানী ব্যক্তিদের নির্দেশিত পথ। আমি মনে করি এটাই তোমার পক্ষে শ্রেয়। কারণ এভাবেই তুমি তৃপ্ত হবে। "ভয়ই হচ্ছে সুরক্ষার সবচেয়ে বড় অস্ত্র। যারা তোমার কর্মের দ্বারা প্রভাবিত।

কুৎসা এবং সমালোচনার মোকাবিলার পদ্ধতি :

আমাদের ধর্মগ্রন্থের নির্দেশিত পথই কুৎসা এবং সমালোচনা থেকে রেহাই পাবার আদর্শ পথ। যে কোনো অবস্থায় কুৎসা এবং সমালোচনায় উদাসিন থাক এবং প্রশংসার ক্ষেত্রেও একই পথ অবলম্বন করো। একমাত্র সর্তে যদি তোমার সমস্ত চেষ্টা, যত্ন, আদর্শ দ্বারা অনুপ্রাণিত হয়, যদি সমালোচনা সঠিক হয় তবে তা মাথা পেতে নাও এবং তা থেকে শিক্ষা নিয়ে নিজেকে সংশোধিত করো। এরূপ সমালোচনা যথার্থ এবং উপকারী, যদি তা অকারণ এবং অনৈতিক হয় তবে খ্রিস্টের পথ অবলম্বন করো।

তোমার সমস্ত ভাল বা মন্দ কাজ যদি মানুষের দারা সমালোচিত হয়, তোমার শান্তি বিঘ্ন করে,

তুমি সকলের জন্য তায়, তোমার কথা ভাবো

কোথায় আছে শান্তি এবং গৌরব?

সেটাকি আমার মধ্যে নয়?

যে অপরকে খুসি করতে চায়না

অপরের দুঃখকে ভয় পায় না,

সে শান্তিতে থাকে। — **Col. III. 2**

হৃদয়ের সমস্ত বিষাদ এবং চেতনার জন্ম ভয় এবং ব্যার্থ প্রেম থেকে ঈশ্বরকে ভয় পাও মানুষকে নয়

তারা অনেক বলে তাই তাদের কৃতিত্ব দিওনা— কারণ তুমি সকলকে খুশী করতে পারবে না,

পুত্র নিজের হৃদয় প্রভুকে সমর্পণ করো,

মানুষের বিচারকে ভয় পেওনা, কারণ

তারা তোমার সরলতা এবং পবিত্রতাকে আঘাত করে,

যতদিন যন্ত্রণা পাবে, তা তোমার মধ্যে ক্ষোভের

সৃষ্টি করে, তা থেকে দুরো থাকো, কারণ তা

তোমাকে সর্বত্র অনুসরণ করবে।

আমরা উপকৃত হতে পারি আব্রাহাম লিঙ্কনের বিখ্যাত উক্তি থেকে যারা তাকে এবং তার কর্ম পদ্ধতির অকারণ সমালোচনা করে,

তাদের কথা বুঝতে হবে এবং যথাসম্ভব কম প্রতিক্রিয়া দিতে হবে, কারণ আমি সবচেয়ে ভালভাবে জানি, আমি কী করেছি, আমি সবচেয়ে ভালভাবে জানি কেমন করে তা আমি করছি, যদি শেষে দেখা যায় আমি সঠিক পথ অনুসরণ করেছি, তবে তারা কি বলল তাতে কিচ্ছু এসে যায় না।

যদি আমি ভুল হই এবং সবাই বলে আমি ঠিক তাতে কিছু যায় আসে না।

এই পুস্তকের মূল উদ্দেশ্য প্রাচীন এবং আধুনিক অর্জিত জ্ঞানের মাধ্যমে উন্নততর জীবনের লক্ষে এগিয়ে যাওয়া। একজন বিখ্যাত আধুনিক মাত্র, হ্যারি, এমারসন ফডলিকের উক্তি উল্লেখ করা হচ্ছে—

"বেশির ভাগ মানুষ সমালোচনার বিষয়ে ভীষণ সংবেদনশীল।

অন্যের সচেতন মতামত ব্যতিত সামাজিক জীবন যাপনই সম্ভব নয়। তাই এই সমস্তই তাদের অসুস্থতার লক্ষণ রূপে প্রতীয়মান হয়। এই সমস্ত অস্বাভিক মানুষ প্রশংসা সাদরে গ্রহণ করে কিন্তু সমালোচনায় অসহিষ্ণু হয়ে ওঠে।

স্বাভাবিক মানুষ সমালোচনা গ্রহণ করে এবং প্রশংসাকে উপরি পাওনা হিসাবে মনে করেন।

❑❑❑

১৬

পবিত্রতা লাভের পথ–I

যদি তুমি আহার গ্রহণ করো, অথবা পান করো, অথবা যা কিছু করো, তা ঈশ্বরের মাহাত্ম্য স্বীকার করো।

—I Cor. 10:31

পবিত্রতার শিক্ষা গ্রহণ (লালন করা) :

আমরা দেখেছি জ্ঞানী মার্কস অরেলিয়াস বলেছেন, জাগতিক সম্পর্ক তুচ্ছ মনে করে চারিত্রিক পবিত্রতাকে লালন করে, পবিত্র পথ অনুসরণ কর, পবিত্রতা শেষ নয় এটি একটি অবলম্বন, পবিত্রতা বাহ্যিক প্রদর্শনের বস্তু নয় অন্তরের অবস্থা মাত্র। চাওয়া মাত্রই একে লাভ করা যায় না, মূল্য দিতে হয়, এবং তার জন্য প্রয়োজন নিয়মানুবর্তিতা, পর্যবেক্ষণ এবং কষ্টসাধ্য অনুশীলন।

বড়দিন পালনের জন্য আমাদের 'ক্রিষ্টমাস ট্রি' লাগাতে হয়, বাড়িঘর সাজাতে হয়, এই সমস্ত উপকরণ ছাড়া উৎসবের পরিবেশ সৃষ্টি হয় না ফলে উৎসবের আনন্দ জমে ওঠে না।

অপরদিকে পরিবারের কোন সদস্যের মৃত্যু হলে আমরা পোশাক পরিচ্ছদ এবং শোক বিহ্বল অবস্থা দেখে তা বুঝতে পারি।

একজন অভিজাত ব্যক্তি তার মহামূল্য লিমুদিন, তার রুচিশীল বাংলো, সযত্নলালিত বাগান এবং সুসজ্জিত গৃহউপকরণের মাধ্যমে তার আভিজাত্য প্রকাশ করে।

তেমনিভাবে আমাদের চিন্তার, কর্ম্মে এবং জীবনে পবিত্রতা আনতে সঠিক পরিবেশে জীবন যাপন করতে হবে। তাইবলে এটা মনে করতে

হবে না যে উচ্চমার্গের জীবন যাপন করতে কোনো কৌপিন পরে, ছাই মেখে জীবন যাপন করতে হবে। কিন্তু আড়ম্বর এবং বিলাস বহুল জীবন যাপন আধ্যাত্মিকতা লাভের অন্তরায় হতে পারে। শুধু পরিষ্কার পরিচ্ছন্নতাই ঈশ্বর ভক্তির লক্ষণ নয়, তারজন্য প্রয়োজন সরলতা এবং আড়ম্বরহীনতা। তাই আধ্যাত্মিক জীবন লাভে পোষাক, বসাস্থান প্রভৃতির যেমন পরিবর্ত্তন প্রয়োজন, তেমন প্রয়োজন অন্তরের সুদ্ধ চিন্তার বীজ বপন।

হিন্দুত্বের পবিত্র ধর্মগ্রন্থ পবিত্রতাকে এভাবে আরোপিত করেছেন যে এই মহৎ গুণ প্রার্থীর মানুষকে পুণ্যাত্মায় রূপান্তরিত করে।

নম্রতা, ভনিতাহীনতা, অক্ষতিসাধনের মনোভাব, ঈশ্বরের কর্মে আসক্তি, ন্যায়-অন্যায়ের বোধ, শান্তিপ্রিয়তা, বিশুদ্ধতা, গতিশীলতা, আত্মসংযম, ইন্দ্রিয় সুখের অনিচ্ছা, অহংকারহীনতা, জন্ম, মৃত্যু, বার্ধক্য, রোগ-যন্ত্রণার প্রতি সদা অনাসক্তি এবং স্ত্রী-পুত্র পরিবারের মধ্যে বাস করেও তা থেকে দূরে থাকা, আনন্দে এবং শোকে অবিচল থাকা, ঈশ্বরের প্রতি সতত আনুগত্য, বিষয়াসক্ত মানুষ থেকে দূরে থাকার প্রবণতা, আধ্যাত্মিক জ্ঞান লাভের ইচ্ছা, জ্ঞানের উপযোগীতাকে অনুধাবন করা এবং বুঝতে পারা প্রকৃত জ্ঞান কী?

উপরে উল্লেখিত গুণসকল অনুশীলনই পবিত্রতা লাভের পথ।

উল্লেখ্য : অন্তরের সংস্কৃতিই বাহ্যিক রূপের প্রকাশ ঘটায়। সন্দেহ নেই তালীকাটি যথেষ্ট বড় কিন্তু মানসিক কেন্দ্রিকতার মধ্য দিয়ে সমস্ত গুণগুলি অর্জন করা যায়, যা আমাদের মন এবং হৃদয়ের গুণাবলির বিকাশ ঘটায়, উন্নতি করে।

যেমন কোনো স্থানে পৌঁছাবার অনেক রাস্তা থাকে। তেমনিভাবে ধর্মীয় কাজেও বাধা ধরা জীবনযাপনের প্রয়োজন নেই, যেমন ইন্দ্রিয়শক্তি দমনের জন্য প্রতিটি ধর্মেই উপশমের কথা বলা হয়েছে কিন্তু তা যদি তার আত্মতুষ্টি না ঘটায় তবে তা কোন কাজের নয়। তাই আমরা ঈশ্বররূপে জীব সেবার বিষয় করি সঙ্গো পরিচিত। যা আমাদের মানুষের দুখের কষ্টের সমব্যথী হয়ে আমাদের নিজেদের ভুলে থাকতে সাহায্য করে।

প্রত্যেক ধর্মই দানশীলতাকে গুরুত্ব দেয়। সেই অর্থে দরিদ্র মানুষ আমাদের সাহায্যই করে। কারণ আমরা দানের বিনিময়ে কিছু প্রত্যাশা করিনা, কারণ তাদের দেওয়ার অবস্থাই নাই। বদান্যতা বা দানশীলতা আমাদের আত্মত্যাগ-এর প্রতীক মাত্র নয় তা ভাগ হীন মানুষের কাছে তার পরিচিতি গড়ে তোলে।

তাই এটা বলার অপেক্ষা রাখেনা যে যদি তুমি মহৎ গুণ অর্জন করতে চাই তবে সমমনস্ক মানুষের সঙ্গো মেলামেশা করতে হবে এবং আত্মগর্বী মানুষ থেকে দুরে থাকতে হবে। তাই সমমনস্ক মানুষেরা মিলিত হলে তারা তাদের সাধারণ পছন্দের বা সাধারণ স্বার্থ সম্বন্ধিত বিষয় নিয়ে কথা বলে, পৃথিবীর সমস্ত ধর্মই সাধুসঙ্গোর কথা বলে।

আমরা ক্ষমতাবান মানুষের প্রশংসা করা, তাদের এই প্রশংসা তাগের দক্ষতা আদর্শ আমাদের সেই পথে চালিত হতে, উৎসাহিত করে। মহাত্মাদের অনুসৃত পথ আমাদের পথের প্রদর্শক হিসাবে কাজ করে, তাই আমরা তাদের সাহায্য প্রার্থনা করি।

তাই ভিনসেন্ট সিয়ান এবং গান্ধীজির সাক্ষাৎকারের বিষয়টি আলোচনা না করে পারবনা। যে তার অনুভব যে মহাত্মার সঙ্গো সাক্ষাৎকার তাদের জীবনের এক পরম লাভ যা কেবলমাত্র তার ইহজীবনের নয় এমনকী পরকালেরও পাথেয়।

ঈশ্বরের (স্মরণ) নাম জপ :

প্রাত্যহিক কাজের মত ঈশ্বরের নাম জপ করা প্রয়োজন, তা আমাদের প্রতিটি কর্মকে সহজ করে তোলে। আমরা আমাদের কর্মে তাকে সঙ্গি করে তুলতে পারি, তাকে স্মরণ করে, তার সঙ্গো কথা বলে, তার পরামর্শ ভিক্ষা করে, তাকে আমাদের কাজের প্রদর্শক, পরিচালক হতে, এমন কী তাকে বাধ্য করতে পারি আমাদের ভালোবাসতে। ধর্মগ্রন্থে অনেক সময় সাধারণ মানুষকে বোঝাবার জন্য পার্থিব ঘটনা সমূহ বা অভিজ্ঞতাকে ধর্মীয় সত্যতা প্রমাণে ব্যবহার করে, একজন ভক্তে অবিরাম ঈশ্বরের নাম জপ করাকে, কোনো নারীর তার প্রেমিকের কথা সবসময় ভাবনা করার সাথে তুলনা করা হয়, নারী তার স্বাভাবিক কাজকর্ম করতে করতে অবিরাম

তার প্রেমিকের কথা ভাবে, চেতনায় তার প্রেমাস্পদের দৃষ্টি ভাসে, এমনকী কল্পনায় তার প্রেমিকের সঙ্গে বাক্যালাপও করে, তেমনভাবে শত ব্যস্ততার মধ্যেও ভক্ত তার চেতনায় সর্বদা ঈশ্বরকে অনুভব করেন।

ভারতবর্ষে মানুষের বিনোদনের একটি অন্যতম বিষয় মহাকাব্য বা পুরাণের গল্পের বিষয়গুলিকে গানের আকারে সমবেত কণ্ঠে গাওয়া হয় এবং গানের বিষয় অবশ্যই ঈশ্বর কেন্দ্রিক। তার মহিমা কীর্তনই মূল উদ্দেশ্য, যা আমাদের বাইবেলের একটি উক্তি মনে করিয়ে দেয়।

—"যেখানে দুজন বা তিনজন মানুষ একত্রিত হয়ে আমার নাম স্মরণ করে, আমি সেখানে ঠিক মাঝখানে অবস্থান করি।"

—Chapter 18 of the Gospel according to Mathew.

শ্রোতাদের উৎসাহও কম থাকে না। উত্তেজনায় তাদের দেহ কম্পিত হয়, তারা আনন্দে অশ্রু মোচন করে, তাদের শরীরের রোম খাড়া হয়ে যায়, কেউ বা মূর্ছাও যায়।

অন্য একটি অধ্যায়ে বলা হয়েছে যে সাধারণ মানুষ আর সাধারণ চিন্তা বা ভাবনার বাইরের বিষয়ের রস গ্রহণ করতে বা তা উপভোগ করতে পারে না। তাকে ধাপে ধাপে সেই রস গ্রহণের উপযুক্ত হতে হয়। আর সেই অবস্থাকে কখনই উপহাস করতে নেই, উন্নত জীবন লাভের প্রথম বিষয় বিশ্বাস; বিশ্বাস ঈশ্বরের প্রতি উচ্চতর জীবনে বিশ্বাস এবং উন্নততর মহৎ আনন্দের প্রতি বিশ্বাস। তাই জ্ঞানের আলোকে আলোকিত মানুষের কর্তব্য এই ধর্মপ্রাণ মানুষগুলি শিক্ষা দেওয়া। পাশ্চাত্যের মানুষ তাই ভারতে এসে এখানকার ধর্মীয় ব্যাপার স্যাপার বুঝতে বা নির্দেশ পালনে বেশ কষ্টকর অবস্থায় পড়ে যায়। এটা খুব কম ঘটে যে মানুষের পাপের বিষয় বোঝাতে স্থুল বিষয়কে তুলে ধরা হয়। ঈশ্বরের নাম স্মরণ এবং গুণকীর্তন আমাদের বাহ্যিক জগৎ থেকে দুরে সরিয়ে রাখে, সাময়িকভাবে হলেও শ্রোতা তখন নিজের মধ্যে ঈশ্বরের অনুভূতি লাভ করতে থাকে। আসলে এসমস্ত গল্প ঈশ্বরের গরিমা তার ন্যায়পরায়নতা, তার সদগুণের প্রকাশ করে।

❑❑❑

১৭

পবিত্রতা লাভের উপায়-II

তারই তীর্থ ভ্রমণ সার্থক হয়—

যিনি স্বর্গের অস্তিত্বে বিশ্বাসী।

—মার্কাস অরেলিয়াস

তীর্থযাত্রা : তিনটি নির্দিষ্ট নিয়ম—

আমরা জানি, প্রতিটি ধর্মেই সাধারণভাবে তীর্থযাত্রার বিধান রয়েছে।

তীর্থযাত্রী বলতে আমরা বুঝি যখন মানুষ কোন পবিত্র স্থানে ধর্মীয় ব্যাপারে ভ্রমণ করে, মার্কাস অরেলিয়াস আমাদের জীবকেই এক তীর্থযাত্রা রূপে আখ্যায়িত করেছেন, আমেরিকাতে পৌরাণিক তীর্থযাত্রীদের নির্দিষ্ট ভূমিকা ছিল। প্রতি ধর্মের কিছু নির্দিষ্ট তীর্থ আছে; যেমন—জেরুজালেম, মক্কা, বেনারস, বুদ্ধগয়া এবং এমন অনেক স্থান এবং প্রতিটি ধর্ম তাদের অনগামীদের নির্দেশ দেয় তীর্থ যাত্রায় অংশ গ্রহণ করতে, স্থানগুলির পবিত্রতা এবং মাহাত্মকে উপলব্ধি করার জন্য হিন্দু সন্ন্যাসীদের জীবনের একটি পর্যায়ে নিরন্তর ব্যস্ত থাকার জন্য তাদের দীর্ঘদিন একস্থানে বসবাস করা বারণ।

প্রতিটি তীর্থযাত্রার তিনটি ভিন্ন বিষয় আছে :

তীর্থ, তীর্থস্থান এবং সেখানে করনীয় কর্তব্য। কোন স্থানের পবিত্রতার বিষয়টি বিশ্বাস এবং মানসিকতার উপর নির্ভর করে এবং এই সকল স্থানগুলিকে ঘিরে অনেক গল্প গড়ে ওঠে। তাদের সাতন্ত্রতা বোঝাতে, তীর্থযাত্রায় তীর্থযাত্রীদের মনে ভাসতে থাকে সেখানকার পবিত্রতা এবং সাধু সজ্জনদের ক্রিয় কর্ম যা ঐ স্থানের মাহাত্ম্য বৃদ্ধি করে।

তীর্থ যাত্রীর মনই সৃষ্টি করে তীর্থস্থান। প্রথমে সৃষ্টি হয় যাত্রার প্রতি গভীর আকাঙ্ক্ষা। তারপর যখন যাত্রার বিষয়টি স্থির হয় তখন তা ভীষণভাবে তার মনকে, কল্পনাকে প্রভাবিত করে, তীর্থস্থানগুলি সাধারণ লোকালয় থেকে দূরে অবস্থিত হয় এবং সেখানে যাতায়াত ছিল কষ্টসাধ্য। যখন মানুষ বহুদিন এমনকি মাসের পর মাস তীর্থভ্রমণের জন্য বাড়ির বাইরে থাকতে বাধ্য হন তখন তাদের পার্থিব সম্পদ অন্য মানুষের তত্ত্বাবধানে রেখে যেতে হয়। এমনকী নিজে শরীরের প্রতি যত্নও সঠিকভাবে নেওয়া হয় না, নিজেকে প্রস্তুত রাখতে যে কোনোরূপ কষ্ট বা প্রকিতূলতার মুখোমুখী হওয়ার জন্য।

সময়ে এটা গভীরভাবে প্রোথিত থাকে মনে, অর্থাৎ সমস্ত সময় তীর্থযাত্রীর মনে তীর্থ বাসা বেঁধে থাকে এবং দিনের পর দিন তীর্থে তীর্থে ঘুরে তার মানসিকতা অনেক ঊর্দ্ধে উঠে যায়। কারণ তার মনে অন্য স্থানগুলির প্রাসঙ্গিকতা একদমই অপ্রাসঙ্গিক হয়ে পড়ে। সমস্ত মন প্রাণ জুড়ে থাকে কেবল পবিত্র তীর্থস্থান। কেউ কি এ লক্ষ্যে পৌঁছতে পারে, উপস্থিত হতে পারে, পবিত্র স্থানে পবিত্র হয়ে, যদি কোন ঘটনায় কারও তীর্থযাত্রা বন্ধ হয়ে যায় তখন কী ঘটে? এমন অনেক প্রতিবন্ধকতা আসে তীর্থ যাত্রায়, এমন প্রতিকুলতা তো আমাদের প্রাত্যহিক জীবনেও আসে।

তীর্থযাত্রার পূর্বে এবং তীর্থে অনেক কৃচ্ছসাধন করতে হয়। অনেক ধর্মে, উপবাস, সৎপথে থাকা, যোগ সাধনা এবং জপতপের বিধান রয়েছে। একটি নির্দিষ্ট রংয়ের পোশাক, চুল দাড়ি না কাটারও বিধান দেয় অনেক ধর্ম। অন্ততপক্ষে একটি কুঅভ্যাস ত্যাগ করতে হয় এসময়। তীর্থভ্রমণে সঙ্গিাদের অনুরোধ পালন করা, তাদের প্রয়োজনে সাহায্য করা অবশ্যই কর্তব্য বলে মনে করতে হয়।

তীর্থভ্রমণের উদ্দেশ্য :

তীর্থভ্রমণের মূল উদ্দেশ্য কী? কারণ সঙ্গাতভাবে বলা যায় মহৎচিন্তার অনুশীলন এবং আত্মত্যাগ কৃচ্ছসাধনার মধ্য দিয়ে এক মহৎ জীবন লাভের উদ্দেশ্যেই তীর্থ ভ্রমণ করা হয়। দেহ, মন এবং বোধবুদ্ধির এবর তাদের কার্য আমাদের আত্মার শুদ্ধিকরণের মধ্য দিয়ে উন্নত জগতের সন্ধান

দেয়। কু-অভ্যাস, স্বার্থপরতা এবং নীচতা থেকে আমাদের দুরে রাখে তীর্থ যাত্রা। যা নতুন আঙ্গিকে জীবন প্রবাহিত করে। পবিত্রতার পবনে ইন্দ্রিয় সুখকে অতিক্রম করে আধ্যাত্মিক জীবনের শান্তি গ্রহণ করতে সক্ষম হয়। তীর্থ ভ্রমণ সেরে তীর্থযাত্রী যখন তার নিজ বাসস্থানে পুনরায় ফিরে আসে তখন কী তীর্থভ্রমণের অভিজ্ঞতা, পূর্ণতা তারা জীবনকে অনপনেয় গড়ে তুলতে ব্যর্থ হয়।

তীর্থযাত্রীদের সম্বন্ধে অনেক চমৎকার গ্রন্থ আছে। কানিয়নের 'The Pilgrims's Progress' দুর্ভাগ্য বশত একটি বা একমাত্র (লিও টলস্টয়ের লেখা দুই বৃদ্ধ বন্ধুর তীর্থ ভ্রমণ সম্বন্ধে একটি অতি সুন্দর গল্প আছে। "কারই এ লেখাটি পড়ার সুযোগ নষ্ট করতে নেই। অস্বাভাবিক ঘটনায় এক অদ্ভুত অভিজ্ঞতার কথা বর্ণনা করা হয়েছে এতে যা ধর্মপ্রাণ বা অসাম্প্রদায়িক মানুষের কাছে বেশ আকর্ষণীয় বোধ হবে, যা একজন বিখ্যাত বৈজ্ঞানিক-এর তীর্থ সম্পর্কিত অভিজ্ঞতার ফল। ডঃ এ্যালেক্স ক্যারেল একবার বিখ্যাত তীর্থক্ষেত্র লাউর দেশে এসে যক্ষা রোগীর সংস্পর্শে আসেন এবং সেখানে কতগুলি অদ্ভুত ঘটনার সাক্ষী থাকেন। এটা যুবক ক্যারেলের কাছে সত্য ঘটনার মুখোমুখি হওয়ার যাত্রা ছিল। যেমন ডঃ এ. জে. করলিন বলেন চিকিৎসা জগতের লোকেরা কদাচিৎ অলৌকিক ঘটনাকে বিশ্বাস করেন, তাই ডঃ ক্যারেলের বিবৃত ঘটনা যথেষ্ট বিশ্বাসযোগ্য এবং মূল্যবান। অদ্ভুতভাবে যখন ঐ রোগী নিরাময় লাভ করেন তখন তিনি আন্তরিক প্রার্থনার ক্ষমতা উপলব্ধি করেন, এবং তার লেখার মধ্য দিয়ে এবিষয়ে তার অভিজ্ঞতা মানুষের কাছে পৌছে দেন।

❑❑❑

১৮

নতুন ধারণা অথবা প্রাচীন

জ্ঞান লাভ হয়, বোধ বা উপলব্ধি আসে পরে,

—দি বাইবেল।

পরিবর্ত্তন মানেই উন্নতি নয়,

সমস্ত জ্ঞানই বিজ্ঞতা নয়।

—আব্রাহাম লিঙ্কন।

পৃথিবীর সকল বস্তুর প্রতি শ্রদ্ধাবোধ :

আপনি নিশ্চয় হিন্দুধর্মের মহাকাব্য মহাভারতের কথা শুনেছেন, যার সম্বন্ধে পূর্ববর্তী অধ্যায়ে আলোচনা করা হয়। যার মূল উপপাদ্য যুদ্ধ বিদ্যায় পারদর্শী এক হাতী, যেখানে দুপক্ষের প্রধান চরিত্র যুধিষ্ঠির এবং দুর্যোধন, যাদের মানসিকতা এবং কার্যকলাপ একেবারে বিপরীতমুখী। এক্ষেত্রে দুটি উদাহরণ এটা স্পষ্ট করে তুলবে।

তাদের অস্ত্রগুরু দ্রোণাচার্য সহজ, সরল, সত্যবাদী যুধিষ্ঠিরের প্রতি একটু বেশি পক্ষপাতিত্ব করতেন, এতে দুর্যোধনের অন্ধ পিতা, ধৃতরাষ্ট্র ক্ষুব্ধ হতেন এবং এ বিষয়ে গুরু দ্রোণের কাছে অভিযোগও আনতেন। আচার্য দ্রোণ একটি পরীক্ষা করতে চাইলেন, যে তার এই পক্ষপাতিত্ব সঠিক কিনা। একদিন অন্ধ রাজার উপস্থিতিতে তিনি তাদের উভয়কে একটি করে স্বর্ণমুদ্রা দিলেন, এবং তাদের বললেন এই মুদ্রা দিয়ে তারা ইচ্ছেমত জিনিস কিনে একটি অন্ধকার কক্ষ পূর্ণ করতে। দুর্যোধন বাজার করে কয়েকটি গরুর গাড়ি বোঝাই করে খড় এনে তার জন্য নির্দিষ্ট কক্ষটি পূর্ণ করলেন। অন্যদিকে অপর রাজকুমার একটি সুন্দর ছোট প্রদীপ এবং

কিছু পরিমাণ তেল কিনে আনলে এবং আলো জ্বেলে তার জন্য নির্দিষ্ট কক্ষটি আলো দিয়ে পূর্ণ করলেন।

আবার অন্য একদিন তিনি উভয় রাজকুমারের পরিক্ষা নিলেন। দুর্যোধনকে প্রথমে ডাকা হল, তাকে বলা হল, তার বন্ধু বান্ধব, পরিচিত এবং নিকটবর্তী অঞ্চল থেকে এমন একজন মানুষ খুঁজে আনতে যিনি, দুর্যোধন থেকে রূপবান, ক্ষমতাশালী বা অন্য কোন গুণে শ্রেষ্ঠ। তিনি কিছুক্ষণ পর উৎফুল্ল চিত্তে ফিরে এসে বললেন, তিনি এমন কোন মানুষ খুঁজে পাননি যিনি রূপে গুণে তার থেকে শ্রেষ্ঠ।

এরপর অপর রাজকুমারকে এমনই কিন্তু একটি ভিন্নধর্মী পরিক্ষার সম্মুখীন হতে হয়। তাকে বলা হয় তার থেকে হীন গুণ সম্পন্ন একজন মানুষ খুঁজে আনতে। তিনি আন্তরিকভাবে সমগ্র রাজধানী শহর ঘুরে তেমন মানুষের খোঁজ করলেন এবং অবশেষে এসে বললেন তিনি ব্যর্থ হয়েছেন তার থেকে খারাপ মানুষ তিনি খুঁজে পাননি।

আপনি নিশ্চয় গল্পটির সারমর্ম উপলব্ধি করতে পারলেন। বহু পাশ্চাত্যের মানুষ ভারতবর্ষ ভ্রমণ করে তাদের অভিজ্ঞতা লিবিদ্ধ করেছেন। বিখ্যাত লেখিকা শ্রীমতি মেয়ো তার লেখায় ভারতের ডাইনী প্রথার ভয়াবহতায় আতঙ্কিত করেছেন এবং ভারতবর্ষে তিনি সুন্দর কিছুই খুঁজে পাননি।

গান্ধিজি তার লেখাকে পরিহাসছলে 'এক নর্দমা পরিদর্শনের প্রতিবেদন' রূপে আখ্যা দেন। রাস্তার মাঝখানে দাঁড়িয়ে পর্যবেক্ষণ করলে যে ভালমন্দ উভয় ঘটনা দেখতে পাবে এবং তার বিবরণ সহজবোধ্য এবং বিশ্বাসযোগ্য হবে। আবার কিছু মানুষ (লেখক) সাধারণ মানুষের দারিদ্র ছাড়া অন্যকিছু অপ্রীতিকর খুঁজে পাননি এবং ভারতের বহু কিছুর মধ্যে তারা সৌন্দর্য খুঁজে পেয়েছেন এমনকী অনুকরণযোগ্য এমন বহু বিষয়ের তারা সন্ধান পেয়েছেন।

এমনই একজন লেখক ভিনসেন্ট লিয়ান যিনি তার গ্রন্থে গান্ধিজীকে (অন্তর্দৃষ্টিবান) দূরদৃষ্টি, আন্তরীক এবং এক উদারমনস্ক মানুষ হিসাবে বর্ণনা করেছেন এবং আখ্যায়িত করেছেন আলোকদর্শী মহামানবরূপে। আর এই

মনোভাব কষ্ট কল্পিত নয় যে তিনি প্রাচীন ভারতের আদর্শে অনুপ্রাণিত হয়েছেন। তিনি অত্যন্ত বিচক্ষণতার সঙ্গো হিন্দুদের জীবন সম্পর্কীত বিষয়গুলি পর্যালোচনা করেন, বিশেষ করে তিনি হিন্দুদর্শন সম্বন্ধে অনেক পড়াশোনা করেন এবং গভীর আগ্রহের সঙ্গো হিন্দু দর্শনকে বোঝার চেষ্টা করেন।

আমার মতানুযায়ী ...ও ব্যর্থ হয়েছেন ভারতের হিন্দু দর্শনের সমস্ত দিক বুঝতে যেমন ভারতের হিন্দু দর্শন কেবলমাত্র জীবনকে মহিমান্বিত করেনি, পৃথিবীর সমস্ত বস্তুই শ্রদ্ধার যোগ্য এবং মহান।

যদি গোরু এবং বাঁদর হিন্দুদের কাছে পবিত্র বীররূপে প্রতিয়মান হয়, তবে সাপও তার কাছে পবিত্র সরিসৃপ। এমনকী একজন ভিক্ষুকও ভারতবাসী হিন্দুদের কাছে পবিত্র একজন ভিনদেশী পর্যটক যদি এসব দেখে অবাক হন তবে বলতে হয়—হিন্দুদের অরকম হাজার হাজার বিষয় আছে, যে তাদের আশ্চর্যান্বিত করবে।

কলা গাছ পবিত্র, জল পবিত্র, নদী পবিত্র। গরিব তার কাছে দরিদ্র নারায়ণ—দরিদ্রের বেশধারী স্বয়ং ঈশ্বর, অতিথি, শিক্ষক, পিতা-মাতাকে আমাদের দেশে ঈশ্বরের রূপে বর্ণনা করা হয়েছে। যেকোনো শুভ কাজের আগে হিন্দুগণ বয়স্ক মানুষের আশীর্বাদ প্রার্থনা করে তাদের সফলতার জন্য। শুধুমাত্র জীব বা জড় নয় আমাদের দেহের প্রতিটি কর্মই পবিত্ররূপে দেখা হয় হিন্দুশাস্ত্রে। ভোজন একটি পবিত্র কাজ কারণ আমরা খাদ্য গ্রহণের পূর্বে আমাদের খাদ্য ঈশ্বরকে নিবেদন করি, স্নান পুণকর্ম কারণ স্নান করার সময় হিন্দুগণ কল্পনা করেন তারা গঙ্গায় অবগাহনে করছেন এবং পবিত্র নদী গঙ্গাকে প্রণাণ করেন, হিন্দুশাস্ত্রে সঙ্গিত পবিত্র। এমনকী আধুনিক ছায়াছবিতে সঙ্গীতের মধ্য দিয়ে ঈশ্বরের বন্দনার দৃশ্য দেখান হয়। হিন্দু শাস্ত্রে নাচ ও একটি পবিত্র কর্ম, কিন্তু পাশ্চাত্যে নাচ বলতে যা বোঝায় তা কিন্তু নয়।

এমনকী ইন্দ্রিয় সুখসম্বন্ধীয় বিষয় যেমন যৌন সঙ্গাম ও পবিত্র বিষয় বলে বিবেচিত হয় হিন্দু দর্শনে। বিবাহ মাধ্যমে গর্ভদান অত্যন্ত পবিত্রকর্মরূপে বর্ণনা করা হয় কারণ তার মধ্য দিয়ে বংশগতির ধারা বজায় রাখা হয়।

এবং তার পবিত্র কারণ যৌন সঙ্গম দেহের অঙ্গ প্রত্যঙ্গ এবং মনের তৃপ্তি লাভ হয়। বিদেশিদের চোখে ভারতের হিন্দু দর্শনের সর্ববস্তুতে ঈশ্বর দর্শন তাদের নজর এড়িয়ে যায়।

এই ধারণা প্রাচীন হিন্দুধর্মকে মহিমান্বিত করে যা বর্বর বিদেশি সাম্রাজ্যবাদীদের কাছে একেবারেই অপরিচিত, অজ্ঞাত ছিল বিদেশি লুঠেরা বা বল্লিদের কাছেও। এই সদিচ্ছার সুবাস হিন্দুদর্শন ধর্মপ্রাণ এবং অসাম্প্রদায়িক মানুষের মধ্যে মিলনের সেতুরূপে কাজ করে।

এই বোধ দারিদ্র্যওকে মহিমান্বিত করে, অনাবিল আনন্দের দৃষ্টি করে এবং মানুষকে স্বধর্মে সহনশীল করে তোলে।

হিন্দুধর্ম উত্থান পতনের মধ্য দিয়ে এগিয়েছে। বিদেশি সভ্যতা অনেক কুপ্রভাব ভারতীয় সংস্কৃতিতে প্রবেশ করেছে এবং অজ্ঞতা তাকে জাগতিক সম্পদ লাভের ইঁদুর দৌড়ে সামীল করে নিয়েছে। ইন্দ্রীয় সুখ ভারতীয় সভ্যতায় অদ্ভুতভাবে ঢুকে পড়েছে। একথা অস্বীকার করবার উপায় নেই যে আবেগপ্রবণ ভাবে যুগের পর যুগ একই নিয়ম সমাজে চলতে পারে।

মানুষ জীবনের চারদিক :

হিন্দুধর্ম চারটি মূল বিষয় অর্থাৎ পুরুষার্থ নির্ভর। একজন মানুষের জীবনের এই চারটি মূল লক্ষ্য অবশ্যই প্রতিপালকন করা উচিৎ, সেগুলি হচ্ছে ন্যায়পরায়নতা বা পুণ্য লাভ (যা বাইবেলেও মানব জীবনের সর্বপ্রথম এবং সর্বপ্রধান কার্যরূপে বর্ণনা করা হয়েছে—তোমার জীবনের প্রথম লক্ষ্য হোক ঈশ্বরের রাজ্যলাভ) জাগতিক বস্তু লাভ, ইন্দ্রীয়সুখের আস্বাদন এবং সর্বশেষ ঈশ্বরের আশ্রয়লাভই মানুষের আকাঙ্ক্ষার বিষয়।

এই গুণগুলি খুব দ্রুত আয়ত্বাধীন করা যায় না। এই সমস্তই একজন প্রাপ্তবয়স্ক মানুষ একই সঙ্গে কিন্তু ধীরে কিন্তু নিশ্চিতরূপে অর্জন করে। ন্যায়পরায়ণতা অনুশীলনের মধ্য দিয়ে সে মুক্তিলাভ করে তখন অন্য দুটি নিশ্চিতরূপে তার করায়ত্ব হয়। আর্থিকভাবে সচ্ছলতা মানুষকে আত্মনির্ভরশীল করে এবং তখন তিনি অন্যদের সাহায্যে লাগতে পারেন। প্রতিটি মানুষের সুখ বা ভোগের তৃষ্ণা মেটানো উচিত নতুবা তার মন সর্বদা তাতেই ডুবে থাকবে এবং তার আধ্যাত্মিক উন্নতিতে বাধা স্বরূপ

হয়ে দাঁড়াবে, জ্ঞান লাভ কর, উপভোগ কর, একসময় ভোগের অবসান কর এবং এগিয়ে যাও।

আগের ধারণাগুলি অনুমান করে বলা যায় মানুষের জীবন চারটি আশ্রম বা পর্যায়ে বিভক্ত, যেমন 'ছাত্রজীবন বা শিক্ষা লাভের সময়, এরপর গার্হস্থ বা সামাজিক জীবন (বৈবাহিক জীবন) তৃতীয় অবসরকালীন জীবনযাপন যা অন্তিম জীবনের জন্য নিজেকে প্রস্তুত করব। যার আক্ষরীকভাবে সন্ন্যাসজীবন রূপে আখ্যায়িত।

জীবনের এই চারটি পর্যায় সাধারণ মানুষের জন্য করার একজন শিক্ষার্থীর জীবন বহু ঘটনাময় পূর্ণ এবং এসময় সে কঠোর তপস্যায় জীবনের গতিকে, তার জীবনধারাকে গড়ে তোলে।

আমি অবাক হব যদি আজকের আধুনিক সমাজ জীবনের এই ভগ্ন ভিন্ন পর্যায়ের ভাগ করার মধ্যে প্রাসঙ্গিকতা খুঁজে না পায়। ছাত্রদের কর্তব্য একান্তভাবে পড়াশোনায় ব্রতি হওয়া।

আজকের ছাত্রসমাজ কি তেমনটি করছে? কঠোর শৃঙ্খলাবোধ এবং অনুশাসন এই একজন মানুষের জীবনের ভীত গড়ে দেয় একজন আদর্শ মানুষ হিসাবে ভবিষ্যতে নিজেকে গড়ে নিতে, কিন্তু বয়সকালে আত্মসংযমের মধ্য দিয়ে জীবন গড়ে তোলা কঠিন।

একজন যুবক দৈহিকরূপে পূর্ণ সক্ষমতা লাভ করলে তাকে বৈবাহিক জীবনে প্রবেশ করিয়ে দেবার প্রয়োজন আছে, কিন্তু আজকের সভ্য সমাদ ঔষধ এবং মনস্তত্ত্বের উপর অধিক নির্ভরশীল তাই তাদের বিবাহিত জীবনে প্রবেশ ঘটে দেরীতে, তাই একজন নারী তার যৌবনে বিবাহ-বহির্ভূত সম্পর্কে জড়িয়ে পড়ে, তার সতীত্বকে নস্ট করে ফেলে এবং প্রকৃত মাতৃত্বের স্বাদ লাভ করে দেরিতে, অর্থাৎ তার ক্ষমতার সর্বোচ্চ পর্যায়ে থাকার সময় নয়।

অবসর জীবনে, একজন সরকারী কর্মচারী বা নিম্নশ্রেণীর মানুষ ব্যতিত কাউকে বার্ধক্য ভাতা দেওয়া হয়? একজন সফল ব্যবসায়ী, যিনি নিজেই নিজের কাজের নিয়ন্ত্রক, কে তাকে অবসর গ্রহণে বাধ্য করবে? তুমি প্রশ্ন করতে পার একজন সক্ষম মানুষ যিনি কাজ করতে আগ্রহী, কেন তিনি অবসর নেবেন কেন সরকারী কর্মচারীদের শর্তে আবদ্ধ করা হয়?

এর অনেক কারণ আছে এবং তার মধ্যে একটি অবশ্যই সাম্প্রদায়িক কারণে নয়। প্রত্যেকের জীবনে কর্মজীবন থেকে অবসরের প্রয়োজনীয়তা আছে, তার সমাজের জন্য কিছু করার জন্য এবং অবশ্যই আরও ভালভাবে, নিবিড়ভাবে ঈশ্বরের চিন্তায় নিজেকে নিবিষ্ট করে। সকলেই পরবর্ত্তীকালে কঠোর সাধনায় ব্যাপৃত হন না। আমার মনে হয় কেউ তেমনটি করতে চাননা। একজন মানুষ দীর্ঘ কাল জীবিত থেকে জীবনের একটি পর্যায়ে তার পূর্বে অনেক কাজ, অনেক বিষয় তাকে আগের মত তৃপ্ত করে না। বার্ধক্যে একজন মানুষ তার জীবনের বাতিকে ধীরে পরিচালিত করতে চান কারণ তার জীবনীশক্তি পূর্বের মত থাকে না। সে অন্যকিছুর মধ্যে জীবনের সার্থকতা এবং তৃপ্তি খুঁজে পায়। আধ্যাত্মিক বা উচ্চমার্গের ভাবনা চিন্তা ছাড়া কী অন্য কিছুর মধ্যে এক জন প্রবীণ মানুষ কী অন্য কিছুর মধ্যে আনন্দ লাভ করতে পারে? তার সৃষ্টিকর্তা একদিন তাকে ডেকে নেবেন এবং অদূর ভবিষ্যতেই, খুব দেরী নেই আর তার। তাই আরকি উচিত নয় বিষয় ভাবনা ত্যাগ করে তার সঙ্গে মিলিত হবার বাসনা নিজের মধ্যে লালন করা? আর কী প্রয়োজন আছে যুক্তি অবতারণা করার এই অপূর্ব মহিমাময় শেষের জন্য। যা পাওয়া যায় আমার জীবনে?

আমাদের উচিত তারজন্য নিজেকে প্রস্তুত করা, তাই যিনি সঠিক সময়ে অবসর গ্রহণ করেন না, তিনি তা লাভ করতে ব্যর্থ হন।

ন্যায় অন্যায়, ধর্ম এবং অসাম্প্রদায়িকতা, বিজ্ঞান এবং কুসংস্কারের মধ্যে পার্থক্য অতি ক্ষীণ। আমার কখনই সম্পূর্ণরূপে অতিতকে ভুলে অতি সহজে ভবিষ্যৎকে আঁকড়ে ধরতে পারিনা। আসলে তেমনভাবে অতিত এবং ভবিষ্যতের মধ্যে পার্থক্য ও নির্ণয় করতে পারিনা। আজকের মানুষের সময় কোথায় ভাবার, তাই দুঃখ আমাদের জীবনে ঘুরে ফিরে আসে।

□□□

১৯

আত্মার সঙ্গীত

যদি পৃথিবী এবং চাঁদ না থাকত,
সূর্য্য এবং মহাবিশ্বের অস্তিত্ব না থাকলে
এবং যদি তুমি একাই থাকতে, তবে সমস্ত
কিছুই তোমার মধ্যে থাকত।

—এমিলি ব্রোনটি

জীবনের মূলতত্ত্ব সকলের কাছেই সমান :

মানুষের কথ্যভাষার এক অদ্ভুত ক্ষমতা আছে, ধর্মীয় বা দার্শনিক সত্যকে ব্যাখ্যা করার ক্ষেত্রে, ব্যাখ্যা করে বলা যায় যখন আমার আগের দেহের অঙ্গা-প্রত্যঙ্গা নিয়ে আলোচনা করি, যেমন আমরা আমাদের দেহের অঙ্গা-প্রত্যঙ্গা এবং চেতনাকে আমাদের থেকে পৃথক সত্তারূপে বিবেচনা করি।

এটা আমার হাত, এটা আমার পা, আমার হৃদয় বা আমার মন, অর্থাৎ এটা পরিষ্কার যে কোনটাই আমি নই। এই কারণেই আমরা এগুলিকে বর্ণনা করি। একজন মানুষের মৃত্যু হলে তাকে আমরা দাহ করি, অথবা কবরে সমাহিত করি, আমাদের শরীরের বিভিন্ন অঙ্গা-প্রত্যঙ্গাই যদি আমি না হই, তবে আমি কে? অবশ্যই আত্মা যা সাধারণ শ্বাস-প্রশ্বাস নয় দেহে যার অস্তিত্ব মানুষকে জীবন্ত করে, নতুবা যে একটি যন্ত্র মাত্র।

মানুষের মধ্যে বিভিন্নতা থাকা সত্বেও প্রত্যেকের ক্ষেত্রেই জীবনের সত্বা এক এবং অভিন্ন। কেমন করে তা হয়? তোমার গৃহে অনেক রকম বৈদ্যুতিক সরঞ্জাম আছে যেমন—আলো, রান্নার সরঞ্জাম, ফ্রিজ, পাখা,

টেলিভিশন সেট ইত্যাদি। এ সমস্ত প্রতিটি বিচ্ছিন্ন করলে এ সমস্ত যন্ত্রই মৃতবৎ, সুতরাং এই বিভিন্ন যন্ত্রগুলিকে কার্যক্ষম করে তোলে একই বিদ্যুৎশক্তি। বিভিন্ন চুল্লির আগুন ভিন্ন ভিন্ন ধরনের। কিন্তু আগুনের রূপ সর্বত্রই এক। তেমনভাবে, জীবনের রূপের ভিত্তিতে জীব এবং জড় এক এবং অভিন্ন, একেই বলে পবিত্রভিত্তি, আত্মা, আত্ম ইত্যাদি।

তাই আমরা নিঃসন্দেহে বলতে পারি, এই পবিত্র ভিত্তিই জীবনের মূল চালিকা শক্তি, প্রতিটি জীবের ক্ষেত্রেই যেমন—পশু, পাখি, উদ্ভিদ বা মানুষের ক্ষেত্রে। আমরা এক সময় এ সত্যে উপস্থিত হতে পারি এই মহাবিশ্ব আসলে এক তার বিভিন্নতা সত্বেও, তখন সমস্ত দন্দ্বের অবসান ঘটে।

তাই প্রতিটি ধর্মেই বলা হয় আমাদের মধ্যে পার্থক্যবোধই পাপের জন্ম দেয়। কেউ কেউ ঈশ্বরে বিশ্বাস করেন না, কিন্তু মহান আমরা প্রতিটি জীবের মধ্যে এই ঈশ্বরের অবস্থান সহদে প্রমাণ করতে পারিনা। এমনকী তত্বগতভাবেও নয়। এই তত্বের অনুশীলন সহজ নয়, তথাপি প্রকৃত জ্ঞান উপলব্ধির মধ্যেই আশ্রয় লাভ করে। যারা জ্ঞান বা বোধের সর্বোচ্চ স্তরে নিজেকে নিয়ে যেতে পারেনি তাদের নিরাকার ঈশ্বর বা অমুর্ত্ত ঈশ্বরের বর্ণনার মাধ্যমে বোঝানো ভীষণ কষ্টকর অসাধ্য; যদি তুমি ঈশ্বরের সংজ্ঞা দিতে যাবে তখন তিনি সীমাবদ্ধ হয়ে পড়বেন। কিন্তু ঈশ্বর সীমাহীন অবর্ণনীয়, অসীম, তাই নেতিবাচক পদ্ধতি বরং ঈশ্বরের বর্ণনার ক্ষেত্রে বেশী কার্যকরী হতে পারে যেমন, ঈশ্বর এরূপ নন, তিনি ঐরূপও নয়। তিনি এটার মত নন, ওটার মতও নন। এই বাছাই পর্বের মধ্যে দিয়ে যেতে যেতে একটা সিদ্ধান্তে আসা যায় যে তিনি জ্ঞানের অতিত, তিনি পবিত্রতম আবার তিনি তার মধ্যে মূর্ত্ত তিনি অমূর্ত্ত। তিনিই পরম সত্তা, তিনি সমস্ত জীবের সত্তা। তার অস্তিত্ব প্রতিটি জীবের মধ্যে শুদ্ধ চেতনার মধ্যে তা তোমার কাছে জ্ঞান বা অজ্ঞাত যাই হোক না কেন তিনি আশীর্বাদস্বরূপ, তিনি আনন্দময়। তিনি যেরূপেই বর্ত্তমান হোন না কেন, তিনি প্রতি মুহূর্তে বাস্তব তিনি আনন্দ মহাসাগর স্বরূপ, তিনি পরমানন্দ, তিনি জন্ম, মৃত্যু এবং পরিবর্ত্তনের অতীত।

যদি তাকে কতগুলি বিশেষণে আবদ্ধ করা যায় তার ঈশ্বরত্ব প্রাপ্ত হয়।

–Warren Weaver

আত্মা—পবিত্র সত্তার একক (মূল) :

এই দেহ, মন জ্ঞান অথবা অহংকার কোনটাই অমরত্বের আস্বাদন দিতে পারেনা। আত্মা, যা পরমাত্মার অংশ তা-ই পবিত্র সত্তা। যদি আমরা পরম সত্তার সন্ধান করি তবে অমরতা বেং অসীম বোধের মধ্য দিয়ে নিজের অস্তিত্বকে অতিক্রম করতে হবে। এই অধ্যায়ের এই পরমাত্মার গীত যা অনুপম তা পাঠ করো।—

আমি মুক্ত প্রকৃতির চিরন্তন সত্তা
জ্ঞান-আনন্দ আমি
আমি অপরিবর্ত্তনীয়, অমর
অসীম আমি,
আমি চিরন্তন, সদাসুদ্ধি, মুক্ত,
নিরাকার-ই আমার অবয়ব,
আমি সমস্ত প্রকৃতিসত্তা, পরমানন্দের উৎপাতপূর্ণ আমি,
আমি চিরন্তন সত্তা, অপরিবর্ত্তনীয়, অসীম অগাধ
চিরন্তন, অসীম, নিরাকার আমি আলো
আমি আমে প্রশান্তি লাভ করি,
আমি শান্তি, যা প্রকৃতিতে বিরাজমান
আমি-ই প্রকৃতির আনন্দের উৎস।
আমি ক্ষয়হীন, অমর,
আমিই সর্বশ্রেষ্ঠ, সর্বোত্তম, সত্য আমি,
সমস্ত সত্য এবং ভ্রান্তি আমাতে নিহিত
আমি সর্বশ্রেষ্ঠ জ্যোতি, আমি অবিনশ্বর
অমর আমি, আমি অসীম।
আমার অবগুনিত নাম থেকে পৃথর আমি
আমাতে আরোপিত আবয়ব আমি নই

শুদ্ধ জ্ঞানই আমি, আমি বর্ণনার অতীত
আমি আনন্দময়, অক্ষয় অমর এবং অসীম
আমি নিজের শাসনে আবদ্ধ, অপরিবর্ত্তনশীল,
আমিই প্রকৃতি, এক, অদ্বিতীয় সর্ব্বোত্তম সত্তা।
আমি অক্ষয়, অবিনশ্বর অসীমতা আমাতেই সসীম।
আমি মহাব্রহ্মাণ্ডে আছি, আমি বীজের
আদিসত্তা, নিযত্তা, আদিমতম সমস্ত
সৃষ্টির একমাত্র সাক্ষী আমি
অমর, অক্ষয় এবং অবিনশ্বর।
আমিই চেতনা, আমি জ্ঞান,
আমি কর্মহীন এবং কিছুই আমার ভোগ্য নয়
আমি অক্ষয়, অমর এবং অবিনাশী
আমি অসীম।
আমি আমার প্রকৃত স্বরূপে স্থির
আমার সংযোজন বা বিয়োজনের
আমি সব জীবের আশ্রয়স্থল, সমস্তই আমার অধীন,
আমি অক্ষয়, আমি অমর এবং চিরন্তন,
জ্ঞান এবং বিচক্ষণতার মধ্য দিয়ে আমাকে বোঝা যায়,
সে আমিই চেতনা।
একমাত্র মুক্ত যোনী-ই তা পারে,
পাত্র, পেয়ালা, কড়াই, মাটি ছাড়া কিছু নয়
কেবলমাত্র ভিন্ন ভিন্ন আকৃতি ছাড়া
ব্রহ্মাণ্ডের সমস্ত কিছুই এক এবং অভিন্ন
অখণ্ড সত্যের অংশ মাত্র।

□□□

২০

কিসের তরে অপেক্ষা মোদের

সদচিন্তা মানুষকে দাসত্ব থেকে মুক্তি দেয়

—এমারসন

আত্মমুক্তির গোপন তত্ত্ব :

আমি ডেল কার্নেগির ভীষণ গুণগ্রাহী। তিনি সম্ভবত চার্চের (গীর্জায়) বাইরের প্রথম ব্যক্তিত্ব যিনি তার গ্রন্থের মধ্য দিয়ে বলেছেন, কেমন করে মানুষের হৃদয় ভয়ে করা যায় কেমন করে মানুষকে প্রভাবিত করা যায়। তিনি সুন্দর উদাহরণের সাহায্যে তা বোঝাতে চেষ্টা করেছেন। কিন্তু সহজ কারণে তিনি বেশি দূর অগ্রসর হননি কারণ প্রয়োজন বা উপযোগীতাকে ধর্মীয় কারণের আগে স্থান দিয়েছেন। আমি মনে করি তিনি নিজে তেমনভাবেই বিশ্বাস করতেন তাই তিনি তার দ্বিতীয় গ্রন্থে অন্য বিষয়ের অবতারণা করেছেন, যা অনেক বাস্তব সমস্যাসম্বন্ধীয় কেমন ভাবে দুশ্চিন্তা মুক্ত হয়ে জীবন শুরু করা যায়?

সাধারণত যাকে আমরা সহজভাবে বলতে পারি, উপলব্ধির মধ্য দিয়ে শান্তিলাভের ইচ্ছা, তার প্রথমদিকের লোকায়ত ধর্মনিরপেক্ষ বিষয়গুলি আমাদের মধ্যে সুন্দর অনুভূতির সৃষ্টি করে। কিন্তু রাতারাতি ধর্মকে আঁকড়ে ধরতে শুরু করেন। কিন্তু তার এই পরিবর্ত্তন আকাঙ্ক্ষিত নয়য কিন্তু এটাও ঠিক যে তিনি বলতেন ভালকাজের ফল প্রত্যাশা কোরনা, যা পূর্ণ দর্শন,

তিনি আমাদের ঈশ্বরের প্রার্থনায় ব্রতি হতে বলেন, এটা কী ধর্মীয় বিষয় নয়। আমার মনে পড়েনা যে তার পূর্বের অন্য কোন লেখা আমি পড়েছি কীনা?

কিন্তু পুনরায় তার লেখার উপর কিছু সংযোজন না করে থাকতে পারছি না। যেমন কার্নেগী স্টিফেন লিককের তত্ব উল্লেখ করেন।

কী অদ্ভূত আমাদের জীবনধারা : শিশু বলে, 'কখন আমি বালক হব?" কিন্তু এরপর? বালক বলে, "আমি কখন বড় হব"? এবং যখন সে সাবালকত্ব প্রাপ্ত হয় সে বলে "আমি কখন বিবাহিত জীবনে প্রবেশ করব?" কিন্তু বিবাহের পর কী?

এরপর চিন্তার পরিবর্ত্তন ঘটে। সে ভাবতে শুরু করে কখন আমি দায়িত্ব থেকে অবসর লাভ করব? এরপর জীবনে অবসর এলে, তখন সে ফিরে যেতে যেখানে থেকে সে এসেছে। জীবনের শেষ প্রান্তে সে শান্তির খোঁজ করে। আসলে সে সবকিছুই হারিয়ে বসে এভাবেই চলতে..........

সবশেষে বলা যায় আমরা অনন্ত জীবনলাভে ব্যর্থ হয়ে করুণভাবে জানতে চাই, 'কীসের জন্য এই জীবনধারা?" আমার বিশ্বাস, ছাত্রগণ বড় হতে চায় স্কুল থেকে মুক্তি লাভের জন্য কঠোর পরিশ্রম থেকে মুক্তিলাভের জন্য প্রবীণ অবসর জীবনের আকাঙ্ক্ষা করে, কিন্তু তারা কেউই আসতেন না বর্তমান সম্বন্ধে। কিন্তু আরও সহজভাবে বললে আমরা বর্তমানকে ভুলে যাই কারণ তার মধ্যেই বর্ত্তমান বলে।

কী আছে আমার, তাই মানুষের মনের প্রত্যাশা আগামীকাল কী অধিকার করতে হবে আমাকে? মানুষ নিজক্ষমতা বলে ভবিষ্যতকে নিজের মত করে গড়ে নিতে পারে, তার আকাঙ্ক্ষিত বস্তুকে লাভ করতে পারে। অথবা পূর্বের সাফল্যকে নিজের করায়ত্ব করতে পারে।

আমরা স্মরণ করতে পারি, যিনি সামান্য পরামর্শ দাতা থেকে আমেরিকার প্রেসিডেন্ট হয়েছিলেন।

সকলে বলে, আমার নিজের জন্য কোন খেদ নেই, আমি হতাশগ্রস্ত নই। আগামীর ভাবনায় আমি সদা নিমজ্জিত। সারা জীবন আমি ভবিষ্যতের দিকে তাকিয়ে। আমি বিশ্বাস করি, সাহস এবং বুদ্ধিমতা এবং সঠিক জ্ঞান

আমার ভবিষ্যত উজ্জ্বল রূপে গড়ে দিতে পারে, আমাকে তৃপ্ত করতে পারে।

চালিকাশক্তি :

যে চালিকাশক্তি আমাদের ভবিষ্যতের দিকে দৃষ্টি দিতে শেখায়, তা কখনই জীবনের গতিকে শুদ্ধ করেনা। এটাই আকাঙ্ক্ষা, চিরন্তন আশা, মুক্তির আকাঙ্ক্ষা। যে স্কুলে কঠোর অনুশাষণের মধ্য দিয়ে বিদ্যাচর্চা করে, এবং আশা করে একদিন সে শিক্ষার জীবন থেকে অবসর লাভ করবে মুক্তি পাবে।

অবিবাহিত যুবক বিবাহিত জীবন লাভের আশায় অপেক্ষা করে এবং মনে করে বিবাহিত জীবন তাকে অনেক স্বাধীনতা দেবে। একজন পরিবারের সর্বময় কর্তারূপে, কারণ তিনিই হবেন পরিবারের দণ্ডমুণ্ডের কর্তা। মানুষ তার জীবনের এই সেরা সময়ে আকাঙ্ক্ষা করে অবসর জীবনের, সত্যি কথা বলতে আন্তরিকভাবে চান কবে এই চাহিদার জীবন থেকে, এই কর্মময় জীবন থেকে মুক্তি পাবেন। আমরা সপ্তাহের পাঁচদিন কর্মে রত থাকি এবং সপ্তাহের শেষ দুটি অবসর যাপনের জন্য। আমরা কত রকম স্বাধীনতার কথা শুনি, রাজনৈতিক স্বাধীনতা, ভয় থেকে মুক্তিলাভ, দারিদ্র, ক্ষুধা, শিক্ষার অধিকার এবং ধর্মীয় স্বাধীনতার কথাও ঘুনি, কেনা জানে। F. D. R. এর চার রকম স্বাধীনতার কথা সেই দার্শনিক কবি বলেন, মৃত্যুই আত্মার মুক্তির উপায়। তার দেহরূপ খাঁচা থেকে পবিত্র আত্মার মুক্তি?

এই মুক্তির আকাঙ্খা কী কোন দিন মেটে?

দার্শনিক কবি ওয়েলস বলেন, উচ্ছৃঙ্খল যুবক যুবতী, বিবাহিত নারী পুরুষ বিবাহ বহির্ভূত যৌন জীবনের আনন্দ লাভের আকাঙ্ক্ষা করে, তা অবৈধ এবং ধর্মনিরপেক্ষ জেনেও কারণ তা তার স্বাধীনতার দ্যোতককে প্রকাশ করে, স্বাধীনতার আকাঙ্ক্ষা মানব জীবনে বাড়তেই থাকে এবং আমাদের সহজ এবং স্বাভাবিক জীবনের বাইরে যেয়ে স্বাধীনতার লাভের আকাঙ্ক্ষাই মানব জীবনে সত্য। তাই এই হতাশামুক্ত স্বাধীনতার ধারণা নীচে আলোচনা করে বলতে পারি বিশেষ অবস্থায় স্বাধীনতার রূপ ভিন্ন ভিন্ন। অর্থাৎ স্বাধীনাতবোধ আপেক্ষিক।

একজন কয়েদির কাছে স্বাধীনতার অর্থ হল জেল থেকে মুক্তি পাওয়া। কিন্তু জেলের বাইরের মানুষের কাছে কী স্বাধীনতা একই অর্থ বহন করে?

শৃঙ্খল মুক্ত আত্মা এবং মন
যা নিকষ কালো অন্ধকার এক জ্যোতিপূর্ণ করে
সেখানে আছে স্বাধীনতা, কারণ সেখানে পরমাত্মা বাস করেন
যে হৃদয় তোমাকে ভালবাসে, সে কেবল তোমাকে আবদ্ধ করতে পারে।

—বায়রন—The Prisoner of Chillon.

পরাধীন দেশের কাছে স্বাধীনতা মানে বৈদেশিক শাসনের অবসান। কিন্তু স্বাধীন দেশের মানুষের কাছে স্বাধীনতার ধারনা একই প্রকার নয়। যারা প্রত্যেকেই স্বাধীন, তথাপি তারা স্বাধীনতাকাঙ্খী কেন?

সুখের ক্ষেত্রে বলতে পারি, আমরা বাইরের বস্ত থেকে শমস্ত সুখ নিংড়ে নিতে পারিনা, কারণ হয়তো ওটা আমাদের মনেই আছে, অথবা কোথাও নেই।

পাথরের দেওয়ালে মাত্রই কারাগার তৈরি করে
না, লোহার গারদও তৈরি করেনা—জেল ...
এর শান্ত মনই তোমার তপোবন।
যদি প্রেম বিলাতে পারি স্বাধীনভাবে
আন্তরিকতার সঙ্গে তবেই আমি মুক্ত, স্বাধীন,
তাই ঈশ্বরের পবিত্র দূতগণ বলেন
উপভোগ কর তেমন স্বাধীনতা।

—Lovelace, T. Althea from Prison.

আমার মনের রাজ্য
আমি সব আনন্দের সন্ধান পাই
যা আমাকে স্বর্গ সুখের সন্ধান দেয়
তখন পৃথিবীকে মনে হয় করুণার রাজ্য,
আমি যা চাই, তার অনেক বেশী পাই।
আমার মন নিষেধ করে, আরও চাইতে।

—Edward Dyer

—My Mind to Me a Kingdom is

কিন্তু এটা স্বীকার্য যে আধ্যাত্মবাদীগণ, বিশেষ করে প্রাচীন হিন্দু পৌরাণিক কালের হিন্দুগণ অন্য ধর্মের মানুষগণকে এসমস্যার সমাধানের উপায় বাতলাতে পেরেছিলেন, তাদের কাছে ব্যস্ত নিরপেক্ষতাই স্বাধীনতা-মুক্তি ভাইরের এই সকল বস্তুই তাকে শৃঙ্খলে আবন্ধ করে, তার মানবতা কে আচ্ছন্ন করে, যখন আমা আমাদের আত্মার প্রকৃত স্বরূপ উপলব্ধি করতে পারি, যে তা সদা মুক্ত, স্বাধীন, কিন্তু তথাপি বস্তুর আকর্ষণ আমাদের বিভ্রান্ত করে, আবন্ধ করে রাখতে চায়। যখন যোগ সাধনার বলে আমরা বুঝতে পারি, আমিই আত্মা, পরমাত্মার অংশ, যার স্বরূপ সদা আনন্দময়, শুদ্ধ চেতনাযুক্ত এবং তার অস্তিত্ব সর্বময় তখন আমরা মুক্ত, আমরা প্রকৃতই মুক্ত পুরুষ। তাই এই জ্ঞান এবং চেতনালাভে, মুক্তি পেতে আমাদের যোগ সাধনার মধ্য দিয়ে যেতে হবে।

বক্তব্যের সমতা (কথায় মিল) :

বিভিন্ন দেশ এবং ধর্মের মধ্যে এক গভীর মিল খুঁজে পাওয়া যায়। সকল ধর্মের মূল সেই একেশ্বরবাদের কথাই প্রতিধ্বনীত হয় এবং পরস্পরের ভ্রাতৃত্ববোধ ও অপূর্ব প্রকাশভঙ্গিও অভিন্ন যার বহিঃপ্রকাশ ঘটে সাবলীলভাবে। মানবতাবাদের এই একত্বকরণ, একেশ্বরবাদের প্রচার যা মহা পুরুষের আবির্ভাবের মধ্যে দিয়ে ঘটে তার প্রয়োজনীয়তা কী উপেক্ষার?

আপনি নিশ্চয় মহাজ্ঞানী, অতীন্দ্রিয়বাদী, একেশ্বরবাদরে জনক শঙ্করাচার্য্যের (শঙ্কর—যার অর্থ শিক্ষক) কথা শুনেছেন। যিনি সপ্তম শতকে আবির্ভূত হয়ে বিশাল মহিরূহের মত সমগ্র ভারত ভূখণ্ডকে আশ্রয় দান করেছেন। ভারতবাসীর মনের মাপে তার আসন যে কোনো অতীত বা বর্তমানের আক্রমণকারীকে লজ্জিত করে। তার এই অসীম ক্ষমতার মূলে কী ছিল, যিনি বললেন, প্রমাণ করেছিলেন বিজ্ঞান সম্মত রূপে সে ঈশ্বর এক অভিন্ন। আত্মা নয় পরমাত্মাই আসল। বিজ্ঞান সম্মত? হ্যাঁ, কারণ তার উপদেশ ছিল, যা প্রমাণসিদ্ধ নয়, তথা গ্রহণীয় নয়, তিনি মহানবীজয়ী দ্বারা আত্মা দিয়ে তিনি আত্মাকে জয় করেছিলেন। এ বিজয় সাময়িক বিজয় নয় যা দাসত্ব প্রদান করে, তার সঙ্গে একজনেরই তুলনা

করা চলে, তিনি যিশুখ্রীস্ট। যিশু কি ভেবেছিলেন সামরীক শক্তির সাহায্যে পৃথিবী জুড়ে খ্রিস্ট ধর্মপ্রচার করার কথা? এবং এটাও সত্য তিনি কী কখনও নিজেকে কখনও কোন ধর্মের প্রতিষ্ঠাতা রূপে নিজেকে প্রতিষ্ঠিত করার চেষ্টা করেছেন? তথাপি শঙ্কারাচার্য্য এবং যিশুখ্রিস্টের অনুগামীদের হিন্দুধর্ম এবং খ্রিস্টান ধর্মের জয়গান করে, তার উপেক্ষনীয় থেকে যায়, যদি ধর্ম অনুশাসনের মধ্য দিয়ে শক্তির একত্রিকরণ, বিশ্বাসের ভিত এবং মুক্তি এবং প্রকৃত আনন্দ দিতে পারে, যদি মানুষে মানুষে ভ্রাতৃত্ববোধের উদয় ঘটায় এবং যদি মানুষের মধ্যেকার দোষ ত্রুটি স্খালন করে, যদি যুদ্ধের বিরুদ্ধে কথা বলে তা নিশ্চয় ধর্মের খারাপ দিক নয়। তাই আমাদের অমানবিকতার জন্য বিজ্ঞান বা বিজ্ঞানীর দোষারোপ করে লাভ নেই।

জর্জ বার্নাড স্ বলেন :

বিজ্ঞান এবং ধর্ম কিছু নির্বোধ ব্যক্তির দ্বারা পরিচালিত হওয়ার ফল-ই আত্মঘাতী বিশ্বযুদ্ধ। দুটির মধ্যে একটি সম্পূর্ণ সঠিক এর অন্যটি ভুল। এই ত্বত্ত্ব সর্বদা সঠিক নয়। চিন্তাহীনতা এবং ফলাফল সম্বন্ধে নির্বিকার মনোভাব এর মূল। যদি আমার ধর্ম এবং বিজ্ঞানকে সঠিক পথে চালিত করতে পারি তবে তাদের মধ্যেকার দ্বন্দ্ব, পার্থক্যের অবসান ঘটে। বিজ্ঞান এবং ধর্ম একই ধারায় মানব কল্যানে প্রবাহিত হতে পারে।

২১

অল্প বয়সে (তাদের) আকর্ষণ করো

কঠোরভাবে আমার আদেশ প্রতিপালন করো

তুমি শান্তিধারায় শীতল হবে।

–Isaiah : 48 : 18

যৌবনচ্ছল মনের প্রতি পালন কর :

একদিন, একটি ১৬ বছরের বালককে কার্ডিনাল নিউম্যানের লেখা 'A true Godlessas' অত্যন্ত নিরাসক্ত এবং প্রাণহীনরূপে পড়তে দেখে দুঃখ পাই। এই অল্প বয়স্ক বালকের কাছে তা অতি সাধারণ তার পাঠ্যের অন্তর্গত একটি সাহিত্য ছাড়া আর কিছুই ছিল না। কারণ তা পড়ে কিছু নম্বর পাওয়া ছাড়া তার বেশি গুরুত্ব ছিল না।

কিন্তু আমার মনে পড়ে, আমার অল্প বয়সে একটি ডায়রীর প্রথম পাতায় এই বিষয়টি দেখতে পাই যা মনে আবর্ণনীয় আনন্দের সৃষ্টি করে। এবং প্রথম পাতায় ছাপা ছবিটি কেটে আমার সংগ্রহে রাখি। বিষয়টি আমি বহুবার পড়েছি এবং আমার মনের মনিকোঠায় তা আজও সযত্নে রক্ষিত আছে। আমি বিশ্বাস করি বারবার তা পাঠ করে আমি উপকৃত হয়েছি, বরং বলা যায় এর লেখার ধরণ এবং বিষয়বস্তু আমি বুঝতে সক্ষম হয়েছি, নিজেকে সমৃদ্ধ করতে পেরেছি। আমি এই ছেলেটির জন্য করুণা বোধ করি, এবং এই প্রজন্মের জন্যও কারণ আদর্শবোধের জন্য নয় নিছক পড়ার জন্য তারা তা পড়ছে, কিন্তু এই আদর্শবোধ আমাদের মধ্যে ছিল।

আমার এক বন্ধু যার প্রতি গভীর আস্থা ছিল। সে একদিন একটি ছেলে সম্বন্ধে বলে যে সে বিজ্ঞান বিষয়ে গভীর আকর্ষণ বোধ করে এবং বিষয় তাকে আকর্ষণ করেই না। কথাটা একেবারেই আমার ভালো লাগেনি। যখন ছেলেটি নিতান্তই ছোট তাকে আদর্শবোধ সম্বন্ধে কিছু বোঝাতে চেষ্টা করি, কিন্তু তার পরিবেশ, তার মানসিকতা তা গ্রহণে বাধার কাজ করে।

আমি শুনেছি, এটা বলা হয়ে থাকে কৃতজ্ঞতাবোধ শিশুদের মধ্য থেকে স্বাভাবিকভাবে বেরিয়ে আসে না এগুলি তাদের মনে স্বভাবে বপন করতে হয় তাদের শেখাতে হয়।

মহান আদর্শবোধের ক্ষেত্রেও কী আমরা এরূপ বলতে পারি না যা মানুষের হৃদয়ে প্রতিস্থাপিত করতে হয়। সত্যের গরিমার, আত্মত্যাগের মহিমা, দানের উন্নতা, এই সকল মহান গুণাবলি ধারণাগুলির মনের গভীরে, চেতনায় প্রোথিত করতে হয় আমাদের মানবীকতার প্রভাব সর্বস্তরে পৌঁছে দিতে, নিজেকে মানবিক প্রতিপন্ন করতে।

আজকের শিক্ষাব্যবস্থা তরুণদের আদর্শবোধে উদ্বুদ্ধ করতে পারছে না, বরং মনে হচ্ছে আমরা যেন এই আদর্শবোধকেই তাদের জীবন থেকে মুছে ফেলতে বেশি সচেষ্ট। এই নিষ্ক্রিয়তা, এই উপেক্ষা তরুণদের হৃদয় এবং মনে ধর্ম বা আদর্শবোধ গড়ে তুলতে পারছে না। সেটা আমাদের পূর্ব পুরুষগণ তাদের উত্তরপুরুষদের মধ্যে সঞ্চারিত করতে পেরেছিল, আমরা আলোর বর্ত্তিকা তাদের হাতে তুলে দিতে পারছি না, যেমন এডমন্ড বার্ক বলেছেন—

"শয়তানের উত্থানের জন্য যা প্রয়োজন
ভাল মানুষেরা তার কিছুই করেন না।"

আমরা উদাসিনভাবে ছোটদের আদর্শবোধ এবং ধর্মীয় অনুশাসন শেখাবার দায়িত্ব টেলিভিসন এবং সিনেমার উপর ছেড়ে দিয়েছি। তাই এতে অবাক হওয়ার মত কোনো বিষয় নেই যে আজকের যুবক-যুবতীদের কাছে সিনেমার নায়ক বা কাউবয়েরাই আদর্শরূপে প্রতীয়মান হচ্ছে।

এই গ্রন্থের অন্য অধ্যায়ে জোসেফ এডিসনের বিখ্যাত প্রবন্ধ 'Pleasure of Imagination' থেকে উদাহরণ দিয়ে বলা হয়েছে।—

তিনি আনন্দে দিন যাপন করছিলেন, যে কেউ সুখের দৃশ্যে বিভোর থেকে দিবা স্বপ্নে কাল যাপন করতে পারে। আমাদের মধ্যে যারা যিশুখ্রিষ্টের নায়কচিত কাজকর্মে অনুপ্রাণীত হই যিনি পরম পিতার কাছে প্রার্থনা করে বলতে পারেন, "পিতা, ওদের ক্ষমা করে দিও, কারণ ওরা জানে না, কী করছে ওরা।" অথবা গৌতম বুদ্ধের মহান আত্মপ্রত্যয়ের কথা, যিনি রাতের অন্ধকারে রাজ্য, বিলাসীতা, স্ত্রী-পুত্রকে ত্যাগ করে মানুষের কষ্ট লাঘবের উপায় খুঁজতে সন্ন্যাস জীবনে ব্রতী হলেন। কোন কারণে আমাদের সন্তানদের এই আবেগ থেকে বঞ্চিত করতে সাহস পাই।

আসলে আমরা তাদের কাছ থেকে পরম এক মূল্যবান ঐতিহ্য হরণ করছি। আন্তরিকভাবেই বলছি, আমার কোনো ধারণাই নেই যে আমরা পাশ্চাত্যের বন্ধুগণ কর্মক্ষেত্র থেকে ফিরে এসে পরবর্ত্তী সকাল পর্যন্ত কেমন করে বাকী সময়টা কাটান। যদি, এটা সত্য হয় যে তাদের মধ্যে বেশিরভাগই বাড়ীর বাইরে পার্টিতে যোগদান করেন, বাইরের হোটেলে খাওয়া দাওয়া করেন, সিনেমা দেখেন, অথবা পানীয়ের আশ্রয়ে বাকি রাতটুকু কাটিয়ে দেন অথবা কুখ্যাত নাইট ক্লাবে ক্যাবারে নাচে মশগুল হয়ে রাত কাটিয়ে দেন। আমাদের ভাবা উচিত, যে ক্রুশে বিদ্ধ করে যিশুকে হত্যা করা, বা আব্রাহম লিঙ্কনের হত্যার পর এটাই আমাদের অন্যতম দুঃখের বিষয়, আমরা আমাদের গৃহের সুরক্ষিত পরিবেশে আমাদের সন্তানদের মধ্যে না কাটিয়ে, তাদের উন্নতিতে অংশ গ্রহণ না করে, জীবনের সবচেয়ে সুন্দর মুহূর্ত্তকে নষ্ট করছি। এবং নিজেদের এবং আমাদের সন্তানদের চরিত্র গঠনের সুযোগ নষ্ট করছি।

চলুন আমরা একটু পিছিয়ে গিয়ে আমাদের পূর্ব পুরুষদের শালীনতাপূর্ণ, কর্মমুখর, ঘটনাবহুল সুখী জীবনযাপনের পদ্ধতির দিকে দৃষ্টিপাত করি। আমি বলছিনা যে আমরা আবার অতীতে ফিরে যাই, যেখানে আমরা জাহাজ ধ্বংস করেছি, আমরা তা করতে পারিনা, কিন্তু যা করতে পারি, তা কেন করব না?

আমরা আমাদের অবসর সন্ধ্যায় ছেলেমেয়েদের সঙ্গে কাটাতে পারি, আমাদের পূর্বপুরুষদের মহান বীরত্বের কথা তাদের শোনাতে পারি, আবেগপূর্ণ, সুন্দর চেতনায় তাদের উদ্বুদ্ধ করতে পারি সুন্দরভাবে জীবনের গতিকে চালনা করতে।

আমায় ক্রিয়া জগতের একটি শ্লোগানের কথা সকলেই শুনেছি—'কচি বয়সেই শেখাও'. প্রতিভাবান অল্প বয়সে চিহ্নিত করে, উৎসাহীদের প্রশিক্ষণ দেওয়া ক্রিড়া জগতের একটি প্রচলিত নিয়ম, যাদের জন্মগত প্রতিভা নেই, অনুশীলন, কেবলমাত্র নিয়মিত অনুশীলনই তাদের দক্ষ ক্রিড়াবিদরূপে প্রতিষ্ঠা দিতে পারে। অর্থাৎ জন্মগত ভাবে তাদের যা অভাব তা পূরণ করতে পারে। আমাদের সন্তানদের মধ্যে ধর্মীয়ভাবের উন্মেষের জন্য তাদেরও অল্প বয়সেই শিক্ষা দেওয়া উচিত। দুধ খাওয়ানোর মত শৈশবেই ধর্মীয়ভাবের বিকাশের জন্য সচেষ্ট হওয়া উচিত। এটা হতে দেওয়া উচিত নয় সে তারা কেবলমাত্র অভিজ্ঞতা থেকে জানবে যে চাহিদা শক্তি আছে। তেমনভাবে ধর্ম অপেক্ষা করতে পারে না কবে তারা অভিজ্ঞতা দ্বারা

শিখবে ধর্ম কী এবং কী তার উপযোগীতা,যখন স্বভাবগতভাবে তা তারা শিখতে পারেনা, তখন তাদের শেখাতে হবে ঈশ্বর কী? তাদের শেখাতে হবে নৈতিকতা এবং ধর্মীয় অনুশাসন, পরবর্ত্তীকালে তারা আমাদের ধন্যবাদ দেবে তা শেখাবার জন্য। আমাদের সন্তানেরাই আমাদের বিচারক, যদি আমরা তাদের আদর্শবোধ, নৈতিকতার পাঠ দিতে না পারি তবে আগামী দিনে তারা আমাদের অভিশাপ দেবে, আমাদের দায়ি করবে, তাদের জীবন নষ্ট করে দেওয়ার জন্য। তখন কিন্তু অনেক দেরী হয়ে গেছে। এর সঙ্গে তাদের শিক্ষা দিতে হবে বিনয়ী হতে। সুন্দর আচার আচরণ করতে। এই সামান্য আত্মশিক্ষা অপরকে খুশি করবে। জীবনের গতিকে সহজ এবং সাবলীল করে তুলবে। আমাদের আচার আচরণ উদাহরণ স্বরূপ করে গড়ে তুলতে হবে। যদি উদাহরণে কাজ না হয় তবে কঠোর হতে হবে। আপনার অধিকারের ক্ষমতা প্রয়োগ করতে হবে। তাদের মিষ্টি কথায় বোঝাতে হবে যদি তাতেও না হয় তাদের শাস্তি দিতে হবে। দায়িত্ব থেকে আপনার বা আপনার সন্তানের কারও ছাড় নেই।

শিশুদের অবশ্যই নিয়মানুবর্ত্তী হতে হবে :

আমরা বাস করি মনস্তত্বের জগতে। বর্তমান সমস্ত ক্রিয়াকলাপই মনস্তাত্বিক ভাবে। আজকাল নতুন শব্দ বা পরিভাষা যেমন, অবদমন, স্থায়ীকরণ, আত্মকথা প্রভৃতির দ্বারা আমাদের যেন আবদ্ধ করার চেষ্টা হচ্ছে। তাই আমাদের বা আমাদের সন্তানদের সব ইচ্ছা বা অনিচ্ছাকে আমরা প্রশ্রয় দিতে পারিনা। ছোটদের অবশ্যই নিয়মানুবর্ত্তী হতে হবে কিন্তু তা হবে চিন্তা এবং বাস্তবের সঙ্গে মিল রেখে। গতানুগতিকভাবে নয় এবং সকলকে তা করতে হবে নিজের আনন্দে এবং স্ব-ইচ্ছায়, তবেই তুমি তোমার উদ্দেশ্য পুরণ করতে পারবে। এটাই তোমার পরীক্ষা তা থেকে তুমি পালাতে পারনা।

আমরা অবশ্যই আশা করব না যে আমাদের সব সন্তানই ফ্লোরেন্স নাইটএঞ্জেল অথবা আব্রাহাম লিঙ্কন হবে। এটার প্রয়োজনও নেই। কিন্তু এটা দেখতে হবে তারা যেন তাদের যোগত্যা অনুযায়ী সঠিক জায়গায় পৌঁছতে পারে। যাতে তারা একজন সৎ নাগরিক, সুধী, স্বাভাবিক জীবনের অধিকারী, পরোপকারী, প্রেমভক্ত এক আদর্শ বিশ্ব নাগরিক হয়ে উঠতে পারে। ধর্মবোধের মধ্য দিয়ে, যদি আমরা তা করতে পারি, তবে তা সামান্য ব্যাপার হবে না, তা হবে পৃথিবীর মঙ্গালের জন্য একজনের একক নিবেদন।

❑❑❑

২২

ঈশ্বর আরাধনার বিভিন্ন পদ্ধতি :

"আমাকে অসত্য থেকে সত্যের পথে চালিত করো।

আমাকে অন্ধকার থেকে আলোয় নিয়ে এস।

মৃত্যুর গ্রাস থেকে রক্ষা করে, আমাকে অমর করো।

—**উপনিষদ**

মানুষের প্রকৃতি সর্বস্থানে একইরকম :

কিন্তু প্রতিটি মানুষ ভিন্ন ভিন্ন উদ্দিপনায় ভিন্ন ভিন্ন প্রতিক্রিয়া ব্যক্ত করে, উদাহরণস্বরূপ বলা যায়। একজন মানুষ অনেক দুঃখ কষ্ট ভোগের পর স্বাভাবিক জীবনে ফিরে এসে সুখের মুখ দেখলে, সে দুঃখ কষ্টে ভোগা দুঃস্থ মানুষের কষ্ট দুটি ভিন্ন কিন্তু বিপরীত পদ্ধতিতে তার প্রতিক্রিয়া ব্যক্ত করতে পারে।

(a) সে চাইবে মানুষ যেন অকারণ দুঃখ কষ্ট ভোগ না করে এবং তাদের দুঃখ কষ্ট লাঘবে তার প্রচেষ্টা থাকবে। তাদের সঠিক পথের দিশা দেখান। ইতিহাসে এমন অনেক উদাহরণ দেখা যায় যে একজন ভুক্তভোগী মানব জাতীর পরম বন্ধু হিসাবে চিহ্নিত হন। হেলেন কিলারের জীবন এখানে উজ্জ্বল এবং চিরস্মরণীয় উদাহরণ যিনি প্রতিবন্ধি হয়েও প্রতিবন্ধিদের সাহায্যে নিজেকে নিয়োগ করেছিলেন। তাদের অন্ধকার থেকে আলোর দিশা দেখিয়েছিলেন যিনি বধিরতার ফলে মানুষের সঙ্গে কথা বলার সুখ থেকে বঞ্চিত ছিলেন।

(b) অথবা অতিতের ভুক্তভোগী মানুষের দুঃখ কষ্ট দেখে বিরূপ প্রতিক্রিয়া ব্যক্ত করে, এবং অনেক সময় তাদের কষ্ট দেখে সন্তুষ্টি লাভ করে, যেমন একজন অত্যাচারিত গৃহবধূ পরবর্ত্তীকালে এক নিষ্ঠুর শাশুড়ী রূপে নিজেকে প্রতিষ্ঠিত করেন।

না এ বিষয়ে মাঝামাঝি থাকার কোন ব্যাপার নেই। যেমন উদাসীন মানুষ যারা অন্য মানুষের কাজের দ্বারা কোনভাবেই প্রভাবিত হননা। এর অর্থ তারা প্রতিক্রিয়াহীন এবং তাদের উদাসীনতা শিক্ষনীয়।

আমরা অনেক সময় লক্ষ্য করি, ভিন্ন ভিন্ন উদ্দিপক ভিন্ন ভিন্ন প্রতিক্রিয়া সৃষ্টি করে। কিন্তু একটি ঘটনা মনস্তত্বের বিষয় এত জটিল নয় বা বিজ্ঞানকে বিভ্রান্ত করে।

এরপর আসে মানসিকতার প্রশ্ন। কারণে ভিন্ন ভিন্ন মানুষ ভিন্ন ভিন্ন মানসিকতার হন। একজন পেশীশক্তির অধিকারী মানুষ, তার সমস্ত কাজেই পেশী শক্তির প্রদর্শনে বেশি আগ্রহী থাকেন।

আবার কিছু আবেগপ্রবণ মানুষ, আবেগের দ্বারা, সঙ্গাত কারণ অনুসন্ধান করে ভালবাসার দ্বারা কাজ করতে ভালবাসেন এবং তার ভালবাসা পেতেও সমানভাবে আগ্রহী থাকেন।

আবার তৃতীয় ধরনের বুদ্ধির প্রয়োগে কাজ করতে পছন্দ করেন, তিনি সমস্ত কিছু প্রমাণিত সত্যকে অনুসরণ করে করতে পছন্দ করেন এবং সমস্ত ক্রিয়ার কারণ জানতে চান।

এই তিন ধরনের মানুষকে আমরা যথাক্রমে কায়িক পরিশ্রমী, হৃদয়বান এবং বোদ্ধা বলে অভিহিত করতে পারি। এই অধ্যায়কে ‘প্রবলভাবে’ এই শব্দটিকে চিহ্নিত করুন, সকল মানুষকেই এই তিনটি বিষয়ের উপর নির্ভর করে, বিভক্ত করা যায় না, কেউ কেউ এর মধ্যে দুটি গুণের এবং কেউবা তিনটি গুণের অধিকারী হতে পারেন।

‘ধর্ম’কে বিভিন্ন চিন্তাবিদ বিভিন্নভাবে সংজ্ঞায়িত করেছেন। ধর্ম এত রহস্যময় বিষয়ের সঙ্গে সংপৃক্ত তাই মানুষের পক্ষে তার সঠিক সংজ্ঞা দেওয়া, বা তার বর্ণনা দেওয়া সম্ভব নয়। ‘ধর্ম রহস্যময়’ বলেছেন এক মহান দার্শনিক।

কিন্তু প্রায় সব বয়সের সাধারণ মানুষ, জ্ঞানের রাজ্যে প্রবেশ না করেই ধর্ম সম্বন্ধে বালকসুলভ কিন্তু নীতি গর্ভ, বাজে প্রশ্ন করে। যদি দর্শনের মতবাদ প্রকৃত শিক্ষাশ্রিত হয়, যদি বস্তু এবং ধর্মনিরপেক্ষ হয়, সহজ এবং সাবলীল হয় তবেই তা বোধগম্য হয়। মানুষ সহজাত প্রবৃত্তিতে ধর্মকে ঈশ্বরের সঙ্গে সংপৃক্ত করে তোলেন। একজন অপরিশিক্ষিত মানুষ ঈশ্বরের মধ্যে ব্যক্তিত্ব আরোপ করেন। তিনি ঈশ্বরকে সাগারে কল্পনা করেন কারণ নিরাকার ঈশ্বর তার কল্পনার অতিত। কিছু ধর্মে তাদের অনুগামীদের ধারনায় আবদ্ধ করেন মূর্ত্তি পূজার মধ্য দিয়ে তারা তাদের পবিত্র লক্ষ্যে পৌঁছতে পারবেন।

যেমন উদাহরণস্বরূপ হিন্দু ধর্মের কথা বলা যায়, যা প্রাচীনতম ধর্ম হিসাবে পরিচিত। সে তার অনুগামীদের ইষ্টদেবতার পূজায় অনুমতি দেয় এবং ইষ্টদের ভক্তের কল্পনানুসারে আকারপ্রাপ্ত হন। শিক্ষিত এবং প্রকৃত জ্ঞানী মানুষ এর মধ্যে কোন কিছু দোষ খুঁজে পান না। কারণ তিনি জানেন, এই ভাবে ধ্যান, পূজা এবং আরাধনার মধ্য দিয়ে তিনি ঈশ্বরের কাছে নিজেকে সমর্পণ করেন। ঈশ্বরের প্রতি তাঁর প্রেম নিবেদন করেন। এটা সত্য যে মানুষ তার বোধবুদ্ধি অনুসারে, সহজ সরলভাবে ঈশ্বরের প্রতি তার ভক্তি নিবেদন করতে পারবেন, তার নিজ কল্পনার মূর্ত্তিতে তিনি ঈশ্বর বন্দনা করতে পারেন। ভক্তির এই ধারণ জালালউদ্দিন রুমির রচনায় সুন্দর রূপে উপস্থাপিত হয়েছে।

যোগ সাধনার পরিবর্ত্তে, আমি বেছে নিয়েছি প্রেমের পথ, যা আমাকে ঈশ্বর বা ঐশ্বরীক শক্তিকে বুঝতে সাহায্য করে। মানুষ মাত্রই ভালবাসতে চায় ভালোবাসা পেতে চায়। অতৃপ্তি মানুষকে কিছুই দেয় না। তাই আজকের বহু মনস্তাত্বিকের গবেষণার বিষয় প্রেমের মধ্য দিয়ে কোন কিছুকে পাওয়া স্বয়ং ঈশ্বর লাভের বিষয়টি।

তাই সভ্যতার শুরুর দিকের মানুষের অভিজ্ঞতা যা বহু দিন ধরে অর্জিত হয়েছে মানুষের আবেগকে বহু পর্যায়ে বিভক্ত করেছে অতি সহজে তা নস্যাৎ করে দেওয়া ঠিক হবে না, উচিৎও নয়। পার্থিব প্রেম বিষয় সম্পৃক্ত। স্বার্থমুক্ত ভালোবাসা ও তৃপ্তিদায়ক নয়, বস্তুগত প্রেম সহ্য করা যায়না। অন্ধপ্রেম দেহ বা ইন্দ্রিয় সংপৃক্ত তাই তাও মানুষকে উচ্চতর পর্যায়ে নিয়ে যেতে পারেনা, কারণ তার আকাঙ্খা সীমাবদ্ধ। মানুষের সমস্ত ভালবাসা এমন সন্তানের প্রতি মায়ের ভালোবাসা অথবা প্রেমিক-প্রেমিকার ভালোবাসা, তা দেহকে অহিংস করতে পারে না, তাই তা স্বার্থগন্ধযুক্ত। তাই ইংরেজ লেখক রবার্ট বার্টন বলেছেন, "মানুষের প্রেম ক্রিতদাসত্ব মাত্র।" যদিও মায়ের ভালবাসাকে অনেক কবি সম্মানিত করেছেন, কারণ তা অনেকটা বিশুদ্ধ প্রেমের কাছাকাছি।

"বিশুদ্ধ প্রেম" কী? যে ভালবাসা (বিনিময়) প্রাপ্তির আশা রাখে না, ভয় করে না এবং প্রত্যাখ্যানের বিষয়টি ভাবনায় আপ্লুত নয়, তাই।

বিশুদ্ধ প্রেমের বিষয়ে বলা হয়েছে—

"আত্মত্যাগের মধ্য দিয়ে জাত প্রেম

যা আকাঙ্ক্ষার জন্ম দেয় না, তাই বিশুদ্ধ প্রেম।

মানুষের প্রতি মানুষের ভালোবাসা যা পারস্পরিক সম্পর্কের উপর নির্ভরশীল তার অসারতা একসময় প্রমাণিত হয়েই যায়। তা আরও ভাল বাসা পাবার আকাঙ্খাকে বৃদ্ধি করে, এবং আমাদের কষ্টের কারণ হয়ে ওঠে, একজন মায়ের অনুভূতি কেমন হবে যদি অন্য কেউ তার সন্তানকে কামনা করে?

ঈশ্বর অপেক্ষা কে পবিত্র, তৃপ্তিদায়ক, প্রেম নিবেদনের জন্য?

তাইতো বলা হয় 'প্রেমই ঈশ্বর'। তাই ঈশ্বর প্রেমের সঙ্গে কোন কিছুকেই তুলনা করা যায় না। ঈশ্বর প্রেম অতুলনীয়।

ঈশ্বরের প্রেমিক :

আমাকে এমন একটি হৃদয় দাও যা থেকে সর্বদা ঈশ্বর প্রেম নিঃসৃত হয়। দেখুন কেমনভাবে বক্তব্যের মধ্য দিয়ে তার প্রেমের ফল্গুধারা প্রবাহিত হচ্ছে। আসলে ঈশ্বর নিজেই কী প্রেমর চিরন্তন ধারা নয়? যদি নদী মোহনার কাছে মহাসমুদ্রের কাছে উপস্থিত হয় তখন তার উচ্ছলতা, ধ্বংশাত্মক রূপে অবসান ঘটে। সে শান্ত হয়, তার পলি সঞ্চিত হয়। সে আশ্রয় লাভ করে মহাসমুদ্রে, সে তার নিজস্বতা হারিয়ে বিশাল জলরাশির অংশে পরিণত হয়। তেমনভাবে ঈশ্বরের প্রেমিক ঈশ্বরের প্রতি তার প্রেম নিবেদনের মধ্য দিয়ে শুদ্ধতর, মহানতর, শান্ত এবং আনন্দময় হয়ে ওঠে। প্রেমের মধ্য দিয়ে সে নিজেকে ভগাবনের অনেক কাছে নিয়ে আসে।

টমাস কেম্পিয়েরের লেখা 'The Imitation of Christ' গ্রন্থটি একবার পড়ে দেখুন।

হে প্রভু, আমার পবিত্র প্রেমিক, তুমি আমার

হৃদয়ে এলে আমি আনন্দে পূর্ণ হয়ে উঠি।

প্রেম মহান, সর্ব অর্থেই সে মঙ্গলময়,

সমস্ত দায়কে তা লঘু করে, অসমতায় আনে সাম্য।

সমস্ত বোঝা সে নিজে বহন করে, সে ভাবমুক্ত থাকে,
সমস্ত তিক্ততার অবসান ঘটে, তা সুমিষ্ট, এবং রক্ষাকারী।
যিশুর মহান প্রেম হৃদয়ে প্রবিষ্ট হলে, যিশু ব্যতিত
আর অন্য কিছুর অস্তিত্ব থাকে না, জাগতিক কোনো কিছুই
তাকে স্পর্শ করেনা, তার আকাঙ্ক্ষা লুপ্ত হয়।
দুর্ভাগ্য তাকে স্পর্শ করে না।
প্রেম অপেক্ষা কোন কিছুই মিষ্ট, বলবান,
ভাব, আনন্দ বা পূর্ণতর নয় ; প্রেম জাগতিক বা
স্বর্গীয় যে কোন বস্তু অপেক্ষা শ্রেষ্ঠতর।
প্রেম ঈশ্বরের মধ্য থেকে সৃষ্ট, এবং তাতেই স্থিত।
তাই প্রেম অপেক্ষা কোন কিছুই মহত্বর নয়,
কারণ তা আকাঙ্খার, কামনা-বাসনার নিবৃতি ঘটায়।
তার একমাত্র কাঙ্খিত বস্তু ঈশ্বরপ্রেম, ঈশ্বরের সান্নিধ্যতা লাভ।

এটা একেবারেই পরিষ্কার, ভগবানে নিবেদিত প্রেম একেবারেই স্বার্থশূন্য. যা তাকে মুক্ত করে, জাগতিক প্রেমর মত বন্ধনে আবদ্ধ করেনা।

ঈশ্বরে নিবেদিত প্রেমের কোন সংজ্ঞার প্রয়োজন হয় না। তা বহু ধরনের এবং তা মহামূল্যবান, তা উজ্জ্বল, বর্ণনায় ঈশ্বরকে বিভিন্নভাবে বালবাসা যায়। একজন ভক্ত তাকে ঈশ্বরের দাসরূপে কল্পনা করে, তাকে প্রভুর মত সেবা করতে পারে, ভালবাসতে পারে। নিজেকে পিতা মাতা ভেবে ভগবানকে সন্তানের মত ভালবাসা দেওয়া যায়। এমনকী ঈশ্বরকে বন্ধুর মতও ভালবাসা যায়। মানব হৃদয় সদা আনন্দময় ঈশ্বর হৃদয়ের সঙ্গে একাত্ম হতে চায়। এই আকাঙ্খা ভক্তকে আকুল করে তোলে, তার মন সর্বদা ঈশ্বর চিন্তায় মগ্ন থাকে। সে ঈশ্বর প্রেমে বিভোর হয়ে যায়।

নিজেকে সত্যিকারের ভালোবাসার অর্থ ভগবানকে ভালোবাসা,
ভগবানকে ভালবাসার অর্থই সকল জীবকে ভালোবাসা
তার সৃষ্ট জীবকে, নিজেকে এবং তাকে ভালোবেসে
আমরা আমাদের সুখী করতে পারি।

—Philip James Bailey

প্রেমের পথ এই কলহ বিবাদে পূর্ণ, ঘৃণায় জর্জরিত পথিবী থেকে তোমাকে মুক্তি দিতে পারে, স্বার্থহীন ভালোবাসা জাগতিক মানুষের কাছে প্রশ্নাতীতভাবে উচ্চ এবং সোনার মতই খাঁটি। এটা সত্য ঘৃণা বা দুর্ভাগ্যকে জয় করার সর্বশ্রেষ্ঠ পথ প্রেম।

এরপর আমরা পেশী শক্তির অধিকারী, মারকুটে মানুষের কথা ভাবব, কেমন করি তিনি ঈশ্বরকে লাভ করেন? তার কর্মকে ঈশ্বরের পূজা ভেবে নিঃস্বার্থ কর্ম দ্বারা এবং সমস্ত কর্মের ফল ঈশ্বরকে নিবেদনের মধ্য দিয়ে তিনি ভগবানকে পেতে পারেন। লক্ষ্য করুন প্রেমের পথ বা কর্মের পথ একই দিকে ধাবিত, কারণ ভক্ত সর্বদাই ঈশ্বর চিন্তায় মগ্ন।

আমার পূর্ববর্ত্তী অধ্যায়ে তিনটি আদর্শবোধ ভিত্তির সঙ্গে পরিচিত হয়েছি কর্মরূপে উল্লেখিত হয়েছে। যা ঈশ্বরের ইচ্ছায় তার পথ নির্ণিত হয়।

তৃতীয় পথ বা পন্থা জ্ঞানের আধারিত। একজন চিন্তাশীল মানুষ জ্ঞানের পথ অনুসরণ করে ঈশ্বর লাভে ব্রতি হন। মস্তিষ্কই এরূপ মানুষের চালিকা শক্তি, তিনি যাবতীয় বস্তু এবং বস্তু নির্ভর জ্ঞানের অসারতা উপলব্ধি করতে পারেন, সার এবং অসারের পার্থক্য নির্ণয় করে, তিনি তার সমস্ত শক্তি এবং মন ঈশ্বরের কাছে নিবেদন করেন। কারণ তিনি অনুভব করতে পারেন জগৎ এবং একমাত্র ঈশ্বরই সত্য এবং চিরন্তন। তিনি ধর্মগ্রন্থ এবং ধর্মবিষয়ক রচনা সমূহ বিশ্লেষণের মধ্য দিয়ে এই সত্যে উপনীত হন যে ভগবান ব্যতিত আর সমস্ত কিছুই অসার, অসত্য এবং প্রতিটি জীবই পরমাত্মার অংশ।

(প্রকৃত) সত্য এবং অসত্যের ফারাক বুঝতে হবে। যদি আমি ‘জগৎ মিথ্যা’ তা বিশ্বাসযোগ্য নয়, এটা অসার কারণ জগৎ সদা পরিবর্তনশীল, এবং আজ আমরা তাকে যেরূপে দেখছি, তা পরিবর্ত্তনের মধ্য দিয়ে এই রূপ প্রাপ্ত হয়েছে। যদি আজ কোন শিশুকে দেখ, কুড়ি বৎসর পরে, তুমি তাকে চিনতে পারবে না। আজকের যুবক সময়ের সাথে এক জড়বস্তু বৃদ্ধে রূপান্তরিত হবে। তারপর আসে মৃত্যু, যখন সবকিছুই পরিবর্ত্তনশীল,

জীবন ধারা ও একই রূপে চলতে থাকে পরিবর্ত্তনের মধ্য দিয়ে। ... বিদায় নিলেও রঙ্গমঞ্চের পরিচালক এবং নাট্যকার বর্ত্তমান থাকে।

শুধুমাত্র জ্ঞান বা আলো থেকে যায় বিভিন্ন রূপ পরিগ্রহ করে। যা আমাদের বর্তমান এবং আদি সত্তাকে স্বপ্ন এবং স্বাশ্বত রূপে ব্যাখ্যা করা যেতে পারে, তাই স্বপ্নে যা বাস্তব জাগ্রত অবস্থায় তা অলীক মাত্র। তাই সাধারণ অবস্থায় যা সত্য, আমাদের মূল স্বত্বা আত্মার কাছে তা নিতান্তই অসত্য, অবাস্তব।

জ্ঞানের পথ অন্য দুটি পথের তুলনায় শ্রেষ্ঠতর, কিন্তু এপথ কঠিনতম পথ। কারণ জ্ঞানও সর্বদা বুদ্ধিনির্ভর মাত্র। এটা অনুভবের বিষয়। তিনি 'তাকে জানে না', এ অবস্থা প্রাপ্ত হলে তিনি ঈশ্বরের সঙ্গো একাত্ম হয়ে যান। তিনি তখন মুক্ত পুরুষ, তিনি জীবনরূপ দাসত্ব থেকে মুক্ত হন।

তিনি তখন ঈশ্বরত্ব প্রাপ্ত হন। এ অবস্থার ব্যাখ্যা দেওয়াও কঠিন এবং অনুধাবন করা কঠিনতর। জাগতিক বস্তুর সঙ্গো সম্পর্কহীন মন জগতের আকর্ষণকে ছিন্ন করে সর্বোচ্চ স্তকে উন্নিত হয়, লাভ হয় মুক্তি। এটা এত সুন্দর এবং স্বাভাবিক এবং ব্যাখ্যার অতীত।

আমরা প্রথম দিকের একটি অধ্যায়ে আলোচনা করেছি, হঠাৎ করে কেমন করে একজন মানুষের মনে বিষয় বৈরাগ্য জন্মে, তিনি জাগতীক মোহ থেকে মুক্ত হয়ে আলোর জগতে প্রবেশ করে, সাধারণ জীবনের উর্দ্ধে উঠে ঈশ্বর প্রেমে নিমজ্জিত হন, তিনি সম্যকরূপে হঠাৎ কোন অজানা কারণে মানুষ তার অজ্ঞানতা, বিষয়াসক্তিকে ত্যাগ করে আলোর দিশারী হয়ে সাধুত্ব লাভ করেন। এর প্রত্যক্ষ্য কারণ দুভাগে ভাগ করা যেতে পারে। যেমন—হঠাৎ বৈরাগ্য বা আলোর সন্ধান লাভ বা পূর্ণতা প্রাপ্তি। অথবা তিনি বুঝতে পারেন যে জাগতিক বস্তু মাত্রই আমার সত্বাই মুক্তিলাভ করেন। এটা অনেকটা ব্যাঙ্কের একাউন্টের মতো। ডেবিট-ক্রেডিট-ব্যালান্স ছাড়া কী কোন একাউন্ট হতে পারে? যখন কোন ব্যক্তির টাকা ব্যাঙ্কে জমা থাকে তখন ব্যাঙ্ক তার কাছে ঋণি থাকে অথবা সর্ত্তসাপেক্ষে সে

তার উপভোক্তাকে ঋণ দিতে পারে, এবং জমা টাকার সাপেক্ষে তাকে সুদ দিতে পারে যদি ব্যাঙ্কে তার উপভোক্তাকে কোনরূপ ঋণ না দেয় অথবা উপভোক্তার কোন টাকা ব্যাঙ্কে জমা না থাকে তবে কী হয়? একাউন্ট স্বাভাবিকভাবে বন্ধ হয়ে যাবে।

এখন মানুষের কর্ম, এবং জীবনের ভালোমন্দের বিষয়টি এ বিষয়ের সঙ্গে তুলনীয়, ভালকাজের জন্য মানুষ পুরস্কৃত হয়। এটা শুধুমাত্র ঐহিক জীবনেই সীমাবদ্ধ থাকে না। পুর্নজন্মের তত্ব যা বিজ্ঞান এবং প্রকৃতিতে সাত্বিকরূপে গৃহিত ভাল বা মন্দের কাজ ফল চক্রাকারে তা মানব জীবনে ভোগ করে। যে মুহূর্তে ভালমন্দের ফারাক মানুষ অনুভব করতে পারে, সে মুহূর্ত্তে মানুষ ঈশ্বরের স্বরূপ উপলব্ধি করতে পারে, তার আর পুর্নজন্ম ঘটে না। তিনি ঈশ্বরে লীন হয়ে যান। এভাবে ঈশ্বরের সঙ্গে একাত্ম হওয়াকে কখনই দেহাবসান বা মৃত্যু বলে পরিগণিত করা ঠিক হবে না। প্রকৃতপক্ষে এটাকে জীবনের মুক্তিরূপে আখ্যায়িত করা যেতে পারে, যা সজ্ঞানে ঘটে। এই মহামিলন বর্ণনাতীত এবং স্বইচ্ছায় আবার পূনর্জন্ম বা অতিত অবস্থায় ফিরে আসা যায় না। আর তার প্রয়োজনই কী? কারণ এটাই মানব জীবনের পরম লক্ষ্য। আত্মার অন্তিম গন্তব্যস্থল। এখানে আত্মার চলার গতি থামে, সে তার নিজের বাসস্থান স্বর্গে আশ্রয় লাভ করে। প্রকৃত মহাত্মগণ এভাবেই ঈশ্বরত্ব প্রাপ্ত হন। তাই তাদের পুনর্জন্মের কথা আমাদের অশ্রুত।

এর ব্যতিক্রম আমরা কোথায় দেখতে পাই, যেখানে ভন্ড, প্রতারক সাধুর বেশ ধারণ করে। যিনি প্রকৃত সাধু নন, তেমনক্ষেত্রে। কুসুম ঝরে পড়লে, তবেই ফলের সৃষ্টি হয়। যিনি বোধ লাভ করেন, তিনি পরমাত্মায় লীন হয়ে যান, তার পুনর্জন্মের প্রয়োজন কোথায়?

দেহের পরিসমাপ্তি এবং পরমাত্মার অঙ্গীভূত হওয়ায় বিষয়টিকে এভাবে ব্যাখ্যা করা যেতে পারে। একটি জলপূর্ণ কলস সূর্য্যের আলো প্রতিফলিত করে সামনে স্থিত দেওয়ালকে আলোকিত করে। এর কারণ দুটি এক

সূর্য্য এবং তার আলো। কলসের জল মাটিতে ঢেলে ফেলা হলে, তা শুকিয়ে গেলে, প্রতিফলনের কি হবে? তা কী আলো শোষণ করে নেবেনা? তেমনি পরমাত্মা দেহে প্রতিফলিত হয়, এই প্রতিফলনই মানবদেহ। যখন মানবদেহ তার সত্বায় ফিরে যায় তখনই আত্মার মিলন ঘটে পরমাত্মার সঙ্গে।

❑❑❑

২৩

তিনটি গল্প

কোন অলৌকিকতার অস্তিত্ব নেই, আছে কেবলমাত্র
ঈশ্বরের মহান প্রকৃতি, কোন অলৌকিক বা
অবাস্তবতার স্থান নেই, পবিত্রতার মধ্যে দিয়ে জীবন অতিবাহিত
করার মধ্যে আছে পরম লক্ষ্যে পৌঁছুবার অপার সম্ভাবনা।

—Erric Butterworth—Life is for living.

জাগতিক মানুষের অস্বাভাবিকতা :

পূর্ববর্ত্তী অধ্যায়ে আমরা উল্লেখ করেছি কেমন করে জাগতিক মানুষ, জীবনের এক পরম সন্ধিক্ষণে তাদের জীবন চক্রের মধ্যে এক অভূতপূর্ব ঘটনায় অথবা কোন আকস্মিক ঘটনা প্রবাহে জীবনের লক্ষ্য একেবারে বদলে যায়। আমি এখানে প্রাসঙ্গিক তিনটি গল্প বলব তাদের অন্তর্নিহিত রূপক সহ, এগুলি হয় ঐতিহাসিকরূপে সত্য অথবা কল্পনা প্রসূত ঘটনা।

প্রাচীন হিন্দু ধর্মীয় সাহিত্য এমন কিছু ঘটনার বর্ণনা আছে যা অলৌকিক অথবা অভূতপূর্ব, এবং বিস্ময়কর। দেবদূতগণ মর্ত্তের মানুষের সঙ্গো অবাধে মেলামেশা করতেন এবং স্বয়ং ঈশ্বর তার ভক্তগণকে রক্ষা করতে জীবদেহ পরিগ্রহ করে মর্ত্তলোকে অবতাররূপে আবির্ভূত হতেন। তার এই মর্ত্তে আগমন সবসময় প্রাকৃতিক নিয়ম মেনে ঘটত না। এই ধর্মীয় সাহিত্যগুলি পাঠ করার সময় কিছু সর্ত্ত পালন করতে হবে অর্থাৎ মনে সন্দেহের অবকাশ রাখলে চলবে না। আজকের আধুনিক মানুষের এই সমস্ত ঘটনাকে অবাস্তব ভাবকে আমি একেবারেই উপেক্ষা করতে পারিনা। যেমন এরিক বাটনের বক্তব্য উপরে বর্ণিত।

এখন আমার গল্প—

প্রথমে আমরা হিন্দুদের মহাকাব্য রামায়নের শ্রষ্টা বাল্মিকীর কথা বলব। যিনি যৌবনে বনের উপান্তে বাস করতেন এবং দস্যুবৃত্তি করে সংসার নির্বাহ করতেন। স্ত্রীপুত্র এবং নিজের ভরণপোষণের জন্য তিনি অসতর্ক পথচারীদের হত্যা করে তাদের সম্পদ লুঠ করে নিতেন সামান্য বাধা পেলেই তিনি হিংস্র হয়ে উঠেন, এভাবেই তিনি বহু বৎসর কাটিয়েছিলেন।

সৌভাগ্যবশত একদিন কয়েকজন ঋষি তার এলাকার মধ্য দিয়ে অন্যত্র গমন করছিলেন। তিনি ঋষিগণকে হুঙ্কার দিয়ে তাদের সম্পদ তার কাছে তুলে দিতে বললেন। ভাগ্যের পরিহাস তিনি দেখতেও পেলেন না সামান্য কমুণ্ডল ছাড়া তাদের কাছে অন্য কোন বস্তুই ছিল না।

এবং ঋষিগণ সম্ভবত তাকে উপহাস করে অথবা তারমধ্যে পরিবর্ত্তন আনার জন্য এবং ভবিষ্যতে তার মধ্যে জ্ঞানের সঞ্চার ঘটাবার জন্য একটি সর্ত্তে তার কাছে আত্ম সমর্পণ করলেন। ঋষিগণ তাকে তার গৃহে ফিরে গিয়ে তার সন্তান এবং স্ত্রীকে জিজ্ঞাসা করতে বললেন, যে যাদের প্রতিপালনের জন্য তিনি এমন পাপকার্যে লিপ্ত, তারা তার এই পাপের ভাগীদার হবেন কীনা, এবং তৎক্ষণ পর্যন্ত ঋষিগণ তার জন্য সেখানে অপেক্ষা করবেন। দস্যু অবাক হয়ে গেল, সে নিশ্চিত ছিল যে তারা তার পাপের ভাগীদার হতে রাজী হবেন। তিনি গৃহে ফিরে গিয়ে তাদের ঐ প্রশ্ন করতে তারা তার পাপের ভাগ বহন করতে অস্বীকার করল। উত্তরে তারা জানাল তাদের প্রতিপালনের জন্য তারা কোনদিনই তাকে দস্যুবৃত্তির মত হীন কাজ করতে বলেনি এবং যে কোনো উপায়ে তাদের প্রতিপালন করা তার কর্তব্য। তিনি গভীর মানসিক আঘাত পেলেন যা তার জীবনে অত্যন্ত প্রয়োজন ছিল। তিনি অপেক্ষমান সাধুদের কাছে ফিরে এলেন। তিনি তাদের পদতলে লুটিয়ে পড়ে তার মুক্তির উপায় ভিক্ষা করলেন, ঋষিগণ তার মুক্তির উপায় বলে দিয়ে প্রস্থান করলেন। কয়েক বৎসর পর তারা সেখানে ফিরে এসে, আনন্দের সঙ্গে লক্ষ্য করলেন সম্পূর্ণরূপে মাটি দিয়ে আবৃত অবস্থায় তিনি পবিত্র ঈশ্বরের নাম জপ কে যাচ্ছেন, তার সারাদেহ উইপোকায় আবৃত। এক দস্যুর পরিবর্তনের মধ্য দিয়ে এক নতুন

ঋষিরূপে নবজন্ম তাদের আনন্দিত করল। তারা তার নাম করলেন বাল্মিকী, যার অর্থ উইঢিবি।

প্রকৃত কর্মের আনন্দ :

দ্বিতীয় গল্পটি মহান সন্ত এবং বিখ্যাত হিন্দি কবি তুলসীদাসের সম্বন্ধে। যিনি তার মাতৃভাষায় রামায়ণ অনুদিত করেন। তার রচনা মূল মহাকাব্যের সমস্ত রস এবং আবেদনকে অক্ষুণ্ণ রেখে ঈশ্বরের অনুপ্রেরণায় রামায়ণ লেখেন, তুলসীদাস তখন প্রাণপ্রাচুর্যে ভরপুর এক তরতাজা যুবক। তিনি নিতান্ত অল্প বয়সেরই এক অপূর্ব সুন্দরীর পাণী গ্রহণ করেন, তার রূপ এবং দেহলাবণ্য তুলসীদাসকে একেবারে বশীভূত করে রেখেছিল। তিনি এক মুহূর্তের জন্যএ তার বিচ্ছেদ সহ্য করতে পারতেন না। একদিন বিশেষ কারণ বশত তার স্ত্রী তাকে সঙ্গে না নিয়ে একাকী তার পিতৃআলয়ে যেতে বাধ্য হন। স্ত্রী বিচ্ছেদে তার বুদ্ধি বিভ্রম ঘটে এবং তৎক্ষণাৎ তিনি সেখানে যাবার জন্য প্রস্তুত হন; আবহাওয়া সেদিন অত্যন্ত দুর্যোগপূর্ণ ছিল, গভীর রাত্রে তিনি প্রবল বেগবতী নদী পার হয়ে তার শ্বশুর বাড়িতে উপস্থিত হন। বাড়ির ফটক বন্ধ থাকায় তিনি এক অজগর সাপকে দড়ি ভেবে তার সাহায্যে বাড়ীর প্রাচীর ডিঙ্গিয়ে ভেতরে প্রবেশ করেন। তার স্ত্রী তার রক্তাক্ত এবং ভেজা শরীর দেখে তার এই শারীরিক মোহের জন্য তিরস্কার করেন এবং বলেন তোমার স্ত্রীর প্রতি তার তীব্র আকর্শণের কণা মাত্র ঈশ্বরের প্রতি থাকলে তার ঈশ্বর দর্শন ঘটত। ঈশ্বরলাভ ঘটত। এই ছিল তার জীবনে আধ্যাত্মিকতা লাভের ইঙ্গিত। তিনি তৎক্ষণাৎ তার ভ্রান্তি উপলব্ধি করলেন এবং ঈশ্বরের পরম ভক্তে পরিণত হলেন।

তৃতীয় গল্পটি দক্ষিণ ভারতের সঙ্গিত সাধক পুরন্দর দাসের জীবনী নিয়ে। তাঁর জীবনে যা ঘটল তা নাটক ছাড়া আর অন্য কিছুই নয়। তিনি ছিলেন রত্নবণিক এবং সুদের কারবারি। অর্থ তার কাঁছে প্রাণের চেওে মূল্যবান ছিল। তিনি ছিলেন অত্যন্ত কৃপণ। তিনি যথেস্ট ধনী ছিলেন, কিন্তু অর্থ পিপাসা তাকে অর্থ রোজগারের যন্ত্রে পরিণত করেছিল।

তার আলোক প্রাপ্তির সময় এগিয়ে আসছিল। একদিন এক দরিদ্র ব্রাহ্মণ তার গৃহে এক ধর্মীয় অনুষ্ঠানের জন্য রামদাসের কাছে কিছু অর্থ

চাইলেন। কিন্তু কৃপণ রামদাস তাকে তিরস্কার করে তার ব্যবসার স্থান থেকে তাড়িয়ে দিলেন। কিন্তু নাছোড় ব্রাহ্মণ রাম দাসের বাড়িতে হাজির হয়ে তার স্ত্রীর কাছে অর্থ সাহায্য চাইলেন। তিনি তার স্বামীর চরিত্র জানতেন, কিন্তু দরিদ্র ব্রাহ্মণকে খালি হাতে ফিরিয়ে দিতে তার মন চাইছিল না, তিনি তার পিতার থেকে উপহার হিসাবে পাওয়া একটি রত্নখচিত বহুমূল্য নাকছাবি ব্রাহ্মণকে দান স্বরূপ দিয়ে দিলেন। পুরোহিত খুব খুশি হলেন। কিন্তু রামদাসকে ... করতে চেয়ে তার কাছে ঐ বহুমূল্য নাকছাবিটি বিক্রয় করতে চাইলেন। তিনি নাকছাবিটি তার সিন্ধুকে যত্ন করে রেখে, সন্দেহবশত বাড়িতে এসে, তার স্ত্রী নাকছাবিটি দেখতে চাইলেন এবং না পেয়ে তিনি স্ত্রীর কাছে কৈফিয়ত চাইলেন। অপমানিত স্ত্রী অপমানের জ্বালায় বিষ পান করে আত্মঘাতী হতে চাইলেন। যে মুহূর্তে তিনি বিষের পাত্র পান করতে গেলেন সেই সময় তার পাত্রে ঐ নাকছাবিটি কোথা থেকে উড়ে এসে পড়ল। তিনি অবাক হয়ে নাকছাবিটি নিয়ে তার স্বামীর হাতে দিলেন। রামদাস তার দোকানে এসে আলমারী খুলে, ... নাকছাবিটি সেখানে দেখতে পেলেন এবং দরিদ্র পুরোহিতকে তিনি সেখানে খুঁজে পেলেন না।

অদ্ভুত এই নাটকীয় ঘটনা তার চোখ খুলে দিল, তিনি সঙ্গে সঙ্গে সমস্ত বিষয় আষয় ত্যাগ করে, বিবাগী হয়ে গেলেন। পথে ঘুরে ঘুরে ঈশ্বরের নাম গাইতে লাগলেন।

❑❑❑

২৪

এখানে এবং সর্বত্র :

তিনিই (কে) ভোগ করে দুর্ভোগ এবং নরক যন্ত্রণা।

এক পরিশ্রম সাধ্য এবং তুষ্টি বিহিন জীবন যাপন করে, মৃত্যুর বিভিষিকায় ভীত হয়ে এক কল্পিত অজানা লোকের ভয়, যার থেকে মানুষের পরিত্রাণ নেই, এবং যেখান থেকে মানুষ ফিরেও আসতে পারে না। তাই আমরা আমাদের এত কষ্ট পূর্ণ জীবন ছেড়ে অনিশ্চয়তা পাড়ি দিতে ভয় পাই। মৃত্যুকে এড়াতে চাই।

—উইলিয়াম শেক্সপিয়ার, হ্যামলেট

মৃত্যুভয় :

মৃত্যু সঠিক সময়ে জীবনের রঙ্গমঞ্চের পর্দা টেনে দেয়। তাই প্রতিটি মানুষের মনেই ভয় জাগায় কখন আমাদের এই পরিচিত জগৎ থেকে আমাদের সরিয়ে নিয়ে এক অজানা জগতে নিয়ে যাবে? কী হবে আমাদের এই আত্মা এবং মরদেহের আসলে? মৃত্যুর উদ্দেশ্য বা লক্ষ্যই কী? আমাদের কী পুনর্জন্ম ঘটে? অনেক প্রশ্ন জাগে আমাদের মনে। এ সম্বন্ধে বহু মতামত, বহু তত্ত্ব ও লেখা হয়েছে, যা পরস্পরবিরোধী এবং বিভ্রান্তিকর। তা থেকে আর যাই হোক আলোর সন্ধান পাওয়া যায় না।

এই ছোট পরিশিষ্টে অন্তত একটি প্রশ্নের উত্তর দেওয়ার চেষ্টা করা যাক। বিভিন্ন তথ্য, লেখা এবং উদ্ধৃতিকে অবলম্বন করে এই সিদ্ধান্তে আসি—

> প্রভু বলেন, "আমি পুনর্জন্ম প্রাপ্ত হব", যদিও সকলের বিশ্বাস ছিল তিনি মৃত। তিনি আরও বলে, 'যে আমায় বিশ্বাস করে, তার মৃত্যু নেই।"

—বাইবেল

"মৃত্যুর পরই আসে প্রকৃত অমরত্ব, চিরস্থায়ী জীবন।"

—St. Francis of Assissi.

মানুষ যেমন জীর্ণ পুরাতন বস্ত্র ত্যাগ করে, আত্মাও জীর্ণ এবং পুরাতন দেহ ত্যাগ করে, নতুন দেহ ধারণ করে।

—The Bhagavat Gita.

মৃত্যুর পূর্বে মানুষ পূর্ণ জীবন লাভ করে না, তবে কেন আমরা দুঃখ করি, অমর এবং চিরজীবনের মধ্যে এক নতুন শিশু জন্মগ্রহণ করলে। আমরা দেহধারণ করি আনন্দ লাভের জন্য, জ্ঞানের আলো লাভের জন্য, ঈশ্বরের সৃষ্ট জীবের সেবার জন্য, যা ঈশ্বর নির্দেশীত কর্মমাত্র। তাই জীর্ণ দেহ, যা ঈশ্বরের উদ্দেশ্য সাধন করেনা তার পরিসমাপ্তিতে দুঃখ পাই কেন? মৃত্যুই আমাদের ঈশ্বরে অন্য কাজে নিযুক্ত করে। আমাদের এবং আমাদের সকল বন্ধুদের নিমন্ত্রণ আছে এক চিরশান্তির সমাবেশে যোগ দেওয়ার, যারা আগে চলে গেছে তাদের আসনপ্রাপ্তি ঘটেছে, আমরা একসঙ্গে যেতে পারিনা। তাই যারা চলে যায় তাদের জন্য কষ্ট কেন? আমাদের সকলকেই একে একে যেতে হবে সেখানে আমরা সবাই সকলকে খুঁজে পাব।

—Benjamin Franklin

কিন্তু মানুষ মনে করেন, বিজ্ঞানের একমাত্র উদ্দেশ্য, ধর্মকে হেয় প্রতিপন্ন করা তাকে পুরোনো এবং অকেজো প্রতিপন্ন করা। কিন্তু আমি মনে করি বিজ্ঞান সুন্দরভাবে ধর্মের স্বরূপ উন্মোচন করে।

বিজ্ঞানের তত্ব অনুযায়ী, মহাবিশ্বে সমস্ত কিছুই অবিনশ্বর এমন কী পরমানু ও অবিনশ্বর। প্রকৃতির কোন বস্তুরই বিনাশ সম্ভব নয় কেবলমাত্র তার অবস্থার পরিবর্তন ঘটে।

যদি ঈশ্বর এই মূলতত্ব তার সৃষ্টি প্রতিটি জীবের উপর আরোপ করে, যদি আত্মার উপর তা আরোপিত হয়, তবে তাতে অবাক হওয়ার কী আছে?

তাই বিজ্ঞানের তত্ব অ... মধ্যে আরও গভীর বিশ্বাস জন্মায় যে, মৃত্যুর পরও জীবনের অস্তিত্ব আছে। কারণ কোন কিছুকেই নিশ্চিহ্ন করে দেওয়া যায় না।

Dr. Wernher Von Braun,

Space Physicist.

স্পষ্ট করে বললে, মৃত্যুই জীবন, বাইবেল মৃত্যুতে নয়, জীবনেই আস্থা রাখে, মৃত্যুই প্রমাণ করে, জীবনের চিরসত্বার— তার অবিনশ্বরতার।

Dr. Norman Vincent Peale.

আমরা এই বিষয়াশক্ত জীবনে ক্ষণস্থায়ী আনন্দে বিভোর হয়ে থাকি। কিন্তু এই ইন্দ্রিয়সুখ ভোগই জীবনের লক্ষ্য হতে পারে না। ভুললে চলবে না আমাদের লক্ষ্য অমরত্বের দিকে, যার অবলম্বন একমাত্র ঈশ্বর এবং গভীর বিশ্বাস তার অস্তিত্বে।

এজীবন ভবিষ্যতে জন্মের যাত্রাকে প্রশস্ত করার উদ্দেশ্যে প্রাপ্ত, অনুধাবন করতে হবে আত্মার প্রকৃত উদ্দেশ্য।

Dr. Warren

Weaver.

২৫

সকলের জন্য আশা

"বর্ত্তমান অপেক্ষা আমাদের পূর্বাবস্থা আরও সুন্দর ছিল" এ তত্ব চিরকালীন এবং শ্বাশত।

—Horace Greeley

{মানবিকতার (মানব সভ্যতার) কী অগ্রগতি ঘটছে অথবা পশ্চাদপসারণ?} প্রযুক্তি বিদ্যা, বৈজ্ঞানিক ধ্যানধারণা, অথবা সামাজিক অগ্রসরতা কী উন্নতি? সংঘবদ্ধ মানব প্রজাতী, তাদের পারস্পরিক সহাবস্থান আসলে কী তাদের দৈত্যে পরিণত করছে না?

এই প্রশ্ন বার বার উঠে আসবে যদি আমরা ইতিহাসকে না পড়ি। তাকে সঠিকভাবে বিচার করি, মানুষ এমন এক সমাজ গড়ে তুলেছে, যেখানে দুর্বল-সবলের সঙ্গে সহবাস্থান করতে পারে। দুর্বলতর মানুষ ন্যায় বিচার পেতে পারে। এমনই এক নিবন্ধ আমি ভারতীয় সংবাদপত্রে উপস্থাপনা করেছিলাম।—

প্রশ্ন : আমি প্রায়শঃ আমার কাকার (পিতৃব্য) মুখে শুনতে পাই যে তাদের সময়কার সমস্ত কিছুই আজকালকার থেকে ভাল ছিল। তারমতে পৃথিবী ধ্বংসের দিকে এগিয়ে যাচ্ছে। কারণ সমস্ত মহৎগুণের অবমূল্যায়ন হচ্ছে। এটা কতটা সত্য?

উত্তর : আমি মনে করিনা এক কথায় সবকিছুকে উড়িয়ে দেওয়ার মধ্যে যথেষ্ট সত্য আছে। সম্ভবত তার যৌবনে তারা চার পাশে যে আনন্দের উপকরণ খুঁজে পেতেন, আজকাল আর তেমনটি

পাচ্ছেন না। তাই তার মনে হচ্ছে আগেকার সময় ভাল ছিল। যদি তুমি অন্য দৃষ্টি নিয়ে দেঘ, তুমি চারিদিকে দারুণ উন্নয়নের চিহ্ন দেখতে পাবে। তাই কেবল প্রযুক্তিগত দিক থেকে নয়, মানুষের মানবিক বোধেরও যথেষ্ট উন্নতি ঘটেছে। ভাবলে হবেনা নৈতিকতার বিষয়টি কেবলমাত্র স্ত্রীপুরুষ বা যৌন বিষয়ের সঙ্গো সম্পর্কিত। আমি বরং যৌনতা ছাড়া নৈতিকতার কথা বলছি।

প্রশ্ন : আচ্ছা, ঠিক আছে। এক সময় আমরা বন্য প্রাণীর মত জীবন যাত্রায় অভ্যস্ত ছিলাম, যা বিশ্বের ধর্মের মানুষগণ লৌহযুগ বলে আক্ষ্যায়িত করেছে। সেখানে নৈতিকতার স্থান অল্পই ছিল। এরপর আসে মহাপ্লাবন যা পৃথিবীতে প্রাণের অস্তিত্বকে লোপ করে।

উত্তর : এটা প্রমাণ করা যাবে না যে আজকের নারী পুরুষ নোংরা, কদাকার জীবন যাপন করেন। আমরা প্রাচীন সাহিত্য এবং মহাকাব্যগুলিতে দেখেছি তখনকার মানুষও এরূপ জীবনযাপনেই অভ্যস্থ ছিল। ঐতিহাসিক তথ্যগুলিকে সত্য বলে মেনে নিলে বলতেই হয়, যে আজকের মানুষের, বা জাতীর উৎপত্তি তাদের থেকেই।

ধর্মীয় সাহিত্য বা ধর্মগ্রন্থগুলির বিষয়বস্তুর অনেকটাই কাল্পনিক। যদিও কল্পনারও কিছু বাস্তব ভিত্তি থাকে। তাই বলতে পারি হাজার হাজার বছর পূর্বের প্রাচীন সভ্যতাগুলি যথেষ্ট উন্নত ছিল।

প্রশ্ন : আপনি আমার 'মহাপ্লাবন' বিষয়ক প্রশ্নটির উত্তর দিলেন না।

উত্তর : যেহেতু মানুষের জীবনকাল সংক্ষিপ্ত, তাই সে ভাবে, পৃথিবীরও বিনাশ আছে। আমরা বাইবেলেও মহাপ্লাবনের বর্ণনা পাই। এমনকী হিন্দু শাস্ত্রে হাজার হাজার বছর পূর্বের লৌহ যুগের

কথা বর্ণিত হয়েছে। আজকের পৃথিবীর দিকে লক্ষ্য করলে এবং আন্তর্জাতিক সম্পর্ক, আনবীক অস্ত্রের বাড়বাড়ন্ত এবং তাদের উপর বিভিন্ন পরিক্ষা-নিরিক্ষার বিষয়গুলিকে মাথায় রাখলে বলতেই হয়, আমাদের পৃথিবী ধ্বংস থেকে খুব দূরে নেই। আনবীক যুদ্ধই নির্ণয় করবে ক তদিন পৃথিবীতে প্রাণের অস্তিত্ব থাকবে।

প্রশ্ন : আপনি কি মনে করেন যে পৃথিবী খুব তাড়াতাড়ি ধংস হয়ে যাবে?

উত্তর : না, খুব তাড়াতাড়ি ঘটছে না। বহু বৎসর পূর্বে আনবিক অস্ত্র আবিস্কৃত হয়েছে। পৃথিবী বহু সংকটের মধ্যে অতিবাহিত করেছে, আমরা বহু যুদ্ধের ভ্রুকুটি দেখতে পেয়েছি। কিন্তু আনবীক বোমা একবারই নিক্ষেপিত হয়েছে, হিরোশিমা এবং নাগাসিকাতে।

প্রশ্ন : কি নিশ্চয়তা দেওয়া যায় যে কোন মহাযুদ্ধ ঘটবে না বা আনবিক বোমার ব্যবহার হবেনা?

উত্তর : একেবারে নিশ্চিত করে তা বলা যাবে না। কিন্ততু আনবিক অস্ত্রের ক্ষমতাকে অতিরঞ্জিত করা হয়েছে। পূর্বেও আমাদের ধংসাত্মক ক্ষমতা সম্পন্ন বোমা ছিল, যদিও তার মাত্রা আনবীক বোমা অপেক্ষা কম ক্ষতিকারক ছিল। এর আগেও পৃথিবীর দেশগুলি যুদ্ধরত গোষ্ঠিতে বিভক্ত হয়ে পড়েছিল। এমন কী ঘটেছিল যাতে পৃথিবীর প্রতিটি অংশ বোমার আঘাতে বিদ্ধস্ত হয়নি।

তাছাড়া মানুষ এবং জীবজগতের প্রতিটি প্রাণীরই সহ্য করার এক অদ্ভুত ক্ষমতা আছে, তা ছোট বড় যাই হোক না কেন?

প্রশ্ন : প্রতিরোধের বিষয়টি কিন্তু স্পষ্ট হল না।

উত্তর : আত্মসংযম। আমি মনে করি পৃথিবীর যে কোন দুজন মানুষের

স্বার্থ পরস্পরের সঙ্গো সংপৃক্ত। আমরা বুঝতে পারছি যে মানুষের মঙ্গল সাধনের মধ্য দিয়েই কেবলমাত্র নিজের ভাল করা যায়।

প্রশ্ন : কেবলমাত্র আমেরিকায় একক প্রচেষ্টায় যুদ্ধ বন্ধ করা সম্ভব?

উত্তর : তেমনটি আমি কখনই বলিনি। আমি এই সত্য তুলে ধরার চেষ্টা করেছি যে, পরমাণু অস্ত্রে শক্তিধর দেশগুলিই না তার শিকার হয়ে পড়ে। কারণ আত্মরক্ষায় ব্যস্ত না থেকে তারা আক্রমণাত্মক হয়ে পড়বে। কারণ সকলেই ক্ষমতার দম্ভে অপরের সঙ্গো কথা বলতে অভ্যস্ত।

প্রশ্ন : আপনি কেন মনে করেন যে আর মহাযুদ্ধ ঘটবে না?

উত্তর : এর পেছনে অনেক কারণ বর্তমান। বর্তমান পৃথিবীর মানুষ অনেক সচেতন। যেমন জওহরলাল নেহেরু বলেছিলেন, 'মানুষের মতামত আজ আন্তর্জাতিক অনেক ঘটনারই গতি প্রকৃতি নিয়ন্ত্রণ করে।" তাই যারা মন্দ কাজ করে বেড়ায় তারাও জানে, আজকের পৃথিবী তাদের এই অপকর্মকে অনুমোদন করেনা। তাই বহুদেশ এমন কিছু করেনা, যা পৃথিবীর মানুষের দ্বারা নিন্দিত হবে।

প্রশ্ন : আসল প্রশ্নে ফিরে আসি। কেন আপনি বিশ্বাস করেন যে আমরা ধংসের দিকে এগোচ্ছিনা?

উত্তর : আমরা যে বিষয়ে কথা বলছি, অর্থাৎ যেটা তোমার তথাকথিত আসল প্রশ্ন তার সঙ্গো সংগত এর কোন সম্পর্ক নেই। আন্তর্জাতিক সংস্থা অর্থাৎ জাতিসংঘ সারা পৃথিবীতে শান্তির বীজ বপন করছে, তা হয়ত একদিন আমাদের শান্তির রামরাজত্ব ফিরিয়ে দেবে। আসল কথা বিভিন্ন দেশের, বিভিন্ন ধর্মের, এবং বিভিন্ন জাতীর মানুষ আন্তর্জাতিক বিষয়গুলি নিয়ে চিন্তা ভাবনা মধ্য দিয়ে মানব সভ্যতাকে এগিয়ে নিয়ে যাওয়ার চেষ্টায় ব্রতী আছে। একটি দেশ বা জাতীর একচেটিয়া আধিপত্যের ধারনা

খুব তাড়াতাড়ি অন্তর্হিত হচ্ছে। কৃতদাস প্রথা একেবারেই নির্মূল হয়ে গেছে, ঔপনিবেশিকতা, দমন-নিপিড়ন, অর্থনৈতিক বা রাজনৈতিক শোষণ-এর ঘটনাগুলি ইতিহাসের পাতায় স্থান পাচ্ছে। আজকের বিশ্বের জনমতের চাপে।

প্রশ্ন : আপনি কী মনে করেন না, যে আপনার এই মতামত অল্প কিছু মানুষই সমর্থন করবে?

উত্তর : একেবারেই না। আমার স্পষ্ট মনে পড়ছে কানাডার প্রধানমন্ত্রী থাকাকালীন মিঃ লিউস. পাশ্চাত্যের শক্তিধর দেশগুলিকে উপহাস করে বলেছেন তারা আত্ম অহংকারে ডুবে আছে, এবং আরাম-চেয়ারে বসে তথাকথিত অনুন্নত দেশগুলিকে শাসন করার দিন শেষ। এর সাপেক্ষে সবচেয়ে বড় উদাহরণ জাতীসংঘের শাখা সংগঠনগুলি যেমন—UNESCO, Who, FAO প্রভৃতি দারুণ কাজ করছে। এই সমস্ত সংগঠনগুলি মানুষকে অনেক কাছাকাছি নিয়ে এসেছে, তারা তাদের সম্পদ এবং জ্ঞানের বিনিময়ের মধ্য দিয়ে পরস্পরকে সাহায্য করছে এবং উপকৃত হচ্ছে। একসময় হয়তো জাতীসংঘ পৃথিবীর শাসনভার নেবে। জাতীয় সচেতনতা আজও প্রবল, তা সত্বেও আমরা আন্তর্জাতিক বিষয় সম্বন্ধেও গভীরভাবে সচেতন।

একমাত্র এককেন্দ্রিয় শাসনই পৃথিবী থেকে বর্বরতা, হিংস্রতার অবসান ঘটাতে পারে। মানুষের মধ্যে সাম্য আনতে পারে যা মানুষের দুঃখ কষ্টের অবসান ঘটাবে।

প্রশ্ন : আপনার কী মনে হয়, তা মানুষের ব্যক্তিগত জীবনকে কীভাবে প্রভাবিত করবে?

উত্তর : যখন মানুষে মানুষে বৈষম্য থাকবে না, যখন মানুষের চাহিদা থাকবে না, তখন সে এক সুস্থ জীবনের অধিকারী হয়ে, উচ্চতর

আধ্যাত্মিক ভাবনায় নিজেকে মগ্ন রাখতে পারবে। পৃথিবীর লক্ষ লক্ষ মানুষের প্রাথমিক চাহিদাগুলি মেটার ফলে তারা আধ্যাত্মিক জীবন যাপনের মধ্য দিয়ে পৃথিবীর মঙ্গাল সাধনে ব্রতী হতে পারবেন। মানুষ প্রকৃত মানবিক গুণে সমৃদ্ধ হবে। এসম্বন্ধে আমার মনে কোনো সন্দেহ নেই।

❑❑❑

২৬

জগতের রহস্যময়তার অর্থ

অন্তিম লক্ষ্য :

এই মহাবিশ্বের প্রতিটি পরমাণুই স্বয়ংসম্পূর্ণ। এই মহাবিশ্বের একটি অংশ হিসাবে মানুষ তার বিশালতাকে কল্পনা করতে সক্ষম হয় না। একইভাবে প্রতিটি মানুষ তার সীমাবদ্ধ ক্ষমতার মধ্যে নিজের অজান্তেও জাগতিক উন্নয়নে সামিল হয়।

ফুলের উপর বসে থাকা একটি মৌমাছি একটি শিশুকে হুল ফুটিয়ে দেয়। শিশু বলে ওঠে, "মৌমাছির কাজই মানুষকে হুল ফোটান।" কবি ফুলে ফুলে ঘুরে মধু সংগ্রহের জন্য মৌমাছির প্রশংসা করে, তিনি বলেন : মৌমাছির কাজই হল মধু পান করা। মৌমাছি পালক লক্ষ্য করেন : মৌমাছি ফুলে ফুলে ঘুরে মধু সংগ্রহ করে, মৌচাকে সঞ্চয় করছে, তিনি বলেন মৌমাছির কাজ মধু সঞ্চয় করা।

আবার একজন মৌপালক দেখেন মৌমাছি মধু সংগ্রহ করে শিশু মৌমাছিদের খাদ্য জোগান দিতে, রানী মৌমাছিকে প্রতিপালন করতে, তাই তার কাছে মৌমাছির কাজ হল তার প্রজাতীর রক্ষা করা।

একজন উদ্ভিদবিদের কাছে মৌমাছির কাজ হল পরাগ সংযোগ ঘটানো। উদ্ভিদের বংশবিস্তারে মৌমাছির অবদান তিনি পরিলক্ষিত করেন।

অন্যজন বলেন, সংকরায়নের মাধ্যমে মৌমাছি পৃথিবীতে নতুন প্রজাতির উদ্ভিদ সৃষ্টিতে সাহায্য করেন। কে বলেছে আমাদের মৌমাছির বেচে থাকার কারণ খুঁজতেন কিন্তু আমরা কি সঠিক করে বলতে পারি, মৌমাছির জীবনের চরম লক্ষ্য কী?

যদি আমরা আমাদের বোধের সর্বোচ্চ পর্যায়ে নিজেকে উন্নিত করতে পারি তখন বলতে পারি, মৌমাছির পরম লক্ষ্য মানুষের জ্ঞানের অতিত।

তেমনভাবেই বলা যায় না, মানুষের পরম লক্ষ্য কী?

আমরা মোটের ওপর ধারণা করতে পারি জীবনের উদ্দেশ্য কী? জীবনের গতিকে বিশ্লেষণ করে বলা যায় অন্তহীন নাটকের কুশীলব হিসাবে আমরা মাত্র আপেক্ষিক সম্পর্কের উপর নির্ভর করে তাতে অংশগ্রহণ করি। এর সঙ্গে তুলনা করা যেতে পারে কৃষক এবং তার কৃষিকাজের সঙ্গে। কৃষিজমির কোন একটি গাছ তার নিজের ইচ্ছায় নিজের মত করে বাঁচতে পারেনা। কারণ কৃষক একটিমাত্র চারা বা গাছকে আলাদা করে দেখতে পারেন না।

কৃষক জমি প্রস্তুত করেন, বীজ বপন করেন এবং সঠিক সময়ে চারা রোপন করেন। সময়মতো প্রয়োজন অনুসারে সেচ দেন এবং জমিতে সার দেন যাতে প্রতিটি গাছ সমানভাবে বাড়তে পারে এবং সমানভাবে ফসল ফলাতে পারে।

তথাপি সকল বীজ অঙ্কুরিত হয়না, সকল চারা সমানভাবে বেড়ে ওঠে না এবং সকলে সমান ফলও দেয়না। কিছু চারা অবস্থায় শুকিয়ে যায়, যদি বা তারা ফলন দেয় তথাপি সকল ফসল কৃষকের গোলায় জমা পড়ে না।

একজন কৃষক অথবা একজন কৃষি বিশেষজ্ঞই চাষের সার, তার পদ্ধতি, তাদের প্রয়োজনীয়তা চাষের উপযোগিতাকে সম্যকরূপে উপলব্ধি করতে পারেন।

চাষ বলতে আমরা কেবলমাত্র কোন একটি বিশেষ ফসলের উৎপাদনই বোঝায় না। এ জগতে কৃষিকাজই পৃথিবীতে একমাত্র কাজ নয়। যদি কোন একজন মানুষকে কৃষি জমির একটি গাছের সঙ্গে তুলনা করা হয়, তবে পৃথিবী বা মহাবিশ্বের বিভিন্ন বিষয়ের সাপেক্ষে তার ভূমিকা কী, ক্ষুদ্র হলে তা কতটা গুরুত্বপূর্ণ।

আবার ফিরে আসি কৃষিকাজে।

একজন কৃষক জমিটা তৈরি করেন, খাদ্যফসল ছাড়াও তিনি অন্যান্য ফসলও উৎপাদন করেন। এটাই তার প্রধান লক্ষ্য। এটা ঘটনা তিনি তার উৎপাদিত ফসলের কোন অংশ ব্যবহার করতে নাও পারেন। তথাপি এই কৃষি কাজ পৃথিবীর কর্মযজ্ঞের একটি আবশ্যিক বিষয় অবশ্যই। কৃষিকাজের জন্য চাষির অনেকগুলি আবশ্যিক সাহায্যের প্রয়োজন যেমন মাটি, আবহাওয়া, বীজ, কৃষি মজুর, যন্ত্রপাতি ইত্যাদি। আমাদের এটাও লক্ষ্য করা উচিত যে তার উৎপাদিত ফসল তার অন্যান্য প্রয়োজনীয় সামগ্রীর চাহিদা মেটাবার প্রয়োজনে ব্যবহৃত হয়। তিনি তার ফসল বিক্রয় করে উপার্জিত অর্থে তার জীবন ধারণের জন্য প্রয়োজনীয় আনুসঙ্গিক দ্রব্যাদি ক্রয় করতে ব্যয় করেন। তিনি একবার ফসল উৎপাদন করার পরই তার চাষবাস বন্ধ করেন না বরং বৎসরের পর বৎসর তিনি একইভাবে কৃষিকাজে নিজেকে ব্যস্ত রাখেন। আমরা একটা প্রশ্নের উত্তর দিতে এখনও সক্ষম নই যে এই মহাবিশ্বে এত বস্তু বৈচিত্র কেন? এবং তার প্রয়োজনীয়তাও কত?

যদি আমরা ঈশ্বরকে কৃষকরূপে কল্পনা করি, তবে এটা পরিষ্কার হয়ে যায় যে কেন তিনি প্রতিটি জীবের অস্তিত্ব এবং তার কার্যকলাপ সম্বন্ধে সম্যক অবহিত থাকতে পারেন না এবং এটাই আমাদের দুঃখ, কষ্ট এবং যন্ত্রণার কারণের সম্ভাব্য উত্তর হতে পারে। তিনি সকল মানুষের জন্যই এই পৃথিবী গড়ে তুলেছেন, কিন্তু সকলেই তার সৃষ্টির মাধুর্য্যকে সমানভাবে গ্রহণ করতে পারেনা, ফলে তার জাগতিক বা আধ্যাত্মিকভাবে নিজেদের স্বার্থক রূপে গড়ে তুলতে পারেনা। মানবিকতা বা মানবিক গুণগুলির উৎস সকল মানুষের ক্ষেত্রেই (একরূপ) সমান। তাই, ভালমানুষ বা মন্দ মানুষ এভাবে বিচার করা ঠিক নয়।

ভারতবর্ষের ক্ষেত্রেই বলা যায় যে বছরের পর বছর অনাবৃষ্টির কারণে ফসল উৎপাদন কম হলে, চাষিকে নিশ্চয় দায়ী করা যায় না।

কিন্তু এরূপ তুলনা ঈশ্বরের ক্ষেত্রে সামঞ্জস্যপূর্ণ হয় না। যদি ঈশ্বর একজন কৃষক হন আবার বৃষ্টিও তারই দান। ঈশ্বরের ইচ্ছাই প্রকৃতি তাই আমি বলি আমাদের মানবিক গুণের বিকাশও তার ইচ্ছাই ঘটে।

মানুষের অবস্থা ফসলের মতো করুণ নয়, কারণ পরস্পরের সাহায্যে

তারা তাদের সামর্থ বাড়িয়ে তুলতে পারে। (নিজেদের ধংসও করতে পারে) জগৎ ধীরে ধীরে এক কেন্দ্রীয় শাসনে দিকে এগোচ্ছে তা হয়তো পরবর্ত্তী শতাব্দীতে ঘটবে বা তারও আগে। সমস্ত জাগতিক শুভচিন্তা সর্বপ্রথম মানুষের মনেই সৃষ্টি হয়। যদি আগামী শতাব্দীকে বরণ করতে হয় তবে তার সূচনা এখন থেকেই করতে হবে। আমাদের বুঝতে হবে যে আমাদের সকল কাজকর্মই হবে ধর্মকে আশ্রয় করে। রাজনীতিকেও এর থেকে আলাদা করলে চলবে না, কারণ ধর্মই জীবনের অন্যতম প্রধান অঙ্গ।

"প্রাচীন খ্রীষ্টিয় নীতির অনুসরণের মধ্য দিয়ে সমাজ সংস্কারকগণ পৃথিবীর সামাজিক ধরণকে পাল্টে দিতে পারেন।" একথা অষ্টাদশ শতকে বেঞ্জামিন ফ্রাঙ্কলিন বলেছেন। গান্ধিজি তার জীবন দর্শনের মধ্য দিয়ে একথাই প্রমাণ করেছেন।

খ্রিস্টধর্ম বা অন্য যে কোনো ধর্মই বিজ্ঞানবিরোধী নয় বরং বিজ্ঞান এবং ধর্ম জীবনের একই স্বরূপকে প্রকাশ করে। বিজ্ঞানের আধুনিকতম আবিষ্কারগুলিই প্রমাণ করে ধর্ম, দর্শন এবং প্রকৃতি বিজ্ঞান পরস্পর বিরোধী নয় বরং একে অপরের পরিপূরক। আধুনিক বিজ্ঞান কঠোর পরিশ্রমের মধ্য দিয়ে যা প্রমাণ করছে তা আমাদের পূর্বপুরুষগণ স্বতঃস্ফূর্ত জ্ঞানের মধ্য দিয়ে তা উপলব্ধি করেছিলেন। বিজ্ঞানের প্রমাণের অপেক্ষায় আমরা আমাদের জীবনধারাকে আটকে রাখতে পারিনা এবং ধর্ম এবং বিজ্ঞানের মধ্যে বিভেদের প্রয়োজনীয়তা শুনেই যেমন বলা হয়েছে বিজ্ঞান জানতে চায় কেমন ঘটল? ধর্মের জিজ্ঞাসা কেন ঘটল? এবং এদুটি পরস্পরের পুরপূরক।

তাই আমাদের প্রধান কর্তব্য আমাদের সমস্ত কর্মে ধর্ম এবং বিজ্ঞানের সমন্বয় সাধন। যেমন আমাদের বিশ্ববিদ্যালয়, অর্থনৈতিক এবং শিল্প প্রতিষ্ঠানেও বিজ্ঞান এবং ধর্মের সহাবস্থান প্রয়োজন।

মানবজীবন যদি সর্বত্রই এক তবে আমরা এক কেন্দ্রিয় শাসনের মধ্যে থাকতে পারিনা কেন? একসময় বলা হত যে ব্রিটিশ সাম্রাজ্যে সূর্য অস্ত যায় না। যদিও তা সম্ভব হয়েছিল যুদ্ধ জয়ের মধ্য দিয়ে। কিন্তু এখানে বিষয়টি হতে হবে সহসম্মতির মধ্যে দিয়ে। এখানে এবিষয়ে শক্তিধর

দেশগুলিকে সবার আগে এগিয়ে আসতে হবে।

গণতান্ত্রিক দেশসমূহ তাদের মধ্যে একটি সংঘ গড়ে, তাদের শক্তিকে নিয়ন্ত্রণের মধ্য দিয়ে পারস্পরিক স্বার্থ পূরণ করে উভয়ে সমানভাবে এগিয়ে যেতে পারে। আদর্শগতভাবে পৃথিবীর গণতান্ত্রিক দেশসমূহ যেমন আমেরিকা, কানাডা, গ্রেটব্রিটেন, ভারত, অস্ট্রেলিয়া এবং জাপানের মধ্যে শাসন পদ্ধতি, সামাজিক নিয়মকানুন, আদর্শগতভাবে অনেক মিল খুঁজে পাওয়া যায়।

যদি ইউরোপের কিছু দেশসমূহ তাদের নিজেদের জন্য একটি সাধারণ বাজার তৈরি করেছেন তবে বড় দেশগুলি একটি সাধারণ সরকার কেন গড়তে পারবে না। যদি ইংল্যান্ডের মতো শক্তিধর দেশ ইউরোপের সাধারণ বাজারে প্রবেশ করতে পারে, নিজের উন্নতির জন্য তবে শক্তিধর দেশগুলি কেন পরস্পরের সমন্বয়ের মধ্য দিয়ে নিজেদের মঙ্গল সাধনে ব্রতী হবে না। এই ধারণাই পরবর্ত্তী পর্যায়ে এক এবং একক সরকার গঠনে উল্লেখযোগ্য। মানব জাতির কাছে এটা হবে আমার সংবাদ। আমি দৃঢ়ভাবে বিশ্বাস করি, এক রাজনৈতিক প্রশ্নের। আজ পৃথিবীতে প্রচলিত বহু ধর্মমত অন্য ধর্মের বিষয়ে সহিষ্ণু এবং অন্যধর্মের মধ্যেও সারবত্তা খুঁজে পান। রাজনৈতিক নেতাগণ এক্ষেত্রে ধর্মীয় নেতাদের সাহায্যে প্রার্থনা করুক। জাতিসংঘের যেটি একটি পুরোপুরি রাজনৈতিক সংগঠন সেখানে ধর্মীয় নেতাদের সদস্য পদ দেওয়া হোক। পোপের উপস্থিতি এবং সেখানে তার বক্তৃতা কী জাতি সংঘের মর্যাদা বৃদ্ধি করে না। এটা জাতিসংঘের ব্যর্থতা নয় কী? জাতি সংঘ কেবলমাত্র মানুষের দুঃখ কষ্টের দিকটাই গুরুত্ব দেন। কিন্তু আমাদের আশাহত হলে চলবে না। আমরা এ সমস্যার সমাধান করতে পারব একদিন ঈশ্বরের রাজ্য প্রতিষ্ঠা হবেই। ঈশ্বরের আশীর্বাদ মানুষের উপর বর্ষিত হবে এবং তার আশীর্বাদে আমরা এক পৃথিবী গড়তে পারব। আমরা স্বস্তি লাভ করব।

❑❑❑

নাটকের অন্তিমে

বইয়ের পরিসমাপ্তির আগে বলি এটা তোমাকে বেশ আনন্দ দিচ্ছে যে এক প্রখ্যাত বৈজ্ঞানিক ডঃ ওয়ারেন উয়েভার অপ্রত্যাশিতভাবে এ বিষয়ে আলোকপাত করে শুধু নিজেকেই নয় তার বৃত্তিকেও বিরোধিতা করতে শুরু করেন যে বিজ্ঞানীগণ ঈশ্বরের অস্তিত্বে বিশ্বাস করেনা কী? 'Reader Digest' পত্রিকায় তার প্রকাশিত প্রবন্ধে আরও বলেন বস্তুকেন্দ্রিক জগৎ এবং অসীম এবং পরম ঈশ্বরও একই রকম বাস্তব এবং সত্য।

এই ধারনার সাপেক্ষে দৃষ্টান্ত দিয়ে বলেছেন যে, সত্য সর্বদাই আপেক্ষিক। যেমন বস্তুর মধ্যে শক্তি সঞ্চারিত হলে তা একজন পদার্থবিদই বুঝতে পারেন, তার কারণ ব্যাখ্যা করতে পারেন, কিন্তু আমাদের মত সাধারণ মানুষের কাছে তা নিছকই জড়বস্তু।

আমি সত্যই সুখী এইভেবে যে এই গ্রন্থের বিষয়বস্তু দর্শন এবং ধর্ম বৈজ্ঞানিক প্রমাণে ও সিদ্ধ সম্পূর্ণরূপে জ্ঞান ও বিজ্ঞান দ্বারা প্রমাণিত। জ্ঞান-পবিত্র জ্ঞান কারও একচেটিয়া বিষয় নয় এবং জ্ঞানের প্রসার ঘটে জ্ঞানের বিতরণের মধ্য দিয়েই এবং আজকের পৃথিবীর এটাই সর্বাপেক্ষা জরুরী কাজ।

ভোগবাদ এবং পবিত্র জ্ঞানের আলোকের দ্বারা শুদ্ধ জীবনদর্শনের মধ্যে দ্বন্দ্বের অবসান ঘটানো যায় কেবলমাত্র জ্ঞানের আলোকে তার বাস্তবতার বিচারের মধ্য দিয়ে। আমি পাঠকদের অবশ্যই ধন্যবাদ দেব যদি তারা গ্রন্থটি পাঠ করে আনন্দ পান। এবং তারা আমার কাছে এ বিষয়ে কোনোভাবে ঋণি নন। কারণ আমি বাহন মাত্র। কারণ জ্ঞান এবং বোধই চিরন্তন সত্য আমি বিশ্বাস করি মানুষের ভাগ্য পূর্ব নির্ধারিত নিয়তির বন্ধনে আবদ্ধ তাই একমাত্র জ্ঞান এবং সদিচ্ছাই তাদের জীবনকে সুন্দরভাবে নিয়ন্ত্রণ করতে পারে।

□□

পরিশিষ্ট-ক

অবসর বলতে বোঝায় গভীর নিরবতা। অন্তর এবং বাহিরের নিস্তব্ধতা। তাপদগ্ধ জীবনে শীতলতার স্পর্শ। আরামের অনুভূতি—আমি হতবুদ্ধি বা বোকার মত বলছি না এযেন শান্ত ভোরের মত। আমি জানি, নিস্তব্ধ পরিবেশে যোগ সাধনার মধ্য দিয়ে যে স্বর্গলাভ করা যায়, তার তুলনীয় কী? সেখানে আকাঙ্ক্ষা, ভয়, দুঃখ এবং দায়িত্বকে দূরে সরিয়ে রেখে আমাদের প্রকৃত আত্মজ্ঞানের সন্ধান দেয়, আমাদের নির্মল করে, পবিত্র করে তোলে। মানসিক চাপের অবসান ঘটিয়ে, এক সুশৃঙ্খলিত ঐক্যের বাতাবরণ সৃষ্টি করে। যা একেবারেই অবর্ণনীয়। এ সুখ কেবলমাত্র প্রাচীন ঋষিগণই উপলব্ধি করেছিলেন, যেখানে কামনা-বাসনার স্থান ছিল না, সেখানে মাত্র সরল আনন্দের উপভোগ ছিল।

এইরকম আদর্শতম পরিবেশ অবর্ণনীয়, আমাদের শব্দ ভাণ্ডার শুধুমাত্র বস্তুর গতি বা জীবনের গতীর বর্ণনা দিতে পারে, কিন্তু নিস্তব্ধ, নীরব, নিস্ফল গতিহীনতা সত্যই বর্ণনার অতীত, যেখানে শুধুমাত্র অসীম শীতলতার স্পর্শ, যা মহাসাগরের গভীরতা বা আকাশের অসীমতার সঙ্গো তুলনীয় যা পরমপুরুষের আশীর্বাদ ছোঁয়ায় ধন্য। যেখানে বস্তু অস্তিত্বহীন, স্মৃতি যেখানে মনের গভীরে হারিয়ে যায়, এবং আত্মা পরমাত্মায় মিলিত হয় সেখানে ব্যক্তি স্বত্বার লুপ্ত হয়, ফলে বহুত্বের অবসান যেখানে শুন্যতার স্থান নেই, তা কেবলই পূর্ণ এবং আনন্দময়।

সম্ভবত যোগী এবং সুফিসাধকগণই এরূপ আনন্দলাভে সক্ষম; সহজ এবং সরলতার মধ্য দিয়ে লব্ধ আনন্দে জীব-জড়ের পার্থক্য ঘুচে যায়। আকাঙ্ক্ষার পরিসমাপ্তি ঘটে, যা সম্পূর্ণ এবং জ্ঞানেরও ঊর্দ্ধে, যা মূলে পৌছে দেয়, যার সঠিক রূপ ‘নির্বাণ’।

এটা একেবারে পরিস্কার, যে পাশ্চাত্যের মানুষ এই অবস্থাকে খুব সামান্যই উপলব্ধি করতে পারেন। কারণ তাদের কাছে জীবন মানেই কর্ম

এবং ভোগ বিলাস। তাদের আগ্রহ সম্পদ লাভে, ক্ষমতা এবং দাম্ভিকতার প্রকাশ তাদের জীবনের অঙ্গা। বংশের মধ্য দিয়ে তারা প্রকৃতি তাদের দাস করতে চায়। বর্তমানই তাদের কাছে অর্থবহ ভবিষ্যৎ নয়। তারা নিজের সুখেই মত্ত, এটা কথিত আছে, তারা আত্মায় বিশ্বাসী নয়, তারা চিরন্তণ বা আত্মার অবিনশ্বরতায় বিশ্বাসী নয়, তারা ব্যক্তির বাইরে তার মূলে পৌঁছতে পারেনা কারণ তা তাদের চিন্তার অগম্য। তারা উত্তেজনায় পূর্ণ, উচ্ছল, সদর্থক কারণ বস্তুতান্ত্রিক জ্ঞানে সমৃদ্ধ।

এত প্রচেষ্টা, গোলমাল, লড়াই বা লোভের কারণ কী? কারণ তারা আত্মকেন্দ্রিক, স্বার্থপর, যখন মৃত্যু সমাগত হয় তখন বুঝতে পারে বেশ দেরী হয়ে গেছে। কর্ম তখনই সুন্দর এবং সার্থক যখন তা পবিত্র। তাই বলা হয় তার (ঈশ্বরের) ইচ্ছার বশবর্ত্তী কর্ম কখনই ব্যর্থ হয় না।

—AMIEL

(From his Journal tr. by Mrs. Humphry Ward (Macmillan)

AMIEL, Henris Frederic, Swiss Philosopher and critic 1821-1881

❑❑

পরিশিষ্ট-খ

যে মুহূর্ত্তে ব্যক্তি স্বত্বা লোপ পায়, সেই মুহূর্ত্তে ব্যক্তি পরম স্বত্বায় লীন হয়ে যায় এবং এখানে বিভ্রান্তির কোন স্থান নেই এটা পরম নিশ্চিত, প্রত্যক্ষকর এবং বর্ণনাতীত যেখানে এক অসম্ভব হাস্যকর বিষয়মাত্র, আত্মবিষর্জনই প্রকৃত জীবন।

আমি মনে করি এবং গভীরভাবে বিশ্বাস করি রক্তমাংসের দেহই কাল্পনিক যেখানে আত্মাই প্রকৃত এবং অস্তিত্বপূর্ণ। যা হাত, পা বা অন্য কোন অঙ্গের মত নয়, যা আমার অস্তিত্বের কল্পনামাত্র। কোন কিছুই আমার বিশ্বাসকে টলাতে পারেনা যে আমি অসীমের অংশ, প্রকৃত এবং সত্য।

–TENNYSON (Alfred Lord Tennyson)
A Memoir by his son (Macmillan)

পরিশিষ্ট-গ

ভগবান হয়ে

অবসর লাভ, জাগতীক সর্বস্ব ত্যাগ করো,

নিজের ঘরে ফিরে যাওয়ার কথা ভাব।

লঘুচিত্তকে দমন করো। আবেগতাড়িত হইওনা।

কারণকে অনুধাবন করো। জাগ্রত হও,

গভীর নিরবতায় মগ্ন হও, গভীর নিশিথে শান্ত সমুদ্রলীল হয়ে জীজ্ঞাসা করো,

জানিতে চাও নিজেকে, আমি কে? কোথায় আমার সৃষ্টির ...।

আমি এই চিরন্তন স্বত্বার অংশ, আমি কখনও শূন্য ছিলাম না,

আজও আমি শূন্য নই, আমিই চিরন্তন, শ্বাসত।

কিন্তু এই চিরস্থায়ী স্বত্বা কী?

অন্তহীন অসংখ্য মানুষ আদমের বংশধরগণ,

যারা প্রথম সৃষ্টির সঙ্গে একই সূত্রে আবদ্ধ।

কেন অংশের উপর নির্ভর করবে, বিশ্বাস করো পূর্ণতায়,

বিশ্বাস করো তুমিই পূর্ণয তখন সমস্যা অঅসেব।

গভীর শান্তির সমুদ্রে ডুবে যাও। তীরের সন্ধান কোরো না।

এই পৃথিবী এই আলোর বৃত্ত তারা কী সত্য —চিরন্তন—শ্বাসত?

কল্পনা করো মহান স্রষ্টার যিনি এই বিশ্ব এই আলোকছটার সৃষ্টিকর্তা,

ভয় পেওনা মানব জীবনই তাকে চেনার সর্বশ্রেষ্ঠ মাধ্যম।

ক্ষুত্র পরমাণু থেকে বিশাল বস্তুকে গতির স্বত্বার কারণ,
এতে বৈচিত্রের মূলে কী? জীব জরের মধ্যে বিরোধ কোথায়?
ভাবনা বিচারবোধ এবং বোধের মূল কোথায়?
এগিয়ে যাও, ভাব ঈশ্বর সর্বত্র বিরাজমান, তিনি সর্বোত্তম।
তিনি আদি এবং অন্তহীন।

–Edward Young (1681-1765)

❑❑

পরিশিষ্ট-ঘ

প্রার্থনাই শক্তি

–By Alexis Carrel, M.D.

প্রার্থনা কেবলমাত্র পুজো নয়, এটা এক অদৃশ্য ভক্তি উদ্দিপনা যা মানুষ হৃদয়ে শক্তির সঞ্চার করে, প্রার্থনার শক্তি মানব হৃদয়ে এমন এক গভীর প্রভাব বিস্তার করে, যা তার দৈহিক এবং মানসিক শক্তির বিকাশ ঘটায় এবং তা একমাত্র তুলনীয় দেহের অন্তক্ষর গ্রন্থিগুলির সহিত, যা মানুষের অন্তরের বোধকে জাগ্রত করে, তাকে বুঝতে সাহায্য করে পারিপার্শ্বিকতার সঙ্গে তার সম্পর্ক।

যদি তুমি আন্তরিকভাবে নিয়মিত প্রার্থনার অভ্যাস কর তবে তোমার মধ্যে এক কষ্ট পরিবর্ত্তন পরিলক্ষিত হবে এবং তোমার হৃদয়ে গভীরে এক অপূর্ব পরিবর্ত্তন আসবে যা তোমার কর্ম এবং চিন্তা ভাবনায় পরিস্ফুট হবে। এ পরিবর্ত্তন একমাত্র তারাই অনুভব করতে পারবে যারা আত্মিক শক্তিতে বলিয়ান। চেতনার গভীরে আলোক শিখা প্রজ্বলীত হয়, তখন মানুষ নিজেকে দেখতে পায়। সে (আবিষ্কার) চিহ্নিত করে তার অন্তরের স্বার্থপরতা, অহংবোধ, ভয়, লোভ এবং মিথ্যাচারিতার মত দোষগুলিকে চিহ্নিত করতে পারে, আদর্শের পথের বাধাগুলিকে বেং তার মধ্যে জন্ম দেয় নম্রতা, বিনয়ীভাব। এভাবে সে অগ্রসর হয় আলোর দিকে।

প্রার্থনার একটি বল বা শক্তি যা অভিকর্ষ বলের মতোই বাস্তব, একজন চিকিৎসক হিসাবে আমি দেখেছি, যখন একজন অসুস্থ মানুষকে চিকিৎসা বিদ্যার সাহায্যে সুস্থ করে তোলা যায় না, তখন অনেক সময় প্রার্থনার মধ্য দিয়ে তার যন্ত্রণা বা রোগের উপসম করা যায়। এটাই একমাত্র শক্তি

বা বল যার সাহায্যে তথাকথিত প্রকৃতির নিয়মকে অতিক্রম করা যায়। যখন প্রার্থনার মধ্য দিয়ে এমন অসম্ভবকে সম্ভব করে তোলা যায়, তাকে আমরা অলৌকিতা বলি। কিন্তু এমন অলৌকিক ঘটনা নারী পুরুষের হৃদয়ে অবিরত ঘটতে থাকে যদি তা প্রার্থনার শক্তিতে বলীয়ান এবং সমৃদ্ধ হয়। প্রার্থনা আমাদের প্রাত্যহিক জীবনে অবিচ্ছিন্ন শক্তির জোগান দেয়।

অনেকেই ভেবে নেয়, প্রার্থনা মানেই কিছু মন্ত্রোচ্চারণ এবং ভগবানের কাছে কিছু জিনিসের ভিক্ষা করা। দুঃখের বিষয় আমরা প্রার্থনাকে লঘু করে দেখতে চাই, যেমন বৃষ্টিপাতের ক্ষেত্রেও করি। আমরা বলি, বৃষ্টি বাগানে কিছু জলের ছোট ডোবা তৈরী করে যেখানে পাখিরা স্নান করতে পারে মাত্র। সঠিকভাবে বুঝতে পারলে প্রার্থনার মধ্য দিয়ে ামরা মানবতা বোধের পূর্ণ বিকাশ ঘটিয়ে জীবনের সর্বোচ্চ পর্যায়ে উন্নিত হতে পারি। প্রার্থনার মধ্য দিয়ে দেহ, মন এবং আত্মার সমন্বয় সাধন করে এমন শক্তি লাভ করা যায় যা আমাদের জীবন দর্শনকে বদলে দিতে পারে।

শব্দগুলি, যেমন প্রার্থনা এবং প্রতিশ্রুতি ভিন্ন ভিন্ন মানুষের কাছে ভিন্ন ভিন্ন অর্থ প্রকাশ করে। প্রার্থনা কোনমতে শিশুর জীবন ফিরিয়ে দিতে পারে না বা পারে না আমাদের যন্ত্রণার অবসান ঘটাতে। প্রার্থনা অনেকটা রেডিয়াম ধাতুর মত, যা স্বাভাবিকভাবেই আলোর উৎস। যা শক্তি উৎপাদনে সক্ষম নিজের মধ্যে কেমন করে প্রার্থনা আমাদের সুরক্ষিত রাখে তার গতিময় শক্তির সাহায্য?

এই প্রশ্নের উত্তরে, আমি একটি জিনিস অবশ্যই বলব যে সকল প্রার্থনার ক্ষেত্রে একটি মিল খুঁজে পাওয়া যায় যেমন সুপণ্ডিত বাগ্মীর একজন শিকারী উভয়ে সাফল্যলাভের জন্য, তা এই সত্যকেই প্রমাণ করে যে প্রতিটি মানুষ প্রার্থনার মধ্য দিয়ে শক্তির মূলাধারে পৌঁছতে চায়। ফলে আমরা প্রার্থনা করি। আমরা সেই শক্তির সঙ্গে সমন্বয় সাধন করতে চাই যা এই মহাবিশ্বের চালিকাশক্তি। আমরা প্রার্থনা করি এই শক্তির অংশই আমাদের প্রয়োজন আমাদের চালিত করার জন্য। এবং এই শক্তি আমাদের অভাববোধকে পুরণ করতে পারে, আমাদের নতুন জীবন দিতে পারে।

কিন্তু নিছক এটা ভাবলে হবে না যে শুধুমাত্র আমরা আমাদের ইচ্ছাপূরণের জন্যই ঈশ্বরের প্রার্থনা করব। প্রার্থনার মধ্য দিয়ে অর্জিত

শক্তি আমাদের কাজে লাগাতে হবে, যার মধ্য দিয়ে তার মতো হতে পারি। প্রার্থনা (কে মনে করতে হবে) সময় ভাবতে হবে আমি ঈশ্বরের সম্মুখে উপস্থিত।

এক বৃদ্ধ কৃষক গির্জার সামনে বসেছিলেন। তাকে জিজ্ঞাসা করা হয় তিনি কার জন্য সেখানে অপেক্ষা করছিলেন। কৃষক উত্তরে বলেন যে তিনি ঈশ্বরকে দেখছেন এবং ঈশ্বরও তাকে দেখছেন। প্রার্থনার অর্থ এই নয় যে ঈশ্বর কেবলমাত্র তার কথা চিন্তা করবেন, তাকেও ঈশ্বরের কথা ভাবতে হবে।

প্রার্থনার সংজ্ঞা কী হতে পারে? প্রার্থনা হল এমন এক প্রচেষ্টা যার দ্বারা আমরা সর্বজীবের স্রষ্টা ঈশ্বরের সঙ্গে সম্পর্ক স্থাপন করতে পারি যিনি সব জ্ঞানের আধার। যিনি মানুষের মধ্যে সত্য, সুন্দর এবং শক্তির বীজ বপন করেন, যিনি সকলের পিতা এবং পরিত্রাতা, প্রার্থনার লক্ষ্য জ্ঞানের মধ্যে আধারিত। যখন ভাষা এবং চিন্তার অবসান হয় তখনই ঈশ্বরকে বর্ণনা করা সম্ভব। অর্থাৎ ঈশ্বর বাক্য এবং চিন্তার অতীত।

আমরা জানি, যেমন করেই হোক যদি প্রার্থনার মধ্য দিয়ে আমরা আন্তরিকভাবে ঈশ্বরের নাম জপ করি তখন দৈহিক এবং মানসিকভাবে আমরা অনেক ভাল অবস্থায় পৌঁছে যায়। আমরা কোন কিছু শিখিনা এটাও হয় না প্রার্থনা মধ্যে দিয়ে। এ বলেছিলেন এমারসন। একজন মানুষ যে কোনো স্থানে ঈশ্বরের প্রার্থনা করতে পারেন। রাস্তায়, সাবওয়ে, অফিস, দোকান, বিদ্যালয় এমন কী নির্জন ঘরে। যে কোনো স্থানে এমনকী ভীড়ে পূর্ণ গীর্জার মধ্যে। এব্যাপারে কোন নির্দেশ বা নিষেধ কোনটাই নেই।

দার্শনিক এপিকটেটাস বলতেন, "প্রতিটি শ্বাস-প্রশ্বাসের সঙ্গে ঈশ্বরের নাম জপ করতে। জীবনের ব্যক্তিত্ব গড়ে তুলতে প্রার্থনাকে অভ্যাসে পরিণত করে ফেলতে হবে। কিন্তু এটা (অর্থহীন) মূল্যহীন হয়ে যাবে যদি সকলে ঈশ্বরের প্রার্থনা করলে এবং সারাদিন বর্বরের মতো, অসভ্যের মতো আচরণ করে চললেন। আসলে প্রকৃত প্রার্থনা জীবনের অঙ্গ হওয়া উচিত। আসলে সত্যনিষ্ঠ জীবন ধারণ করাই প্রকৃত প্রার্থনা।

প্রকৃত এবং সর্বশ্রেষ্ঠ প্রার্থনা, আদর্শ প্রেমিকের মতো। যদিও সর্বক্ষেত্রেই এদুটো একই রকম নয়। আমাদের মধ্যে সকলেই সন্ত টেরিজা, বার্নাড স্ বা ক্ল্যরিভ্যাক্স মত প্রার্থনার মধ্যে দিয়ে সৃষ্টিশীল হয়ে উঠতে পারিনা। যারা তাদের আন্তরীক প্রার্থনার মধ্য দিয়ে অপূর্ব অলৌকিকতার সৃষ্টি করতে পারেন। সৌভাগবশত আমরা তাদের সমকক্ষ হতে চাইনা। চাই কেবলমাত্র ঈশ্বরের করুণার সামান্য উপলব্ধি করতে। যদি আমরা বোবা বা কালা হই, যদি আমরা প্রার্থনা করার ভানও করি, তথাপি প্রার্থনার মধ্য দিয়ে আমরা ঈশ্বরের জয়গান গাই, ঈশ্বর খুশি হন, তিনি তার প্রেম থেকে আমাদের বঞ্চিত করেন না।

আজ প্রার্থনা একজন ব্যক্তি বা জাতীর জীবনে প্রার্থনা বাধ্যতামূলকভাবে ভীষণ প্রয়োজনীয়। ধর্মীয় ভাবনাহীনতা পৃথিবীকে ধংসের দিকে নিয়ে গেছে। দূর্ভাগ্যবশত আমাদের গভীরতম শক্তির উৎস এবং শুদ্ধতা উন্নত হয়নি। আমাদের ব্যক্তিগত জীবনে প্রার্থনার অভ্যাস ভীষণ জরুরী। মানুষের অবহেলিত আত্মা প্রার্থনার মধ্য দিয়ে শক্তি লাভ করে। সাধারণ নরনারীর জীবনে প্রার্থনার অভ্যাস ফিরে এসেছে যদি আত্মা দৃঢ়ভাবে তার লক্ষ্যস্থির করে তার আগামী পৃথিবী সুন্দর হবে, এ আশা আমরা করতেই পারি।

পরিশিষ্ট-ঙ

মেষপালকের প্রার্থনা

পথে যেতে যেতে মুশা একদিন শুনতে পেলেন এক মেষপালক চিৎকার করে বলছে, হে প্রভু, তোমার দর্শন চাই প্রভু।

প্রভু তুমি কোথায়, আমি তোমার সেবা করতে চাই, তোমার জুতো

আমি সেলাই করে দেব, তোমার চুল আঁচড়ে দেব।

আমি তোমার পোষাক পরিস্কার করে দেব, তোমার গায়ের কীট আমি

মেরে দেব, আমি তোমার সেবার জন্য দুধ নিয়ে আসব।

হে পরমপুজ্য ঈশ্বর আমি তোমার চরণ ধুয়ে দেব।

তোমার হাত আমি চুম্বন করব, আমি তোমার ছোট

শোবার ঘর পরিষ্কার করে গুছিয়ে রাখব।

এসমস্ত বোকা বোকা কথা শুনে মুশা বললেন,

'হে মানব, তুমি কার সঙ্গো কথা বলছ?' কেন

আজে বাজে ফালতু কথা বলে ঈশ্বরের নিন্দা করছ

তোমার মুখে তুলো গুজে রাখ। বোকার বন্ধুত্ব

থেকে শত্রুতা ভালো।

মহান ঈশ্বরের এমন সেবার প্রয়োজন নেই।

মেষ পালক তার পোষাক ছিড়ে ফেলে এক দীর্ঘশ্বাস ত্যাগ করলেন।

এবং নিরুদ্দেশের পানে পা বাড়ালেন।

তখনই মুশা দৈববানী শুনতে পেলেন,

তুমি আমার সেবককে আমার কাছ থেকে সরিয়ে দিলে কেন?
আমি ভিন্ন ভিন্ন মানুষের কাছ থেকে ভিন্ন ভিন্ন ভাবে সেবা গ্রহণ করি।
আমি এক একজনে ভিন্ন ভিন্ন প্রকাশ ভঙ্গী প্রদান করেছি।
যেমন ভারতীয় বাচন ভঙ্গী হিন্দুদের জন্য আদর্শ
সিন্ধ প্রদেশের বাচন ভঙ্গী সিন্ধদের জন্যই ঠিক।
আমি মানুষের ভাষার বা বাচনভঙ্গী দেখি না।
আমি মানুষের অন্তর দেখি, তার আত্মার ভাবনাকে উপলব্ধি করি।
আর মৃদু ভাষা, হীন নয়, বরং ভাষার অলংকার স্বরূপ।
আমি জ্বলতে ভালবাসি, জ্বলতে চাই প্রেমের আগুনে
মুশা অকারণ ভাবতে বসোনা, প্রেমের আগুন জ্বালো,
যারা বলতে পারে তারা কে রকমভাবে আমার পূজো করে।
আর যারা পারেনা, তারা প্রেমের আগুনে আমাকে প্রার্থনা করে।

–Jalal-al-Din Rumi

❑❑

পরিশিষ্ট-চ

সমাধিতে পদযাত্রা

এক খ্রিষ্টান ধর্মালম্বির জীবনে প্রার্থনার অভ্যাস অবশ্য পালনীয়। এটা সবসময় সকল মানুষের প্রয়োজন কারণ এটা ব্যতিত জাগতিক প্রভাব থেকে মুক্ত হয়ে স্বার্গীয় গুন সকল অর্জন করা যাবে না। আমাদের পূর্ব পুরুষদের জীবনকে অনুসরণ করে, আনন্দের সঙ্গো এই প্রার্থনার অভ্যাস গড়ে তুলতে হবে। কারণ তারা এই প্রচেষ্টার মধ্য দিয়েই এই পৃথিবীর সমস্ত কিছুকেই উপভোগ করেছেন এবং মৃত্যুর পর অনন্ত সুন্দর জগতের অধিকারী হয়েছেন।

এই প্রচেষ্টা আমাদের জাগতিক বিষয় থেকে সাময়িকভাবে বিচ্ছিন্ন করে, যা কেবলমাত্র দেহের অঙ্গা-প্রত্যঙ্গাগুলিকেই বিশ্রাম দেয় না বরং মানসিকভাবে উজ্জীবিত করে। কিন্তু এটা নিছক আলস্য যাপনের মত বিষয় নয় যেমন খবর শোনা বা আমাদের বন্ধুদের সঙ্গো খোস গল্পে মজে রাজনীতি বা অন্য প্রসঙ্গো আলোচনা করে সময় কাটিয়ে দেওয়া। কিন্তু এই বিষয়ের গভীরতা অনেক ব্যপ্ত এবং বিপজ্জনক। পার্থীব জ্বালা-যন্ত্রণা দায়িত্বের অবসানে মৃত্যু অনেক আনন্দদায়ক। কিন্তু পৃথিবী ছেড়ে যাওয়ার পূর্বে আমাদের নিজেকে প্রস্তুত করতে হবে আরও বৃহৎ সুযোগ গ্রহণের জন্য। চিরশান্তি লাভের জন্য। এযেন অনেকটা নতুন বধুর মতো যে নতুন সাজে, নতুন মানসিকতায় তার হবু বরের জন্য অপেক্ষা করার মতো।

মানুষ যখন এই পৃথিবীতে বিভিন্ন দায়দায়িত্বে এবং ব্যবসা সংক্রান্ত বিভিন্ন বিষয়ে জড়িয়ে পড়ে, খরিদ্দার বা মক্কেল দের ভীড়ে নিজেকে হারিয়ে ফেলে, যখন মানুষ বিভিন্ন চাপে একেবারে বিব্রত হয়ে পড়ে, তখন কোন রাতে হয়তো তিনি ঈশ্বরের স্মরণ করার সময় পান। সকালে তিনি ঈশ্বরের প্রার্থনার জন্য সময় বের করতে পারেন না এবং ঈশ্বরের দিনেও ভক্তি অপেক্ষা তাদের কাছে অবসর বা পরিপাটির গুরুত্ব বেশি।

আমি বলি, 'এধরনের বোকা, অনুভূতিহীন মানুষ অন্য জগতে কী লাভ করবেন? সর্বপরি, আমরা যে দায়িত্ব পালন করি কেমন করে জগৎ আমাদের মধ্যে আলোকশিখা প্রজ্জ্বলিত করবে, যখন আমাদের কাজ কেবলমাত্র কেনা বেচা, দরাদরি বা সম্পত্তি সংক্রান্ত বিষয়ে জর্জরিত থাকে। তবে তা কেবলমাত্র আমাদের মানসিকতাকে বিভ্রান্ত করে, অহংকারী করে তোলে। এই ব্যস্ত জীবনের বাইরেও মানুষের অনেক কাজ আছে। এমন কী একজন ভাল এবং সৎ মানুষেরও দেহের ক্লেদ পরিষ্কার করে, এক অন্য জীবনের স্বাদ গ্রহণ করা, অতিদ্রুত নিজেকে ঈশ্বরের কাছে নিবেদন করা যা তোমার মন দেহকে এক ভীন্নতর স্বাদ দেবে।

আমি মনে করি, অনেক কারণে আমাদের ভাবতে হবে কখন আমরা পৃথিবী থেকে বিদায় নেবার চরম মুহূর্ত্ত। আত্মাকে প্রস্তুত করতে চরম ডাক আসার পূর্বে যা আমাদের মৃত্যু নিয়ে আসবে, এবং যখন তা আসবে প্রকৃতির নিয়মে আত্মা তা অনুভব করতে পারবে।

এটা ঠিক হবে যদি আমরা এই পার্থিব জগৎকে স্ব-ইচ্ছায় ত্যাগ করি, আমাদের ছাড়তে বাধ্য করার পূর্বেই। তাই আমাদের শিখতে হবে জাগতিক বিষয়হীন ভাবে বাঁচতে। তবে তার পিছুটান থাকবে না নতুন জগতে প্রবেশ করার পূর্বে। যেন ইহ জগৎ এবং পর জগতের মাঝামাঝি জীবনে অবস্থান করা। এই জগতে বাস করে তবে তা থেকে অনেক দূরে এক বিচ্ছিন্ন জগতে বাস করতে হবে। তখন অনেক সহজ হবে নতুন জগৎকে বরন করে নিতে।

অদ্ভুতভাবে এটা ভাবা ঠিক হবে না, যে তার এখনও প্রয়োজন আছে, তার পরিবারের কাছে। মানুষের কাজে, তার ধনসম্পদের কী হবে—অথবা কতজন তার আশ্রিত, এমন মানুষ কোনদিন সন্তুষ্টি লাভ করেনা যতদিন না কবরে স্থান লাভ করে।

W. Sberlock—'A Practical
Discourse
Concerning Death

❑❑

জীবন চরিত

The Return to Religion—Dr. Henry C. Link.

My Imitation of Christ—Thomas a Kempis.

The Conquest of Happiness—Bertrand Russell.

Rumi, Poet and Mystic—George Allen & Unwin, London.

Meditations of Marcus Aurelius.

Perennial Philosophy—Aldous Huxley.

Key to living—Mauriel Wrinch, Rider London.

The Psychology of Sex—Havelock Ellis.

The Spectator—Joseph Addison.

How to win friends and influence People

How to stop worrying and stat living—Dale Carnegie.

The Power of Positive thining—Dr. Norman Vincent Peale.

Gandhi, the Man and His Mission—Louis Fisher.

Lead kindly Light—Vincent Sbeean.

My Gandhi—Dr. John Haines Holmes

A journey to Lourdes—Dr. Alexis Carrel.

War and Peace—Leo Tolstoy.

Autobiography—Benjamin Franklin.

Journal of Amiel—

Tonnyson (Alfred Lord Tonnyson)—A Memoir by his son, Macmillan

Marriage and Morals—Bertrand Russell.

Author: Prof. Shrikant Prasoon
Format: Paperback
Language: English
Pages: 248

Chanakya was both a destructive and creative thinker able to annihilate an established empire and erect and establish another larger, richer and greater on the debris, without money, material and man. So, he is the only qualified person in human history to be Guru; Acharya; Teacher; Guide and Mentor in the field of Management. With his super mind and supreme determination he succeeded in everything and everywhere; and wrote down everything without inhibitions or secrecy for the posterity in his three monumental works:

1. Teachings of Kautilya's Arthashastra & Nitishastra
2. Perfect Analogy between Ancient Managerial System & Modern Corporate Setup

लेखक: विशाल गोयल
टाइप: पेपरबैक
भाषा: हिन्दी
पृष्ठ: 264

जिसके जीवित रहने से विद्वान्, मित्र और बन्धु–बान्धव जीते हैं, उसी का जीना सार्थक है।

– **हितोपदेश**

तेनालीराम विजयनगर साम्राज्य के संस्थापक राजा कृष्णदेव राय के मन्त्रिमण्डल (अष्टदिग्गजों) में से एक, राजा के प्रमुख सलाहकार एवं राज-विदूषक थे। वे राजा की राजसभा (भुवन-विजयम्) के एक आधार-स्तम्भ और गौरव थे। कृष्णदेव राय का राज्यकाल सन् 1509 से सन् 1529 तक माना जाता है। कृष्णदेव राय की गणना सम्राट् अशोक, समुद्रगुप्त और हर्षवर्द्धन जैसे महानायकों के समकक्ष की जाती है।

यह पुस्तक तेनालीराम और राजा कृष्णदेव राय के बीच घटने वाली 74 घटनाओं का कहानियों के रूप में रोचक, शिक्षाप्रद व नीतिपरक बातों का संकलन है।

Author: Vishal Goyal
Format: Paperback
Language: English
Pages: 228

A contemporary compilation of anecdotes Gopal Bhand for 21st Century youth in an engaging blend of wisdom and wit with social and managerial significance. The book comes packed with mind-blowing snippets to keep readers thoroughly submerged in good humour till the end of the book! It is a racy assemblage of earthly wisdom and sparking humour punctuated with moral and mind blowing perceptions to keep today's readers glued to the book looking for more and yet more!.

Author: Surendra Dogra 'Nirdosh'

Format: Paperback

Language: English

Pages: 112

Have you ever thought of addressing an audience and making them listen to you without batting an eyelid? Do you want to create a trance-like spell on people listening to your speech?

It has carefully dissected every aspect of public speaking and presents a clear map that any aspiring speaker can follow. Besides, it also incorporates the necessary techniques to motivate, captivate, and persuade the audience while making various presentations, etc.

You will master 'How to'

- Conquer stage fright
- Organize material in a flowing manner
- Customise speech for different sets of gathering
- Inspire audience

Author: Prof. Shrikant Prasoon

Format: Paperback

Language: English

Pages: 200

Group Discussions (GD) are commonly used to assess several personality aspects of candidates during various entrance tests and as a part of selection process for various jobs. This book can be a game changer for most students, since even most technically sound and brilliant students often falter at GD.

This comprehensive guide book helps you clear the fog surrounding GD and its step-by-step instructions will make you a winner in GD.

This book includes:

- Insight into: Need of GD, Do's & Don'ts in GD, Body Language & Public Speaking, Skills & Ability required in GD, and so on
- Important GD topics, How to gather Information for GD, Reading & Practice for GD

Author: Aparna Chattoupadhyay

Format: Paperback

Language: English

Pages: 176

This fascinating book authored by Dr. Aparna Chattopadhyay, offers you a new vision of self-awareness which would enable you to assess your feelings, capabilites and aptitudes. As you develop self-awareness, you will not only be able to identify the emotional pattern in your life and manage then well, but will also be able to activate all-round personality development.

It will help lead life more powerfully than before through a wide range of psychological quizzes.

This book enables you to:

- Generate fresh enthusiasm and ambition in your life
- Live more happily and effectively
- Build self-confidence and develop inner peace
- Enjoy better interpersonal relationship

visit our online bookstore: **www.vspublishers.com**